淮北师

曹大伟 著

我国雪上优势项目
教练员领导力理论与实践研究

Theoretical and Practical Research on Coaches'
Leadership in China's Advantage Winter Events

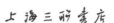

上海三联书店

序　言

　　冰雪运动作为人类挑战自然、突破极限的崇高追求,既是体育精神的璀璨结晶,更是国家综合实力的生动体现。近年来,随着北京冬奥会的成功举办与"三亿人参与冰雪运动"目标的实现,中国冰雪运动迎来了历史性跨越。在这一进程中,雪上项目的突破性发展尤为引人注目,而教练员作为竞技体育人才培养的核心力量,其领导力的科学化、系统化研究,无疑成为推动我国冰雪运动高质量发展的重要命题。曹大伟博士《我国雪上优势项目教练员领导力理论与实践研究》一书的问世,恰逢其时,既填补了国内相关领域理论研究的空白,也为实践提供了极具价值的行动指南。

　　本书作者曹大伟作为我国冰雪运动研究领域的青年翘楚,其学术成长轨迹与我国冰雪运动的崛起历程紧密交织。攻读博士学位期间,他扎根雪场、深入队伍,以自由式滑雪空中技巧等优势项目为研究样本,历时数载完成数据采集与理论构建。其研究过程展现了青年学者特有的锐气与韧性,在零下三十度的训练基地观察教练员执教细节,在深夜的文献库中梳理前沿理论,在跨学科团

前　言

　　提升雪上项目竞技实力是实现我国冬季项目均衡发展目标重要举措，也是广大群众冰雪运动参与热情提高的重要载体和引领途径。以自由式滑雪空中技巧项目为代表的我国冬奥雪上优势项目在近 30 年发展历程中，取得了辉煌的竞技成绩，以实践经验表明，通过科学训练和精准管理，得以实现我国冬季运动项目"从无到有、从弱到强、由强到盛"的嬗变，因此，深入理解、把握和挖掘这些项目的成长规律有助于加快我国其他项目的发展步伐。

　　本研究基于特质理论、知识基础理论、行动学习理论、社会认同理论和社会交换理论，采用文献法、访谈法、观察法、德尔菲法、问卷调查法、数理统计法和行动研究法，运用理论构建与实证检验相结合、质性解释与定量分析相结合的混合研究方法，以教练员领导力在我国冬奥雪上优势项目中的发生和发展为逻辑主线，围绕我国冬奥雪上优势项目教练员领导力"是什么""为什么重要""如何测量"和"实践中如何应用"等几个具体问题展开分析讨论，对我国冬奥雪上优势项目教练员领导力进行充分阐释，构建具有本土化特征的教练员领导力模型,开发我国冬奥雪上优势项目教练员领导力的测量工具,经实证分析,探索理论模型内部结构关系以及在实际情境下的应用效果。

研究发现,(1)我国自由式滑雪空中技巧项目发展经历了 4 个阶段,队伍初创期(1987—1998 年),曲折成长期(1999—2006 年),砥砺前行期(2007—2018 年)和继往开来期(2019 年至今);教练员展现出 4 个显著的领导特征:国家精神和个人意志的协调统一、专业知识和实践经验的丰富提高、临场执教和反馈调整的巩固强化,以及团队凝聚和个人成长的良性互动。(2)以扎根理论为方法论构建我国冬奥雪上优势项目教练员领导力模型,由感召力、专长力、行动力和平衡力 4 个核心范畴构成,围绕教练员"领导力的来源—领导力的传达路径—领导力的塑造",以各个核心范畴"基础—启动—形成"逻辑生成为支撑,形成我国冬奥雪上优势项目教练员领导力模型框架。(3)以质性研究结果和现有成熟研究基础为依据编制的我国冬奥雪上优势项目教练员领导力调查工具,经过德尔菲法、项目分析、探索性因素分析和验证性因素分析等方法的检验,通过预调查和正式调查,最终形成包含 7 个基本信息题项、21 个教练员领导力测量题项的《我国冬奥雪上优势项目教练员领导力调查问卷》,该量表具有较为可靠的信效度。(4)经实证检验,我国冬奥雪上优势项目教练员领导力模型内部结构关系逐渐清晰,教练员感召力和行动力可以成为教练员领导力开发与培养的出发点和落脚点,教练员专长力和平衡力等变量能够起到中介作用,在自然情境下,教练员领导力对优势项目后备队伍的发展起到一定的促进作用。

　　研究认为,探寻教练员领导力内涵维度、结构特征及测量手段,不仅能为教练员科学指导训练和比赛提供必要的理论基础和实践指导,加快我国冬奥雪上项目运动队整体竞技能力的提高,还能有效地促进我国优势运动项目成功经验总结和推广,带动更多雪上项目竞争力提升,实现我国雪上项目可持续发展。具体表现在,(1)感召力、专长力、行动力和平衡力既可以作为领导力来源构成,又能成为其传达的重要途径;感召力是领导力的基础,确保教练员做正确的事;专长力和行动力是教练员领导力提升的关键,保证教练员能正确地做事以及如何正确地做事;平衡力则成为教练员领导力形成的助推器,能加快和增强教练员领导力的形成。强化教练员领导力有助于形成螺旋上升的理论阐释循环,现阶段应围绕行动力的提升采取适当的办法。(2)编制的《我国冬奥雪上优势项目教练员领导力调查问卷》合理科学、易于填答,可以作为教练员领导力测量与评价工具使用。(3)教练员领导力对运动队发展许多方面都起到促进作用,针对不同类型、发展阶段和竞技目标的运动队,可采取差异化的教练员领导力渗透方式。在竞技体育人才培养中,应有意识地挖掘一些思想道德过硬、职业情怀深、追求卓越,专业素养高、学习能力出众、善于思考,受队员拥护和爱戴的教练员。

Abstract

The improvement of competitive strength of snow events is an important support to achieve the goal ofthe balance of winter sports in China, and also an important carrier and leading way to enhance the enthusiasm of the masses to participate in winter sports. In the nearly 30 years of development, China's winter Olympic snow events, represented by freestyle skiing aerials, have made brilliant athletic achievements. Practical experience shows that through scientific training and precise management, China's winter events can achieve the transformation of "from nothing to something, from weak to strong, and from strong to prosperous". Grasping and mining the growth rules of these projects will help speed up the development of other similar winter events.

This study comprehensively applies trait theory, knowledge-based theory, action learning theory, social identity theory, and social exchange theory, with literature method, interview method, observation method, Delphi method method, questionnaire method, mathematical statistics method and action research method, using a mixed research method that combines theoretical construction and empirical testing, qualitative explanation, and quantitative analysis. With the logical main line of the occurrence and development of coach leadership in China's winter Olympic snow advantage events, this study focuses on several specific issues such as "what is the coach leadership in China's winter Olympic snow advantage projects", "Why is it important?" "How to measure it?" and "How to apply it in practice?" constructs a theoretical model of coach leadership with localized characteristics, and develops a measurement tool for coaches' leadership in China's winter Olympic snow advantage events. After empirical analysis, the study explores the internal structural relationships of theoretical models and their application effects in real situations.

The research finds that, (1) The development of freestyle skiing aerial skills in China has gone through four stages as following, the team's initial stage (1987—1998), the tortuous growth stage (1999—2006), the sharpening forward stage (2007—2018), and the inheriting and opening up period (2019 to now). At different stages, coaches exhibit four distinct characteristics, such as, the coordination or unity of national spirit and

Leadership in China's Winter Olympic Winter Sports Advantage Events" is reasonable and scientific, and can be used as a tool for measuring and evaluating coaches' leadership. (3) Coach leadership plays a catalytic role in many aspects of the development of sports teams. For sports teams with different types, stages of development, and competitive goals, differentiated ways of infiltration of coach leadership can be adopted. In the training of competitive sports talents, coaches who have strong ideological and moral standards, deep professional feelings, pursuit of excellence and progress, high professional literacy, outstanding learning ability, good at thinking, and supported and loved by team members should be fully explored.

目　录

1 导　　论

1.1 研 究 背 景

　　竞技体育是我国体育事业重要组成部分,是体育强国建设中不可或缺的重要助推器。新中国成立以来,中国竞技体育迅速崛起,夏季项目的综合实力已经跻身于世界竞技体育强国第一梯队。相较而言,冬季项目却差强人意,仍在奋力寻求突破中。在北京冬奥会上,中国代表团实现历史性突破,获得 9 枚金牌,首次进入金牌榜前三位,但若从奖牌数来看,中国代表团仅获 15 枚,位居参赛队第 11 位。因此必须清醒地认识到,我国目前距离实现冰雪竞技强国目标还有较大差距。

　　更应引起重视的是,我国与国际冰雪发展格局步调明显不一致。冬奥会项目结构基本特征是"雪重冰轻",雪上项目和冰上项目比例大概为 7∶3,即"得雪者得天下"。自我国恢复奥运合法席位以来,在 1980 年至 2018 年间,共参加了 11 届冬奥会,共

取得 13 金、28 银、21 铜,雪上项目仅贡献 1 枚金牌、7 枚银牌和 4
枚铜牌,雪上与冰上项目获奖比例大概为 1∶4,冰雪项目竞技水
平失衡现象严重,雪上项目表现一直不佳。在 2022 年北京冬奥
会上有一定的改观,中国代表团获得 9 金、4 银、2 铜,雪上项目获
5 金 3 银,在金牌和奖牌数量上首次超过冰上项目,从数量上扭
转了"冰强雪弱"的现象,但能否就此称之为"冰雪平衡"还有待
考证。

北京冬奥会之前,我国所获得的冬奥会金牌和奖牌全部来自
短道速滑、速度滑冰、花样滑冰和自由式滑雪等四个项目,其中短
道速滑项目占比高达 75% 和 60% 左右,但事实上,短道速滑项目
还不是世界普及程度最高、影响力最大的冬季项目。自由式滑雪
空中技巧作为唯一获奖的雪上项目格外显眼,纵观我国冬奥雪上
项目发展史,自由式滑雪空中技巧起到了不可替代的作用,第一枚
世界比赛金牌、冬奥会奖牌"零"的突破、第一枚冬奥会金牌均出自
该项目。北京冬奥会前我国冬奥雪上项目所获的 12 枚奖牌中,有
11 枚出自源于自由式滑雪空中技巧,包括唯一的金牌。北京冬奥
会上以接近满额人员参加了全部 3 个项目,夺得 2 金 1 银的优异
成绩,展现出强大的整体实力。自由式滑雪空中技巧以近 30 年的
发展历程证明了我国有能力在任何项目上获得优异的成绩,如若
将发展经验及时总结和迁移将有助于促进我国冬季项目取得更多
突破,实现我国冬季项目与夏季项目均衡发展。

诸多实践经验表明,我国冬季项目竞争力的核心在于正确认
识雪上项目竞技能力提升相关问题,并重视和解决好若干关键环
节。2017 年 2 月 24 日,习近平在考察北京冬奥会和冬残奥会筹

备时强调"为提高冬季项目竞技水平,在项目上要能够扬长补短,在人才队伍上要坚持运动员和教练员一起抓,既抓急需急用又抓备用梯队,既引进来又走出去,既抓技战术水平提升又抓思想意志磨炼"①。

唐朝诗人韩愈《马说》中一句话"世有伯乐,然后有千里马。千里马常有,而伯乐不常有",恰如其分地反映了发现人才、培养人才远比人才本身更为珍贵。但一直以来,我国较为忽视冬季项目教练员的能力培养及相关研究,教练员培养体系不完善,教练员人才储备不足,教练员的各方面能力与运动队的需求有较大差距,迫切地需要认识和掌握冬季项目竞技特征与发展规律。

美国教练约翰·伍登(John Wooden)的篮球执教成功之道影响深远,许多体育领域之外的人,都在学习其执教"成功金字塔"法则和团队建造理念,学习其定义成功的标准以及如何最大化地发挥个人潜能。清华大学杨斌教授在《教导:伍登教练是怎样带队伍的》译本序言中写道"我们还缺少一百万个好教练"②,充分肯定了教练员之于运动队的作用,即在体育活动内外,教练无时无刻不在诠释一个特殊而又富于生命力的角色。"伟大的教练能够超越输赢,会选材育人、塑造团队、孕育传奇、鼓舞民心,团结民族",但事实上好的教练较为稀罕。2019 年 8 月中国男篮教练员进行领导力培训时达成共识,伟大的教练不仅仅影响着比赛胜负,还决定着

---

① 新华网. 习近平在北京考察:抓好城市规划建设 筹办好冬奥会[EB/OL].
http://www. xinhuanet. com/politics/2017-02/24/c_129495572. htm.

② 约翰. 伍登,史蒂夫. 贾米森著. 杨斌译. 教导:伍登教练是怎样带队伍的 [M].
北京:清华大学出版社,2020.5:1—4.

球队和球员一生的命运。参加训练营的中国篮协主席姚明认为领导力是高水平篮球教练员必须具备的重要素质①。由此可以深切地感受到我国一线高水平运动队对领导力认识逐渐加深,渴望提升自身的领导力,从而成为一名优秀的教练员。

随着领导理论以及教练员能力结构不断发展和拓宽,教练员领导力方面研究也与日俱增。领导力因其能帮助组织达成目标,成为判定领导有效性的重要标准,优秀领导者有能力驾驭组织内外各种关系,并达成卓越的组织目标②,因此如何成为一名优秀领导者长期占据管理学研究的重要位置。但到目前为止,有关体育教练员领导力模型结构的研究仅处于探索阶段,全面系统呈现冰雪项目教练员领导力的研究成果还较为罕见。因此,以多学科理论为支撑,以我国冬奥雪上优势项目教练员研究为出发点,探寻教练员领导力内涵维度、结构特征及测量手段,不仅能为教练员更科学指导训练和比赛提供必要和急需的理论基础和实践指导,促进我国冬奥雪上项目运动队整体竞技能力的提高,还能有效地促进我国优势运动项目成功经验总结和推广,加快更多雪上项目提升竞争力,实现我国雪上项目可持续发展。正如"十四五"体育发展规划所希望的,以北京2022冬奥会为契机,巩固和保持优势项目,挖掘和培育潜优势项目,实现冰雪运动跨越式发展,促进竞技体育项目均衡发展。

---

① 中国篮协.中国篮协 CBA/WCBA 教练员领导力训练营札[EB/OL]. https://voice. hupu. com/cba/2464492. html.

② 谢克海.5M 视角下的领导力理论[J].南开管理评论,2018,21(04):219—224.

1.2　问 题 提 出

1.2.1　以均衡发展为支撑加快竞技体育强国目标
实现的必由之路

加快推进体育强国建设是关乎体育发展全局的战略性问题①,习近平总书记强调:"体育承载着国家强盛、民族振兴的梦想。体育强则中国强,国运兴则体育兴"。在体育强国战略推进过程中,作为体育的核心组成部分,以运动项目为手段的竞技体育必将承载着巨大的引领和支撑作用②③,竞技体育强国目标便是不可回避的话题。围绕着新时代竞技体育的战略使命,我国竞技体育改革产生了新目标和新定位,打造基础扎实、发展均衡、核心表现突出的竞技体育新体系已经刻不容缓④。我国竞技体育长期存在的冬季项目和夏季项目发展不同步,两大项目体系互动交流少,极大地制约了我国竞技体育强国目标的实现。如何实现冬夏项目的均衡发展,形成相互促进的发展合力,全面提升竞技水平,继续发扬新时代的体育精神,极为考验管理层面和实践者的智慧。

① 习近平. 党的十九大报告全文[EB/OL]. http://www.cnr.cn/news/2017/10/28-524003729.shtml.

② 鲍明晓,邱雪,吴卅等. 关于加快推进体育强国建设的几个基本理论问题——基于党的十九大报告提出体育发展全局的战略性问题[J]. 北京体育大学学报,2018,41(02):1—6+16.

③ 钟秉枢. 新时代竞技体育发展与中国强[J]. 上海体育学院学报,2018,42(01):12—19.

④ 杨国庆,彭国强. 新时代中国竞技体育的战略使命与创新路径研究[J]. 体育科学,2018,38(09):3—14+46.

人力资源管理影响员工行为,从而实现组织的绩效和战略目标①,培养并造就能够支撑这种发展战略的开拓型、复合型人才将为人力资源管理者迫切需要的核心工作②。目前我国体育事业正在进入新发展时期,体育事业的各个方面都已步入发展的快车道,然而体育组织中存在的人力资源以及人力资源管理问题已成为严重制约我国体育事业发展的关键因素,对我国体育组织人力资源的开发和管理成为当前最为急迫的任务之一。2020年9月22日习近平在全国科教文卫体领域专家座谈会上指出"要科学分析体育发展面临的新形势,坚持问题导向,……要创新竞技体育人才培养、选拔、激励保障机制和国家队管理体制"③。

运动队是体育人力资源系统的微观组成,是以获得一定运动成绩为目标,由队员、教练员、管理人员按一定的结构方式组合且结构形式化程度较高的体育组织。运动队管理得好与坏,直接影响到集体的"战斗力"。优秀的运动队是由管理人员(教练员、领队)、运动员、辅助人员等组成的,他们共同构成一个统一的有机整体,这个有机整体中各要素的不断完善及相互配合的不断默契,促使其"战斗力"不断增强,显然体育教练员应承担更多任务。钟秉枢教授(2022)指出当前我国竞技教练员面临的三大挑战及应对措施④,一

---

① 林新奇,丁贺.人力资源管理强度对员工创新行为影响机制研究——一个被中介的调节模型[J].软科学,2017,31(12):60—64.

② 徐升华,周文霞.新形势下人力资源管理职责与角色研究[J].现代管理科学,2018(11):100—102.

③ 新华社,习近平在教育文化卫生体育领域专家代表座谈会上的讲话[EB/OL]http://www.gov.cn/xinwen/2020-09/22/content_5546157.htm.

④ 钟秉枢.新发展阶段我国体育教练员面临的挑战[J].中国体育教练员,2022,30(01):4—6.

是我国竞技体育教练员过分地关注运动成绩,即简单的输赢,忽视对队员的人生观和价值观等育人理念的教育,没有完全呈现对运动员身心发展的关心,在新阶段运动员培养中要将"育人"置于首位。二是在竞技目标达成的引领中,教练员要重视对体育精神的凝练和追求,应帮助运动员实现自我超越,激发运动员的潜能,诠释新时代对成功的定义。三是要重视教练员发展和执教中个人品格和能力的塑造与培养,将其作为专业知识和专业能力得以呈现的基础。

1.2.4　以探索优秀教练员形成规律的客观需要为抓手

"要想培养出世界冠军,首先要有能够培养出世界冠军的教练",众多实践表明,只有优秀教练员才能培养出优秀运动员。培养出能在国内外大赛上争金夺银的优秀运动员绝非偶然现象,只有高水平的教练员才能完成这样的任务。国家领导人李瑞环在1999年8月13日在接见45届世乒赛凯旋的中国乒乓球代表团时指出"凡是长期反复出现的竞技体育现象,都不是偶然的,都有其内在的必然的东西,要通过认真总结,把规律性的东西找出来,用以推动其他项目和今后工作",还特别指出正是由于中国乒乓球队历来极为重视选好苗子、重视科研创新、善于运用辩证法、积极规划队员职业前景,才使得中国乒乓球队人才辈出,取得了显赫的成绩①;2001年接见46届世乒赛中国代表

① 光明日报. 李瑞环李岚清接见载誉归来的乒坛健儿［EB/OL］https://www.gmw.cn.

团时又高度赞扬了中国乒乓球队一直以来的刻苦精神、钻研精神、拼搏精神和为国争光精神,认为认真总结有利于队伍长远发展①。

事实上,我国学者一直致力于挖掘和探索优秀竞技项目中教练员所起的作用。魏旭波等人(2005)②对我国竞技体育部分优势项目的教练员成长规律进行研究,涵盖了跳水、乒乓球、体操、射击、羽毛球等长期处于世界领先地位的多个运动项目,将这些训练运动员获得世界三大赛冠军(奥运会、世界杯赛和世界锦标赛)的教练归为"金牌教练",认为金牌教练产生的内在因素源于对祖国浓郁深厚的眷恋之情,献身祖国体育事业的理想抱负,善于用高瞻远瞩的战略眼光解析项目发展动态和把握项目规律,具备多方面超强的知识和能力。还认为"金牌教练"的成长道路具有一定的规律性,爱国情感和事业心是内部驱动力的核心,较高的专项运动经历、不断进行知识学习和创新能力提升、把握项目发展的制高点是重要的手段和关键所在,此外一定的心理品质和个人修养也成为"金牌教练"的基本保证。由此可见,在任何一个优势项目中教练员必将呈现出与众不同的能力和状态,同时对这些优秀教练员在执教内外所具备的知识、技能、情感、态度和行为的挖掘,将有助于对优势项目的理解和把握,还会加速其他类似项目的认识和发展。

---

① 光明日报. 李瑞环李岚清接见凯旋的中国乒乓球代表团〔EB/OL〕https://www.gmw.cn.

② 魏旭波,俞继英,陈红. 我国竞技体育部分优势项目"金牌教练"成才规律的研究〔J〕. 中国体育科技,2005(04):79—84.

1.3　研　究　目　的

　　竞技体育是探索、挖掘以及发挥运动员潜能的事业,为了使运动员达到运动成绩的高峰,教练员对事业的追求必然达到了"入迷"的程度继而带领运动员为之奋斗①。竞技体育教练员担负着培育、指导运动员参加训练和比赛的重任,任何取得优异成绩的运动员必然和高水平教练员的努力密不可分,而目前我国教练员总体水平和其他体育强国相比差距还较大,制约着我国某些运动项目的发展。冬季项目中情况更为严重,很多项目甚至都没有高水平教练员。自由式滑雪空中技巧是我国冬奥雪上唯一的优势项目,所参加的 7 届冬奥会中共获得 3 金 7 银 6 铜,形成了强大的团队整体优势。如何继续保持该项目的领先优势,总结和发扬该项目发展经验有助于实现雪上项目竞技实力的整体提升,为实现竞技体育均衡发展和促进体育强国建设作出贡献。

　　基于此,本研究以特质理论、知识基础理论、行动学习理论、社会交换理论和社会认同理论为基础,从教练员的实践样态出发,揭示我国冬奥雪上优势项目教练员领导力的内涵特征和运行规律,以实现我国冬奥雪上项目可持续发展为目标,具体从以下几个方面来实现。

---

　　①　高健,王选艳.论优秀运动队教练员所应具备的综合素质[J].沈阳体育学院学报,2001(01):33—35.

（1）揭示我国冬奥雪上优势项目教练员领导力的形成和演化历程

依照自由式滑雪空中技巧项目发展史为时间轴,以教练员领导力在不同发展阶段的呈现和作用显现为主线,纵向梳理教练员领导力的发生与发展过程,并结合各个阶段典型教练员的特征风格和执教理念,横向透视教练员领导特征在不同历史阶段的具体呈现,揭示教练员领导力对我国冬奥雪上优势项目成绩取得起到的重要作用。

（2）探索我国冬奥雪上优势项目教练员领导力的维度特征

遵循客观、真实和科学的建构主义思想,以目前我国冬奥雪上唯一的优势项目——自由式滑雪空中技巧项目的教练员这一独特群体作为调研对象,以众多教练员或运动员亲历的执教活动为观测对象,采用非量化手段开展长期、深入和细致对比分析,通过对大量无序信息挖掘、理解和分析,提炼这些教练员在整个执教活动中所呈现的领导力内容要素,并试图厘清优势项目教练员领导力的本质,探寻优势项目教练员领导力的结构维度。

（3）编制我国冬奥雪上优势项目教练员领导力的测量工具

根据实证主义范式思想,充分结合质性研究与现有成熟理论对话的结果,严格按照问卷编制流程设计调查工具,通过科学严谨的调查与分析,对理论模型进行检验和修正,以此完成对我国冬奥雪上优势项目教练员领导力模型的构建与实证检验,在此基础上尝试对内部结构进行探索,以期扩大理论的应用范畴与价值。

（4）阐释我国冬奥雪上优势项目教练员领导力可持续发展的作用机制

选取冬奥雪上优势项目国家后备队为管理施策对象进行实证

研究,以微观视角洞悉教练员领导力在日常训练和比赛活动中的呈现,根据运动员不同条件或类型、所处环境变化、训练阶段异同,采取差异化、针对性的教练员领导力实施方案,力求进一步洞察教练员领导力在运动队实践中的重要作用。

1.4　研　究　意　义

1.4.1　理论层面

一是促进领导理论在体育领域的本土化发展

体育领域的教练员领导行为及风格研究近些年得到蓬勃发展,诸多学者以西方管理学和组织行为学相关经典研究成果为基础,用以解读我国体育运动项目及其取得的成就时,不可避免地陷入西方领导理论的桎梏,容易忽视立足于我国运动项目实际情况的理论构建[①]。本研究忠实于冬奥雪上优势项目发生与发展的现实,以扎根理论研究方法构建我国冬奥雪上优势项目领导力模型,充分彰显了本土化理论贡献的价值,有助于加快我国运动项目理论本土化发展的步伐。

二是拓宽高水平运动队治理体系的研究视角

新形势下的任何组织都不得不面临管理方式的转变[②],组织

---

① 曹大伟,曹连众. 我国教练员领导力研究的域外经验、本土实践和未来展望——基于领导力来源与传达路径[J]. 沈阳体育学院学报,2021,40(01):94—101+124.

② 吴治国. 变革型领导、组织创新气氛与创新绩效关联模型研究[D]. 上海:上海交通大学博士论文,2008.

若要实现团队绩效的最优化,就必须依赖团队成员提供和发挥一定的领导力①,这有助于保持组织的可持续竞争力。当前我国竞技体育发展面临战略转型和成绩提升的双重压力②,如何继续坚持实施"奥运争光"战略,保持在国际大赛取得优异成绩显得刻不容缓,如若能调动、激发教练员领导力,并充分发挥其巨大且深远的影响力,将有助于实现竞技体育微观组成单元的治理能力提升。基于此,研究试图挖掘和发挥教练员领导力在运动队发展中的重要作用,以此实现高水平运动队自治和善治路径的升华。

三是推进教练员研究范式的多元化与科学化

教练员在竞技体育发展中的核心地位决定了对其研究的复杂性③,以往学者大多采用横断面调查的方式来探讨与教练员领导力的某一静态特征之间的关系,科学性和严谨性受到一定的限制,研究成果推广的价值偏小。本研究收集了大量第一手文本材料,涉及众多教练员、运动员和管理人员,采用质性研究的方法探索教练员领导力内涵维度,结合教练员长期领导活动实践经验,提出理论假设模型,编制调查问卷和量表,运用定量研究的方式检验假设,为最终实现科学管理提供有力支撑。因此,本文采用的三角互证形式探索教练员领导力本质,提升研究成果科学性,能为全面、准确、科学地开展教练员研究提供借鉴。

---

① 蒿坡,陈琇霖,龙立荣.领导力涌现研究综述与未来展望[J].外国经济与管理,2017,39(09):47—58.

② 杨国庆.中国竞技体育的发展困囿与纾解方略[J].上海体育学院学报,2022,46(01):1—9.

③ 李宁,教练员执教行为研究[M].北京:北京体育大学出版社,2015:96.

1.4.2　实践层面

一是为实现我国雪上优势项目可持续发展提供方案参考

冬季项目竞技能力提升是我国实现竞技体育强国目标的重要支撑,从我国冬季项目的奥运征战历程来看,优势项目能否正常发挥是我国冬季项目"奥运争光"目标实现的基础,几支仅有的优势项目队伍承载着巨大的夺牌任务。如何持续发挥这些优势项目的作用就显得极为重要,倘若能将一些优势项目的训练经验转移到同一项群暂时落后的项目,将有助于向优势项目靠拢①。本研究将我国冬奥雪上优势项目教练员领导力作为研究的出发点和落脚点,将教练员领导力对运动队的影响贯穿始终,试图为雪上优势项目的可持续发展提供实践支撑。

二是为实现我国其他雪上项目突破提供可借鉴思路

高水平运动队成功经验的迁移和运用一直都是竞技体育实践的难点,一方面是由于目前我国缺少高水平运动队管理智库的体系建设,仅在个别项目上保有经验,如乒乓球、跳水等夏奥项目,但由于项目差异较大,很难跨转到冬季项目上;另一方面,我国冬季项目发展起步较晚,尤其是雪上项目,群众基础尚不够强大,难以形成项目发展所需的高质量人力资源。因此,通过本研究构建的我国冬奥雪上优势项目教练员领导力模型及其管理实践启示,可以成为其他雪上项目建设的必要参考,亦可成为教练员遴选的标准。

---

① 田麦久,运动训练学[M].北京:高等教育出版社,2006:462.

1.5　研究对象

　　以我国冬奥雪上优势项目教练员领导力为研究对象。以自由式滑雪空中技巧国家集训队、部分省区冬季项目管理中心在编教练员和运动员和沈阳体育学院自由式滑雪空中技巧队为调查对象。

1.6　研究方法

　　研究方法论是具体研究方法的指导,方法必须要服务于问题,同一研究问题可能有多种选择和方案,因此对于一项"好"的研究,选对方法是重中之重[①]。体育科学研究领域许多问题具有极强的复杂性,涉及有新的概念、模型和理论的建构,难以用逻辑实证主义的要求开展定量研究研究设计,需要对研究现象进行深入的整体性探究,通过与研究对象的深入互动,对其行为和意义建构获得解释性的理解[②],进行密集地描述,自下而上地归纳概念和形成理论[③]。

① 石岩.质性研究和量化研究的差异——以体育学研究为例[J].成都体育学院学报,2023,49(01):24—28+37.
② 张力为,孙国晓.体育科学实证研究的逻辑流与证据链[J].体育科学,2017,37(04):3—10+28.
③ 石岩.质性研究和量化研究的差异——以体育学研究为例[J].成都体育学院学报,2023,49(01):24—28+37.

就冬奥优势项目教练员领导力而言,仍处于相对空白的阶段,相关研究尚处于发展初级,研究多聚焦在教练员领导力的某一来源或传达路径,缺少对这一独特群体的教练员领导力的整体结构特征和内涵维度的探索[①],因此有必要采用质性研究的方法对教练员领导力的结构维度进行探索,揭示优势项目教练员这一特殊群体的领导力面貌,以此为基础构建理论模型和假设检验。

基于此,本研究采用理论构建与实证检验相结合、质性解释与定量分析相结合的混合研究方法,对我国冬奥雪上优势项目教练员领导力进行充分阐释,构建具有本土化特征的教练员领导力结构维度和测量工具,为运动队开展领导活动提供理论指导和实践依据。

1.6.1　文献法

本研究围绕领导力、教练员、优势项目、教练员领导行为、雪上项目等关键词收集文献材料。通过"中国知网"检索关于"领导力""领导行为""教练员""教练员领导行为"等中文文献,获得中文核心期刊 500 余篇,博士论文 50 余篇;通过 WOS 和 EBSCO 数据库检索"leadership"和"coach leadership"外文文献,获得外文相关成果近 600 篇,借助 HISTCITE 软件挑选前 50 篇进行重点研读分析;收集雪上优势项目教练员和运动员发表的专著、学术论文、执教习得体会或训练日志;收集雪上优势项目教练员或运动员的媒

---

① 曹大伟,曹连众. 我国教练员领导力研究的域外经验、本土实践和未来展望——基于领导力来源与传达路径[J].沈阳体育学院学报,2021,40(01):94—101＋124.

体报道材料,包括中央广播电视总台、新华社、人民日报、光明日报等国家级官方媒体,或省市级媒体、各大主流体育网络媒体的视频专访、文字报道。

通过分析、比较、综合、演绎,使本研究对相关概念形成、教练员领导力理论研究进展、教练员领导力体系的构成以及现存问题有比较宏观的理解和把握,成为深入分析教练员领导力发生与发展机制的基础。

1.6.2　访谈法

采用半结构化深度访谈的方式,根据"我国冬奥雪上优势项目教练员领导力理论模型构建——教练员访谈提纲",对冬奥雪上优势项目16名教练员(见表1-1)一对一访谈,包括面对面的访谈和电话访谈两种形式(由于疫情防控要求的国家队访客规定,对部分人员只能采用电话访谈);访问地点分别位于国家集训队驻地、训练场以及教练员的住所。

表1-1　深度访谈对象信息一览表

编号	姓　名	性别	年龄	执教成绩	在队伍中角色	地点/时间/次数	形式
A	陈＊＊	男	70	奥运亚军、世界冠军	主教练	沈阳/2021/1	面谈
B	杨＊＊	女	74	奥运冠军、世界冠军	主教练	沈阳/2021/1	面谈
C	吴＊＊	男	56	世界冠军	教练组成员	沈阳/2021/2	面谈
D	纪＊＊	男	49	奥运冠军、世界冠军	主教练	长春、沈阳、阿尔山/2019.12—2021.2/4	面谈

（续表）

编号	姓　名	性别	年龄	执教成绩	在队伍中角色	地点/时间/次数	形式
E	牛＊＊	男	46	奥运亚军、世界冠军	教练组成员	长春、沈阳、阿尔山/2019.12—2021.2/3	面谈
F	李＊＊	男	39	世界冠军	教练组成员	长春、沈阳、阿尔山/2019.12—2021.1/3	面谈
G	外教组	男	50（平均）	世界冠军	教练组成员	长春、阿尔山/2019.12—2021.1/2	面谈
H	徐＊＊	女	41	世界冠军	二线队教练	沈阳/2020.7/1	面谈
I	郭＊＊	女	37	世界冠军	二线队教练	沈阳、秦皇岛/2019.12—2021.1/2	面谈
J	韩＊＊	男	37		领队	线上/2020.7/1	线上
K	李＊＊	男	36		退役运动员	沈阳/2020.7/1	面谈
L	徐＊＊	男	30	世界冠军	队员兼教练组成员	长春、沈阳、阿尔山/2019.12—2021.2/3	面谈
M	贾＊＊	男	29	世界冠军	队员兼教练组成员	长春、沈阳、阿尔山/2019.12—2021.2/3	面谈
N	郭＊＊	女	40		退役运动员	张家口/2020.1/1	面谈
O	代＊＊	女	37	世界冠军	教练组成员	长春、阿尔山/2019.12—2021.2/2	面谈
P	欧＊＊	男	40	奥运亚军、世界冠军	教练组成员	长春、阿尔山/2019.12—2021.2/2	面谈

注：为自绘表，数据信息截至 2021 年 12 月

　　对每位教练员访谈的时长控制在 20—40 分钟，尽可能采取录音和拍摄等辅助手段（所有访问均经个人和国家队管理同意，部分教练员因国家队采访规定限制未进行录音和拍摄），对个别教练员进行了多次访谈，直至达到资料饱和。访谈共进行 7.5 个小时，所有访谈结果在 24 小时内整理、转录成文字材料，得到共计 12 万字访谈记录。

图 1-1 访谈图示例(部分)

1.6.3 观察法

观察法作为科学研究的一种手段,是通过观察者的特有视角和透镜,有目的、有计划地观察事物的发生和发展,通常用于对个案的深入了解,且该现象很少被人所知,一般用来解决"谁,在什么时间,什么地方,与谁一起做了些什么",尤其是对一些活动和行为研究,采用观察法就能获得更为真实的资料。由于观察对象是国家集训队的训练和生活场景,为了不干扰到他们的正常活动,确定了本研究宜采用非参与型的非结构式的观察手段,通过近距离(分别位于裁判塔、运动员助滑道顶端、起跳台底端和着陆缓冲区)观察教练员在组织训练过程中的执教活动,获取与研究主题相关的事实材料。

表 1-2 国家集训队观察记录情况一览表

序号	起止时间	观察地点	时长	主要观察内容
1	2018 年 12 月 9 日—15 日	内蒙古阿尔山国家雪上训练基地	6 天	了解国家集训队教练员训练和生活日常、熟悉教练员和运动员风格及特征
2	2019 年 1 月 5 日—7 日	河北张家口云顶滑雪公园	3 天	观摩国际雪联世界杯分站赛比赛,了解教练员在正式比赛中的执教活动
3	2019 年 7 月 9 日—13 日	河北秦皇岛国家体育总局夏训基地	5 天	了解国家集训队夏训活动,观察技术动作储备期和体能强化期的训练日常

序号	起止时间	观察地点	时长	主要观察内容
4	2020 年 1 月 9 日—13 日	吉林长春莲花山国家雪上训练基地	5 天	重点观察国家集训队教练员临场训练指导,以及与运动员沟通
5	2020 年 3 月 3 日—6 日	吉林长春莲花山滑雪场	4 天	观摩国际雪联世界杯分站赛比赛,重点观察教练员临场指挥
6	2020 年 7 月 16 日—19 日	辽宁沈阳体育学院体能训练中心	4 天	观察国家集训队体能强化训练中的教练员活动

注:为自绘表。河北张家口云顶滑雪公园观察对象为参加国际雪联单板滑雪和自由式滑雪空中技巧世界杯比赛的代表队,其他观察对象均为我国自由式滑雪空中技巧国家集训队。

　　论文撰写中多次前往自由式滑雪国家集训队训练场地和比赛现场进行实地观察,通过文字、摄像(经国家队管理许可)详细记录教练员每日的教练活动事实。此外,还观察和记录了部分国家集训队训练之外的日常活动,如观摩国家集训队常规政治理论学习;跟随国家队到集训驻地周边学校推广冰雪运动、宣传体育运动拼搏精神、赠送冰雪运动器械等方式实现社会责任履行;参与国家队的团队建设活动;观摩心理咨询师对运动员开展的心理咨询辅导等,捕捉更多的教练员和运动员日常活动细节。

图 1-2　国家集训队观察示例(部分)

1.6.4　德尔菲法

　　德尔菲法又称专家调查法,是上世纪 50 年代美国兰德公司实施的一项旨在通过专家征询形成综合意见进行预测的决策方法,专家采用匿名发表意见,经过不断地反馈和多轮迭代最终汇总成基本一致的看法。这种方法起初被应用于军事和科技领域,而后逐渐扩展到社会、市场营销、卫生健康、经济管理以及教育等诸多领域,取得了较为显著的作用,优越性和适用性得到了极大的体现。匿名、反馈和迭代是德尔菲法的主要特征①,匿名填写可以确保获得专家真实的想法和意见,反馈则体现了对专家意见和分歧的进一步解释,迭代则体现了整个征询过程逐步收敛以达到问题精简的过程。本文第4章采用扎根理论构建了我国冬奥雪上优势项目教练员领导力概念模型,为了检验理论的可操作性和可重复性,采用德尔菲法对编制的问卷进行评判,最终形成意见趋同的调查工具。

研究中选取的专家由长期从事教练员研究的专家教授和我国冬奥雪上优势项目教练员组成,他们对教练员有较为深入的研究,对调查项目有着丰富的执教经验。为了确保专家咨询结果的科学性和权威性,尽可能兼顾同质化和特征差异化要求,选取 18 位专家进行问卷评判(见表 1 - 3)。其中 1 人为我国领导学研究专家,在中西方领导思想和行为研究比较方面取得较为丰硕的成果;10 人为教练员领域研究专家,均为博士学位,从事教练员、教练员心理、教练员领导行为等研究多年;4 人为自由式空中技巧国家集训队教练员,从事项目训练指导工作多年,分别著有大量相关主题的文章,其中 3 人为硕士研究生导师;1 人为雪上项目国际级裁判,多次参加国内外比赛执裁工作;1 人为雪上项目运动管理专家,运

---

① 李博,任晨儿,刘阳.辩证与厘清:体育科学研究中"德尔菲法"应用存在的问题及程序规范[J].体育科学,2021,41(01):89—97.

动心理学博士,长期担任雪上项目领队及随队翻译工作。

表1-3 咨询专家信息一览表(N=18)

序号	姓名	单位	职称/职务	学历	研究专长或实践领域
1	钟**	首都体育学院	教授、博导	博士	教练员学
2	柏**	中国浦东干部学院	教授、博导	博士	领导力
3	杨*	华东师范大学	教授、博导	博士	教练员心理学
4	刘*	上海大学	教授、博导	博士	教练员管理
5	郭**	南京体育学院	教授、博导	博士	教练员与运动员关系
6	马**	上海体育大学	教授、博导	博士	竞技体育训练科学化
7	翟*	中国矿业大学	教授、硕导	博士	教练员综合能力
8	邹**	沈阳体育学院	教授、硕导	博士	教练员胜任力
9	崔**	沈阳体育学院	教授、硕导	博士	教练员执教行为
10	由**	沈阳体育学院	教授、硕导	博士	教练员领导行为
11	陈**	沈阳体育学院	国家级教练员	本科	自由式滑雪空中技巧国家集训队教练
12	纪*	沈阳体育学院	国家级教练员、硕导	硕士	自由式滑雪空中技巧国家集训队教练
13	吴**	沈阳体育学院	国家级教练员、硕导	硕士	自由式滑雪空中技巧国家集训队教练
14	牛**	沈阳体育学院	教授、硕导	博士	自由式滑雪空中技巧国家集训队教练
15	门**	沈阳体育学院	教授、硕导	博士	自由式滑雪空中技巧国际级裁判
16	马**	山东大学	教授、硕导	博士	教练员行为测量
17	周**	国家体育总局	副研究员	博士	雪上项目运动队管理
18	于**	西安电子科技大学	教授、博导	博士	教练员领导力本土化

1.6.5 问卷调查法

通过理论分析和访谈构建《我国冬奥雪上优势项目教练员领导力调查问卷》(分为教练员问卷和运动员问卷),第一部分是人口统计学变量,包括受调查者的性别、年龄、教育程度、运动等级和执教履历等,共13个题项,其中教练员填答13个题项,运动员填答

7 个题项;第二部分是教练员领导力测量题项,共涉及 4 个维度,22 个题项。完整问卷共 35 个题项。问卷第二部分采用李克特 5 级评分法,具体为"完全不认同""比较不认同""中立""比较认同"和"完全认同"五个选项,分别赋值 1—5。

　　问卷调查分为预试和正式调查 2 个阶段。预试于 2021 年 1 月上旬开展,在国家体育总局冬季项目管理中心、辽宁省体育局和沈阳体育学院的大力协助下,给正在备战北京 2022 冬奥会的国家集训队(自由式滑雪空中技巧、单板滑雪、高山滑雪、越野滑雪和跳台滑雪等)、省市代表队和院校代表队,通过问卷星给教练员和运动员进行网络调查。在预试调查中,共发放问卷 172 份,回收有效问卷 172 份。经过检验的调查问卷,于 2021 年 7 月正式发放,采用方便抽样的形式,借助本人参加北京冬奥会技术官员培训的便利,通过国家体育总局冬季项目管理中心以及各省区体育局竞训处或冬管中心[①],对辽宁、黑龙江、吉林、山西、新疆、河南和浙江等 7 个省自治区在编的雪上项目教练员和运动员进行调查,涵盖了高山滑雪、越野滑雪、自由式滑雪、单板滑雪、冬季两项、北欧两项、跳台滑雪等七个项目,共发放问卷 322 份。

1.6.6　数理统计法

　　本研究的数理统计分析为定性数据分析和定量数据分析两种。

---

　　① 　注:由于目前我国自由式滑雪空中技巧人才建设极为薄弱,根据 2017 年统计,国家集训队共有 52 名运动员,11 名教练员,因此决定了调查范围应予以扩大到整个雪上项目,以此检验对整个雪上项目教练员对优势项目教练员领导力的认知。

定性数据分析主要体现在质性研究的过程中。论文第4章要对我国冬奥雪上优势项目教练员领导力的探索研究,需要对大量无结构化的文本材料索引、搜寻和理解,研究工具需要具备强大的大数据处理能力、初步的人工智能识别功能以及一定的超链接功能,Nvivo12.0 Plus质性分析软件具备对不同类型文本、音频、视频和图片数据的整理、分析和探索,适合作为编码和分析的工具。

定量数据分析主要用于问卷调查数据回收、整理与分析。研究使用 SPSS24.0 和 AMOS24.0 统计软件,运用描述性统计、信度分析、探索性因素分析、主成分因子分析、验证性因子分析、效度分析、路径分析、结构方程模型分析等方法,对我国冬奥雪上优势项目教练员领导力调查结果进行计量分析,并根据理论模型与实际调查结果进行对比分析,对研究假设进行验证和诠释。

1.6.7　行动研究法

实践者以研究者的姿态参与到研究之中,积极地对自己的境遇进行反思,力图改变自己的现状,这种结合了实践者智慧和能力的研究被称为行动研究①。在行动研究中,通过"研究"和"行动"的双重活动,参与者将研究发现直接用于社会实践,进而提高自己改变社会现实的能力。研究者可扮演触媒的角色,帮助参与者确认和定义研究的问题,以及对分析和解决的问题提供一个思考角度,既能满足实际工作者的需要,又不会脱离社会实际②。应强调

① Elliot, J. Action Research for Education Change. [M]. Milton Keynes & Philadephia: Open University Press.

② 陈向明. 质的研究方法与社会科学研究 [M].北京:教育科学出版社,2000:448.

对自然情境与社会情境的研究、对实际问题的改善和注重批判反思,行动研究可以被引入实际体育运动情境中[①],具体步骤包括计划、行动、考察和反思,通过寻求起点、理清情境、发展行动策略并付诸实施和公开实践者的知识,构成一个不断螺旋上升的循环。考虑到研究的侧重点、研究的内部发展历程、参与的成员成分等不同,行动研究可以有多种划分类型[②]。本研究采用合作模式,即研究者与实际工作者一起合作,共同进行研究,所涉及的研究问题由研究者和国家集训队教练(队员)共同协商提出,研制教练员领导力的行动管理总体计划和实施方案,共同商定研究结果的评价标准与方法。自 2019 年 1 月至 2022 年 1 月在后备队伍中(自由式滑雪空中技巧国家后备组)实施行动管理,对教练员领导力与运动队的互动进行深入分析,以此检验、总结和修正教练员领导力在运动队管理中的具体效果和实提升策略。

1.7　研究思路与内容

1.7.1　研究技术路线图

本研究遵循"发现问题——分析问题——解决问题",从我国冬奥雪上优势项目教练员领导力的发生和发展的现实出发,以多

---

① 邓君瑜,熊欢.国外体育行动研究的萌发、践行及启示[J].北京体育大学学报,2018,41(10):46—54.

② 郑金洲.行动研究:一种日益受到关注的研究方法[J].上海高教研究,1997(01):27—31.

学科理论为基础,以我国冬奥雪上优势项目教练员领导力结构维度和测量为对象,采用质地研究和量化分析相结合的研究范式,探讨了我国冬奥雪上优势项目教练员领导力的内涵、特征、结构、测量和管理等基本理论问题,以期揭示我国冬奥雪上优势项目教练员领导力的本质特征和运行机制,为我国冬奥雪上项目可持续发展提供理论支撑和实践指导。全文研究思路如下图1-3。

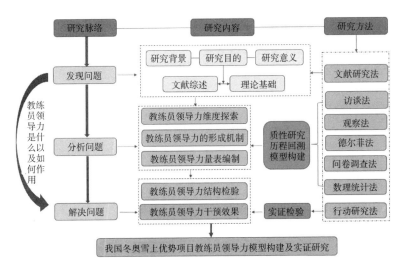

图1-3　研究思路框架图

1.7.2　研究内容

本研究围绕我国冬奥雪上优势项目教练员领导力相关问题展开,共分为七章,具体如下:

第一章绪论,回应为什么要对我国冬奥雪上优势项目教练员领导力进行研究,从研究背景、问题提出、研究目的与意义,研究对象与研究方法的选用以及研究思路、具体内容展开分析。

第二章文献综述和理论基础,厘清目前教练员领导力研究进展,确定本研究的理论依据,从文献综述、核心概念界定和理论基础三个方面展开,综合领导学经典理论与最新成果,把握领导力研究发展趋势,将其置于体育实践中来考察教练员的领导活动,为研究扩宽思路和提供坚实的理论支撑。

第三章自由式滑雪空中技巧项目教练员领导力形成及演讲历程,以教练员领导力在我国唯一的冬奥雪上优势项目——自由式滑雪空中技巧国家队近三十年发展中所起到的作用为出发点,分析随着队伍阶段发展变化,教练员作用如何体现,教练员领导力如何呈现和升华,并结合代表性教练员领导要素的特征,从历史发展的角度来证实教练员领导力的存在和价值。

第四章我国冬奥雪上优势项目教练员领导力模型构建,继续以自由式滑雪空中技巧项目为抽样对象,梳理与教练员领导力内涵相关的众多要素,阐明我国冬奥雪上优势项目教练员领导力是什么,依照扎根理论的研究范式,根据建构主义的操作规范,以教练员领导力的来源和传达路径作为故事线进行本土化的教练员领导力理论建构与诠释。

第五章我国冬奥雪上优势项目教练员领导力量表研制,编制我国冬奥雪上优势项目教练员领导力测量工具,通过各种科学方法检验教练员领导力理论模型的可靠性。

第六章基于我国冬奥雪上优势项目教练员领导力理论模型实证研究,通过教练员领导力内部结构关系探索和冬奥优势项目后备组的行动研究进行检验,进一步探索教练员领导力理论模型的内部结构关系,以及测量工具在实践中的作用,在此为指导一线运动队实践提供依据。

第七章研究结论、创新、局限与展望，总结提炼研究结论和创新点，指出本研究的不足与局限，提出未来该领域研究的趋势和展望。

2 文献综述与理论基础

2.1 核心概念界定

2.1.1 优势项目

优势(Advantage)是指比对方处于有利的形式,通常是指所处环境或有利形势,或在某些方面超过同类的形势。以字面意思解读优势项目就应该是与对方相比,处于有利形势的竞技体育项目,根据研究需要限定本研究中的优势项目为冬季奥运会雪上优势项目。

表 2-1 我国竞技体育优势项目相关定义情况一览表

提出者	提出年份	名 称	定义或划分依据
田麦久	1989	优势项目	一段时间内两次及以上进入世界前三名的项目列为优势项目,发展情况较好且有望较快地进入世界先进行列的项目称为潜优势项目

（续表）

提出者	提出年份	名　称	定义或划分依据
谢亚龙	1992	奥运优势项目	在国际重大竞技比赛中多次取得优异成绩，在未来的竞争中具备有利条件的运动项目，如乒乓球、体操、跳水、举重、女排和跳高等6个项目
国家总局	1995	优势项目	奥运争光计划中的18个国家重点投入项目为优势项目和潜优势项目
曹景伟	2001	奥运优势项目	某一国家在奥运会中取得奖牌数量占其累积百分比大于70%的运动项目群称之为该国的优势项目群
魏旭波	2003	奥运优势项目	连续多年在奥运和国际重大比赛中取得优异成绩，在未来的竞争中具有取胜潜力的运动项目，如跳水、射击、乒乓球、羽毛球、体操、举重等6个大项
石岩、田麦久	2004	奥运优势项目	奥运会优势项目应该是有实力在奥运会上获得奖牌的项目，潜优势项目是有实力获得前8名的项目。我国经常拿金牌的7个夏季奥运会项目和1个冬季奥运会项目作为优势项目
孙汉超	2004	群体优势项目	以夺得奥运奖牌为重点突破布局项目
郭权等	2004	奥运优势项目	需要具备两个前提，一是成绩优异性，二是成绩稳定性和连续性，只有具备在世界大赛中连续取得过优异成绩，才能称为优势项目。
池建等	2006	奥运优势项目	我国在奥运会上多次取得优胜，具有项目整体优势，并在后续的奥运会比赛中处于竞技有利位置的竞技体育项目，潜优势项目是指在多次取得奖牌，有望实现突破的竞技体育新项目
董欣等	2011	冬奥优势项目	依照曹景伟制定的分类法，确定了我国冬季奥运会的几个优势项目，分别是短道速滑、自由式滑雪空中技巧、花样滑冰和速度滑冰

（续表）

提出者	提出年份	名　称	定义或划分依据
高亮等	2012	冬奥优势项目	根据我国冬奥会获得奖牌数量，冰上的短道速滑、花样滑冰和速度滑冰，以及雪上的自由式滑雪空中技巧是我国冬季项目国际竞争力的主要来源，可以称之为优势项目
齐红梅等	2013	冬奥优势项目	若从冬奥大项来认定优势项目，认为短道速滑是我国仅有的优势项目，花样滑冰和自由式滑雪仅能作为潜优势项目，仅在几个小项如双人滑和空中技巧等取得一定的成绩

注：为自绘表，数据来源于本章第2节收集的资料

近30多年来，许多业界权威学者从不同角度对奥运优势项目进行了解读，形成了许多概念定义（如上表2-1），分析可知，能称之为优势项目或奥运优势项目一定要符合两个标准，一是既往成绩要优异，主要以奥运会金牌甚至是多次获取金牌为标杆；二是具备好的发展前景，具有稳定、突出的队伍整体实力。本文奥运优势项目定义为，连续多次在奥运会和国际重大比赛中取得优异成绩，并在未来的竞争中具有取胜实力的运动小项。

根据上述奥运优势项目的划分依据，冬季奥运会雪上优势项目指的是连续多次在冬季奥运会和国际重大比赛中取得优异成绩，并在未来的竞争中具有取胜实力的冬季奥运会雪上竞技项目。自由式滑雪空中技巧是我国冬奥雪上唯一的传统优势项目[①]，在近30年的发展历程中培养出了韩晓鹏、李妮娜、徐梦桃、贾宗洋、齐广璞、徐囡囡、郭丹丹、郭××等世界级运动员，在国际赛场上取得了多个金牌，2022年北京冬奥会上更是取得了2金1银的好成绩。

---

① 注：来源于众多官方媒体报道，尽管官方对优势项目没有做统一规定，但依然达成了较为普遍的认识。

2.1.2　教练员

教练员(Coach)一般是指导、训练他人掌握某种技术的人员①。在竞技体育中的发展过程中,教练员处于竞技体育系统的核心位置,在竞技体育的训练、比赛、管理的全过程起着中坚和主导的关键作用。教练员的工作性质决定了其角色的复杂性、综合性、交叉性与权变性,它可以是指导者、管理者、组织者或领导者等诸多角色。

本研究中的教练员是指冬季奥运会雪上项目的体育教练员,主要涉及这些项目的国家集训队教练和青少年体育后备人才培养领域的教练员,包括高水平的国家级教练员、省市或地方队教练员以及业余体育学校的教练员。

2.1.3　领导力

一直以来,人们都较为混淆领导力与领导的概念。在英文中,领导和领导力的对应词都是"leadership",中文在翻译时习惯于根据国外学者对"leadership"的不同理解而决定译文用"领导"还是"领导力"。领导力通常会被定义为"一种能力或能力体系",其所关注焦点是领导者吸引和影响被领导者从而实现群体或组织目标的能力,就此而言,领导力是领导的一个子系统,是从领导者角度诠释领导学的理论体系。美国管理学家彼得·德鲁克(Peter F. Drucker)认为,领导力将人类的愿景提升到更高的境界,将员工的

---

① 李宁.教练员执教行为研究[M].北京:北京体育大学出版社,2015:9—10.

绩效提高到一个更高的标准,将每个人的个性发挥到极限,换句话说,领导力是能够确保攀登的梯子是靠在正确的墙上①。

　　尽管领导力受到社会广泛关注,在具体环境中很容易被识别,但要准确定义却很难②,但由于领导力本质的复杂性,目前还没有形成一个大家都能接受的确切定义。斯托迪尔③(Stogdill,1972)曾经总结"有多人为领导下定义,就有多少个领导的定义","领导概念的数量几乎与试图定义这个概念的人们一样多",本研究总结了有关领导力概念定义的描述,具体如下表2-2。

表2-2　领导力定义概念一览表

序号	有关领导力定义的总结
1	一个个体影响团队实现共同目标的过程。
2	影响力的不断累积,超越对于指令和命令的机械顺从。
3	一种行动,促使其他人以一个共同方向行动或者反应。
4	一种影响他人的艺术,通过说服或者示范使得他人遵循一系列的行为。
5	一种为了保持控制他人和获得权力的努力。
6	激励和协调组织是实现目标的主要动力。
7	一种敢于承担责任的意愿。
8	是对组织内群体或个人施加影响的活动过程。
9	是一门促使下属充满信心,满怀热情来完成他们任务的艺术。
10	是影响人们自动为达成群体目标而努力的一种行为。
11	是在某种条件下,经由意见交流后所实施的一种为达到目标的影响力。
12	是一种让下属自愿服从的能力。

注:为自绘表

① 任多伦. 中国传统文化视野下的领导力研究[J]. 领导科学,2011(05):34—35.
② 美 Antonakis J, Cianciolo A T, Sternberg R J 编. 柏学翥,刘宁,吴宝金译. 领导力的本质[M]. 上海:上海人民出版社,2007:5.
③ Stogdill J A. Handbook of Leadership: A survey of theory and research [M]. New York: Free Press. 1972.

　　归纳来看,领导力是一个动态的过程,是由领导者、被领导者和其所处环境所组成的复合函数,包含个人驾驭、团队协同、组织学习和可持续发展等维度。尽管到目前为止没有统一的意见,但学者们逐渐形成了原则上可接受的定义,即,领导者和追随者相互影响过程的本质,因之产生的结果,以及领导者个性和行为、追随者认知和领导者信用及环境等是如何决定这一过程的①。简言之,即领导力是指引、影响或控制个体、群体或组织在一定条件下实现所期望目标的各种行动过程,也就是影响一个群体实现目标的能力。本研究将领导力的主客体及其关系等作为研究切入点,探究领导力的品质特点、行为特征、影响能力、互动模式、角色关系及行政职位等相关研究,讨论领导力在体育领域中的应用,解读我国冬奥雪上优势项目教练员的领导活动,以观察教练员在组织训练活动内外或比赛中,如何通过引导、施加影响和实现竞技体育目标的各种行动过程②。

2.2　文献回顾与评述

2.2.1　领导力研究综述

2.2.1.1　丛林尽显:西方领导理论更迭

西方领导科学的研究可以追溯到 19 世纪的资产阶级产业革

---

① 美 Antonakis J, Cianciolo A T, Sternberg R J 编. 柏学翥,刘宁,吴宝金译.领导力的本质[M].上海:上海人民出版社,2007:5.

　　② 曹大伟,曹连众.我国教练员领导力研究的域外经验、本土实践和未来展望——基于领导力来源与传达路径[J].沈阳体育学院学报,2021,40(01):94—101＋124.

命时期,迄今为止,有一百余年的历史。研究人员运用各种科学方法,对领导科学的基本内容进行了全方位多角度的探索和研究,其基本状况可以用"一个研究宗旨、两大研究领域、两种研究范式、两种存在形态、多元发展趋势"[①]来概括。一个研究宗旨:通过辨识影响领导有效性的各种因素,寻求提高领导绩效的有效途径和方法。两大研究领域:企业领导理论研究领域和政府行政领导理论研究领域。两种研究范式:一种是从研究领导者(leader)的角度入手来研究领导理论(leadership),第二种是从领导活动(lead)的角度来研究领导理论。两种存在形态:领导科学和领导艺术。西方领导理论在研究的目的和宗旨上仍围绕领导的有效性问题,但视野更开阔。在研究的范式上,将超越领导者和领导活动这两个研究范式,从更多的视角来研究、探索获得有效性的途径和方法,如将重视领导活动的过程研究、重视对被领导者的研究等。

西方管理学界对于领导力的学说众多,学者从不同的角度解读领导力,从着重研究领导者人格特质的领导特质理论,到探寻领导者在领导过程中具体行为的领导风格理论,再到关注情境因素对领导效力的潜在影响的领导权变理论,以及之后的交易型领导与变革型领导理论等,对领导者的研究逐渐从对领导者的人格特质和个体行为的研究,发展为注重对领导者与整个组织情境交互作用的影响研究。

(1) 关于领导特质理论研究

许多研究者在实践中发现领导现象一定是首先与领导者个人

---

① 陈维亚.变革型领导对企业创新能力影响之研究[D].上海:东华大学博士论文,2011.

联系在一起,因此领导者个性就成为领导理论研究阐发的起点。特质领导力的概念雏形最早可追溯至英国维多利亚时代的文学家 Carlyle 在 1840 年的演讲集《On Heroes, Hero-Worship, and the Heroic in History》,着重剖析了拿破仑的英雄形象。他认为世界历史是伟人们的历史,他们的外貌尽管不同,却都拥有区别于一般人的独特特质①,伟大的领导者都具有典型人格特征、性格和共同属性。Barnard、Cowley、Stogdill 等研究认为领导者最重要的特质是忠诚与责任心,同时还应具有机敏、平静、勇敢、能够适应环境等特质②③④。纵观特质在领导效能中作用,主要有以下三个不同的研究阶段。

第一个是早期的特质研究。以 Stogdill 为代表,他在 1948 年对领导力进行了系统分析与总结,认为领导力存在于社会情境下人与人的关系中,特定情境下的领导者换了一个环境也许就不是领导者了,领导者和被领导者不存在品质上的明显区别,从而给学界传递出"个人特质不能被用于解释领导的产生和其有效性"的观点⑤。由于当时的领导特质理论没有指明各种特质之间的关系,缺乏对因与果的区分,忽视了下属的需要,导致它在解释领导行为方面并不成

---

① Carlyle T. On Heroes, Hero-Worship, and the Heroic in History[M]. London: Echo Library, 2007:49.

② 美 Banard C I. 著, 王永贵 译. The Functions of the Executive[M]北京:机械出版社, 2013:159—171.

③ Cowley W H. The Traits of Face-to-Face Leaders[J]. The Journal of Abnormal and Social Psychology, 1931, 26(3):304—313.

④ Stogdill R M. Personal Factors Associated with Leadership: A Survey of the Literature. [J]. The Journal of Psychology, 1948, 25(1):35—71

⑤ 文晓立,陈春花. 领导特质理论的第三次研究高峰[J]. 领导科学, 2014(35):33—35.

功,尤其是在于对特质的不同解释与归纳,以及不同的研究结论很难验证等,受此影响,领导特质研究逐渐进入低谷期。

　　第二个阶段是从 20 世纪 80 年代开始,受到管理学科发展蓬勃发展鼓舞影响,领导特质研究迎来了复兴,逐渐产生了现代领导特质理论。Lord 等(1986)、Kenny 和 Zaccaro(1983)通过数据分析证实了领导者特质与领导效能之间具有较高的相关性,使得人们开始重新关注领导特质的作用。其次在变革型和魅力型领导研究中亦发现领导者的品质是其有效性的关键因素,研究结果显示某一类特质的更为有效,体现在领导者的个性、能力和动力倾向等方面,诸如外向、随和、诚实、正直、坚忍不拔、善于合作、自我控制、成就动机等关键特质。这一阶段研究表明,领导者至少在某些领域确实有天赋和才能,成功的领导者存在某些特质上的共性,除此之外,个人的经验、正确的抉择以及对环境的正确判断也是使这些因素得以充分发挥的关键因素。

　　第三个阶段是随着领导力发展及其研究日趋多元化,人们需要深入了解并解释复杂的领导现象,重新将领导特质作为观察的逻辑起点,关注对领导过程和领导结果的影响。Zaccaro(2007)构建了领导特质多级模型,发现相对稳定的领导特质会对特定的领导行为产生促进作用,形成独特的领导技能[①]。Antonakis 等[②](2012)提出了领导过程模型,认为领导结果的深层决定因素即为

---

　　①　Zaccaro S J. Trait-based persectives of leadership [J]. American Psychologist,2007,62:6—16.

　　②　Antonakis J, Avolio B J, Sivasubramaniam N. Context and leadership: An examination of the nine-factor full-range leadership theory using the Multifactor Leadership Questionnaire [J]. Leadrship Quarterly,2012,14(3):261—295.

领导特质,而领导行为和态度在此作用机制表达中起到中介作用。

从领导特质理论的产生和发展历程来看,处于动态发展中,但不管怎样领导特质理论会给人带来一种直观的吸引力,为认识和研究领导者和领导过程奠定了基础,有助于领导者认识自己的优缺点,某些特质一定会与领导环境发生互动产生相应的领导效能①。

(2) 关于领导行为理论研究

由于特质理论主观性较强,难以解决社会实践中的问题,使得一些学者开始寻找提高领导效能的办法,领导行为理论及时出现填补了这一空缺。领导行为理论着重观察和分析领导方式与领导风格对领导效能的影响,其目的在于提高对各种具体领导行为的预见性和控制力,改进工作方法和领导效果。Lewin 等②(1939)提出了领导风格类型理论,将领导者分为专制型、民主型、放任型等风格。Stogdill 等③(1951)分析了1000 多种描述领导行为的因素,最后将领导行为划分为制定规则、关怀两个维度,其中制定规则强调下属要按时完成任务,关怀则强调尊重下属、彼此信任,分别体现了以工作为中心和以人际关系为中心的领导思想。Blake 和 Mouton ④(1964)在此基础上进一步提出了九等分的管理方格

① 文晓立,陈春花.领导特质理论的第三次研究高峰[J].领导科学,2014(35):33—35.

② Lewin K, Lippitt R, White R K. Patterns of Aggressive Behavior in Experimentally Created "Social Climates"[J]. The Journal of Social Psychology,1939(10):271—299.

③ Stogdill RM, Coons A E. Leader Behavior: Its Description and Measurement[M]. Columbus: Bureau of Business Research,1951,57.

④ Blake R, Mouton J. The Management Grid. Houston[M]. TX: Gulf, 1964,123—125.

理论,将领导行为划分为对人关心的程度和对工作关心的程度两个维度,并据此提出五种领导者类型。这些对领导者行为的分类也为领导者更好地管理下属提供了简单、明确的指引,对于启发领导者如何积极创造和灵活运用适合自己领导风格的环境具有一定促进作用,迫使领导者认识到改善领导行为的作用。

领导行为理论与领导特质理论研究一样,都属于静态层面上的研究,只关注了领导行为,而缺乏对领导环境因素的考虑,因此也只能为高度复杂的领导过程提供一个简单的视野,其指导意义也是有限的。

(3) 关于领导权变及情境理论研究

领导行为理论更多在解释领导者哪些行为会在大概率上对下属带来积极的影响,而没有考虑其他情境变量对领导效果的影响,因此不同领导风格和方式对领导行为有何具体影响、他们之间的关系是否清晰可靠逐渐成为新的研究热点,其中,领导的环境因素的作用逐渐凸显,情景与权变理论也就应运而生。权变理论认为,领导的有效性是领导者、被领导者、环境相互作用的函数,有效的领导要根据领导本身的条件、被领导者的情况和环境条件以及三者的交互作用而定。Fiedler[1](1962)提出了费德勒权变领导模型,该模型认为领导效果受到领导者与成员关系、任务结构、领导者权力影响,不同情境下需要采取不同的领导方式。Hersey 和 Blanchard[2]

---

① Fiedler F E. Leader Attitudes, Group Climate, and Group Creativity[J]. Journal of Abnormal and Social Psychology 1962,(65):308—318.

② Hersey P, Blanchard K H. Life Cycle Theory of Leadership[J]. Training and Development Journal,1969,(23): 26—34.

(1969)提出领导生命周期理论,后修订为情境领导理论,提出四种领导风格:命令型领导、说服型领导、参与型领导和授权型领导,认为不存在最佳领导风格,领导风格的选取完全取决于领导者要影响的追随者的准备程度。

权变理论的优点是把更多的影响因素或解释变量纳入到领导的立体化、具体化的解释模型中,尤其是将追随者和情境纳入,在一定程度上弥补了特质论和行为论的不足。尽管权变模型受到实验研究的支持,但因缺少田野研究的支持证据,导致在科学性和客观性方面受到质疑。

(4) 关于多元领导力理论研究

一是领导理论的多元化发展。自 20 世纪 70 年代以来,领导理论研究向更加多元化方向发展,领导理论层出不穷。House[①](1977)提出了魅力型领导理论,认为具有某些独特行为的领导,对追随者会产生特殊的魅力影响,实现追随者绩效的提升和满意度的提高,因此领导者可利用其自身的魅力鼓励追随者作出重大组织变革。Burns[②](1978)提出的交易型领导行为和变革型领导,交易型领导理论认为由于领导者和追随者之间存在一种互利关系,才能满足双方需要,而变革型领导者强调双方共同参与并理解对方的动机,即要理解和关注追随者的需求,从而形成有约束力的、相互促进的关系。Greenleaf[③](1977)提出的仆人式领导

---

① House R J. A 1976 Theory of Charismatic Leadership[M]. Carbondale: Southern Illinois University Press, 1977: 189—207.

② Burns J M. Leadership[M]. New York: Harper & Row. 1978. 223—224.

③ Greenleaf R K. Servant Leadership[J]. Business Book Summaries, 1977, 41(1): 280—284.

强调领导者要具有奉献精神，帮助下属成长并变得强大，进而获得信任并领导更大的群体。Graen 和 Cashman①(1975)提出领导—成员交换理论，认为领导力的关键在于领导者与被领导者的关系质量。

进入 21 世纪以来，随着科学技术迅猛发展以及社会结构产生的巨大变化，研究者发现组织成功的关键与以往有很大的不同，传统的组织模式和领导理论受到了极大的挑战，人们在探寻新的组织形式和领导模式过程中不断发现和发展新的领导理论。此外，领导道德伦理研究将追求卓越的过程看作是追求伦理的过程②，该理论所蕴含的公平待人、团队建设以及对追随者的尊重等价值观念，体现了强烈的社会责任概念。

二是领导力研究所涉及的范畴愈发扩大。领导力都是与领导者及其下属相关，但领导要取得成功，离不开组织内其他关键人物。Gabarro 和 Kotter③(1980)致力于领导者与追随者之间的关系，提出领导者要善于"管理老板"，即向上管理。领导者和被领导者相互依靠，形成相互依赖的共生关系。领导者不再是被动地接受上级工作，而是要主动适应上级风格、明确彼此的期望、保持顺畅的信息沟通渠道、为人坦诚并值得信赖、利用好上级的时间与资源，最终产生出色的业绩、实现组织目标。

① Graen G B, Cashman J. A Role-making Model of Leadership in Formal Organizations: A Developmental Approach [M]. OH: Kent State University Press, 1975: 143—166.

② 诺斯豪斯著，吴爱明等译，领导学:理论与实践[M]. 北京:中国人民大学出版社, 2012:131—312.

③ Gaborro J J, Kotter, J P. Managing Your Boss[J]. Harv Bus Rev,1980, 58(1): 92—100.

Fisher 和 Sharp[①](1997)对此进行了系统论述,通过目标、思考、计划、激励、反馈五个步骤凝聚人心,达成组织任务。Maxwell[②](2006)提出了 360 度全方位领导力模型,从管理自己、管理上级、管理平级、管理下级四个方向对领导力进行论述。由此可见,领导力不是孤立的,需要与周围人进行互动而发生作用,对任何一方面关系维护不当都会影响领导效果与组织目标的达成。卓越领导者必须在各方面统筹兼顾、应对自如,才能带动组织发展。

总体上来看,西方领导力理论在内容上呈丛林状,且每种理论都极具洞察力与启发性,但各个学派理论或每个观点都具有局限性,难以为复杂的实际领导提供系统、有效的指导。因此,未来领导力的研究更需要一个系统理论框架,为领导力教学、领导力培养和领导力的实践提供参考、借鉴或指导。

2.2.1.2 探索求真:我国领导力研究进展

中国历史上沉淀了极为丰富的政治、社会、经济管理经验和领导模式,但是,要找到好的领导力理论,不仅要考察现实的丰富经验,还要结合成熟的领导理论基础,挖掘领导的本质属性,探寻整体、系统和具有内在一致性的分析思路[③]。自西方领导理论进入中国后,许多学者在致力于探讨领导力的中国化,然而,对领导力

---

① Fisher R，Sharp A. Getting It Done：How to Lead When You`re Not in Charge[M]. Massachusetts：Harper Business Press，1997.

② Maxwell J. The 360 Degree Leader：Developing Your Influence from Anywhere in the Organization[M]. Nashville：Thomas Nelson Press，2006：126—128.

③ 曹仰锋,李平. 中国领导力本土化发展研究:现状分析与建议[J]. 管理学报,2010,7(11):1704—1709.

的研究往往模糊于领导能力、领导权力、领导魅力、领导效能等几个相关领域①。针对领导力的内涵究竟是什么、领导力又是什么样的影响力、如何体现和衡量,虽有众多论述,但各有说法,意见不一。

(1) 关于中西方领导力认识上的差异

柏学翥等(2009,2010)②③通过中西方文化思想特点的差异对领导力特征进行了比较分析。在宇宙观上,中国强调整体上的事物普遍联系,以达到"无为而治"的领导境界,而西方更重视从领导力的局部考察个体特殊规律,通过自然改造实现"积极有为"的领导要求;在人性观上,中国强调人治领导,将领导者的品德置于最重要的地位,而西方强调法治特色,注重领导机制与规章制度建设;在行为导向观上,中国强调"和谐"关系,注重处事的"和顺圆通",而西方强调"竞争"关系,注重合同的契约精神;在个体与群体观上,中国强调集体主义,注重团队和谐、互助等团队精神,而西方强调个人主义和平等观念,注重个性与个人责任;在时间观上,中国强调经验式的"轮回"时间观,注重历史的经验提取,而西方强调未来变革的"直线"时间观,注重领导力的学识论和年轻有为者所展现的变革与创新;在空间观上,中国强调共有概念,领导者喜好直接干预下属导致领导者与下属关系亲疏远近复杂,而西方强调私有空间概念,注重与下属保持机械简单的领导关系、不愿介入下

---

① 郑海航,崔佳颖. 领导力的双要素与沟通[J]. 经济管理,2006(10):32—38.

② 柏学翥,姜海山. 中西领导力比较与文化探源[J]. 中国浦东干部学院学报,2009,3(02):64—69.

③ 柏学翥. 道中有术、术中有道:中西领导力殊途同归[J]. 理论探讨,2010(06):148—151.

属私人空间;在思维体系特征上,中国强调直觉体悟的重要性,注重洞察力、潜意识和第六感官的思维与决策,而西方强调理性的逻辑思维,注重运用理性及数理逻辑进行思维与决策、从微观和局部逐渐扩展到宏观和整体;在真理观上,中国注重普遍规律的"道"的价值与把握,而西方注重对客观个体的特殊规律的"术"的完善与追求。

文化差异使得中西方领导力在发展过程中形成鲜明对立的两个体系,虽说逻辑起点不同,但有着共同的追求目标和价值取向,在各自的范畴中都具有独特的优势,但存在着一定的片面性和不完整性,因此若能将二者有机统一,相互比较、相互学习、相互借鉴,将成为更为可行的综合性的领导力理论实践。

(2) 关于领导力内涵的研究

郄永忠[①](2006)认为领导力的本质是一种人际关系、是一种影响力,优秀领导力等于远见、创新和责任。兰徐民[②](2007)认为影响领导力强弱的因素主要有三个,分别是沟通力、激励力和影响力。其中沟通是领导者履行领导职能、实现有效领导的基本途径;激励是实现有效领导必不可少的措施;影响力,则是领导者影响和带动下属的能力。领导力的形成与提高是有客观规律可循,通常要经过五个阶段,从靠地位、权力,到靠威信、靠爱心,再到靠实力和业绩,再到靠用人和信任,最后靠超越来领导。研究中学界逐渐形成共识,那就是领导力是正向的影响力,且是建立在领导者和追

① 郄永忠.优秀领导力的共同基因[J].企业管理,2006(08):15—17.
② 兰徐民.领导力的构成及其形成规律[J].领导科学,2007(22):34—35.

随者之间的相互影响关系;领导力体现了为团队执行力,领导力的衡量标准是由被领导者自愿投入事业的人数多少、力量大小决定的[1]。

李林和童新洪[2](2005)认为领导力在领导过程中是一种整体力量,不仅能够有效地引发、制约和改变个体的意志和行动,而且能够有效地影响和改变一个团队的意志和行动,个性、情商、信任感以及权力是领导力的重要影响因素。领导者的个性通过情商影响了绩效,但它外显为领导力;信任是领导者和追随者彼此良好沟通和良好合作的基础,是发挥领导力的前提,信任的建立有利于促进组织、团队、个人三方的共赢,以达到充分发挥领导力,提高项目绩效的目的;同时,合理的权力是领导力发挥的充分条件。谢克海[3](2018)从管理实践层面出发,通过大量观察企业领导者的实践活动和对现有理论的比较,认为有必要从实践中总结领导力理论的发展规律进而增加理论的指导作用,超越传统的组织边界展开研究。提出了5M领导力模型,从5个视角来管理企业,分别是管理自己、管理上级、管理下属、管理同事和管理外部伙伴。

可见,学者们较为认同以整体视角认识和理解领导力,重视其对组织发展形成的影响力,尤其是基于大量实践经验所产生的领导力实现途径。

(3) 关于中国本土化的领导理论构建

前文可知,我国对领导力的实践应用和理论研究愈发重视,但

---

① 李拓. 领导力内涵浅析[J]. 领导科学,2007(17):42—43.
② 李林,童新洪. 基于项目绩效的领导力模型[J]. 现代管理科学,2005(09):65—67.
③ 谢克海. 5M视角下的领导力理论[J]. 南开管理评论,2018,21(04):219—224.

长久以来,都在借鉴西方领导研究思路和成果[1],随着西方领导理论日益丛林密布,使得许多学者无从适应,迫切地需要反思。张晓军等[2](2017)在一项关于本土领导实证研究综述中,通过对2000—2016年间发表在七本管理学权威期刊中得到的194篇有关"领导"论文分析发现,仅有34篇围绕本土领导开发的实证研究或是量表开发,相比之下,有157篇直接采用西方理论和量表进行实证研究,由此可以说明我国本土化领导研究还处于初级阶段。

当前中国经济社会正处于快速发展和转型期,各方面都面临很多新的挑战和机遇,这都迫使各级管理者充分认识到领导力的作用以及如何有效发挥。西方领导理论能否用于解释中国的领导现象一直为我国学者们争论的对象,身处中国经济、社会和文化环境下本土领导者应如何理论西方领导理论,必须将其置于本土的语言环境和概念基础上来解读。若要诠释我国领导现象的本质就必须考虑到我国领导力的来源、形成机制和作用范围,将其置于我国经济社会的具体情境中,寻找本土领导现象背后的根本结构,进而形成本土领导理论。张晓军等[3](2017)认为本土领导研究应遵循三个阶段的路径选择,即描述—诠释—建构、类型化—规律化,以及比较研究,旨在通过长期的观察和深描本土领导的日常状况及特征,构建具有典型特征的本土领导模式,在此基础上,通过大

---

[1] 曹仰锋,李平.中国领导力本土化发展研究:现状分析与建议[J].管理学报,2010,7(11):1704—1709.

[2] 张晓军,韩巍,席酉民,葛京,刘鹏,李磊.本土领导研究及其路径探讨[J].管理科学学报,2017,20(11):36—48.

[3] 张晓军,韩巍,席酉民,葛京,刘鹏,李磊.本土领导研究及其路径探讨[J].管理科学学报,2017,20(11):36—48.

样本问卷调查探索出可能的本土领导规律,并将其与西方研究进行类比和对话,形成具有中国特色的本土领导理论。

2.2.2　教练员领导力研究综述

2.2.2.1　多元主体:国外教练员领导力研究历程

(1) 起始阶段:初识领导力及特质理论引入

在运动竞赛中,人们关注的焦点集中于运动员或团队的运动表现和竞技成绩,西方学者认为教练员的领导能力和领导行为是关键因素,因此,研究者引入领导特质理论,用以认识和解释体育领域的领导现象。相关研究发现,教练员人格特征有别于普通人,在个性、成就动机、活力等方面有显著性差异,在执教中,教练员会通过某种心理机制将领导力转化成执教能力[①]。Riemer 和 Chelladurai[②](1998)研究认为领导力是促进运动员个人成就、满意度以及幸福感提高的重要因素,教练员的领导能力是团队成功的核心要素;当运动员或运动团队表现优异时,教练通常被认为扮演着重要角色;反之,教练则往往成为舆论批评的对象。

教练员某些先天或后天习得的特质影响着运动员和团队绩效,教练员的个人特质成为了认识其领导力的起始,尽管许多研究者试图揭示教练员与普通人在个性特征方面的差异规律,找到能代表教练员共性的个性特征模式,但遗憾的是并未发现。

---

　　① 冯琰,刘晓茹.教练员领导问题的研究进展[J].沈阳体育学院学报,2005(03):8—10+14.

　　② Riemer H A, Chelladurai P. Leadership and Satisfaction in Athletics[J]. Journal of Sport & Exercise Psychology, 1995, 17(3):276.

（2）规范阶段：教练员领导行为模型的确立及应用

为了进一步把握教练员领导能力的作用，研究者构建了领导力理论框架及其测量工具，切拉戴尔团队构建的多维领导模式①（Multidimensional Model of Sport Leadership，简称 MML，Chelladurai 和 Saleh，1978）及其测量工具②（Leadership Scale for Sports，简称 LSS，Chelladurai 和 Saleh，1978）受到体育运动研究者的推崇。研究经过长期跟踪调查后，认为领导行为具有复杂性和动态性，教练员、运动员、情境，以及三者之间的互动方式影响着领导的效果。教练员的领导行为被归为 5 种类型：训练与指导行为（training and instruction behavior）、民主行为（democratic behavior）、专制行为（autocratic behavior）、社会支持行为（social support behavior）与积极反馈行为（positive feedback behavior），分属于 3 个不同的领导层面，其中训练和指导行为属于工作导向层面，民主和专制行为属于决策取向层面，社会支持和积极反馈行为趋向于关系取向层面。

通过多维领导模型，可以区分出有效或无效的教练员领导行为，因此一段时间内，教练员领导行为特征研究成果剧增，尤其是对不同类别和特点的教练员领导行为研究。相关研究表明，相互依存度高和封闭运动项目的运动员更喜欢教练员的训练行为，且性别间存在差异，男性运动员的行为支持和社会支持均显著高于

---

① Chelladurai P，Saleh S D. Preferred leadership in sports[J]. Canadian Journal of Applied Sport Sciences，1978,3(2):85—92.

② Chelladurai P，Saleh S D. Dimensions of Leader Behavior in Sports: Development of a Leadership Scale[J]. Journal of Sport Psychology,1980，1(2):34—46.

女性,封闭式运动中男性比开放式运动中男性和所有女性对支持行为的期望均显著性差异[①]。不同位置特征的运动员对教练员领导行为评价也存在差异,例如在足球运动中,攻守双方就存在差异,防守型队员更多偏好于民主行为、专制行为和社会支持行为[②]。不同年龄阶段或成熟度的运动员对教练员领导行为的偏好也有差异,随着运动员年龄的增长对教练员的社会支持偏好增加,对教练员的培训和指导的偏好有所下降[③]。

另外,不同文化背景也会对教练员领导行为的感知、满意和喜爱程度产生影响。Chelladurai 和一些日本学者(1988)[④]对比分析了加拿大和日本的大学男运动员在领导行为偏好、领导行为知觉、对领导满意感和个人成就感方面的差异,以及领导行为与领导行为之间的关系,结果显示日本运动员更倾向于专制行为和社会支持,而加拿大运动员更倾向于训练和指导;日本运动员感知到更高水平的专制行为,而加拿大运动员接受更高水平的训练和指导、民主行为和积极反馈;加拿大运动员对领导能力和个人成绩的满意度显著高于日本运动员。

总的来说,运动员对领导行为和满意度的感知与偏好之间存

① Chelladurai P,Saleh S D. Dimensions of Leader Behavior in Sports:Development of a Leadership Scale[J]. Journal of Sport Psychology,1980,1(2):34—46.

② Riemer H A,Chelladurai P,Packianathan. Leadership and Satisfaction in Athletics[J]. Journal of Sport & Exercise Psychology. 1995,17(3):276.

③ Chelladurai P,Carron A V. Athletic maturity and preferred leadership[J]. Journal of Sports Psychology,1983,5(4):371—380.

④ Chelladurai P,Imamura H,Yamaguchi Y,et al. Sport Leadership in a Cross-National Setting:The Case of Japanese and Canadian University Athletes[J]. Journal of Sport & Exercise Psychology,1988,10(4):374—390.

在差异,主要体现在团队绩效、领导力和全面投入等3个不同的维度上[①]。这一阶段,领导行为理论在体育运动中得到了验证,通过长期深入的调查,识别出了不同的领导行为和领导方式模式,为实践中认识和指导教练员具体领导行为提供了依据。

(3) 多元阶段:教练员领导行为理论的创新发展

随着社会发展和西方领导理论研究的深入,教练员领导理论研究更加多元化,在影响机制和来源途径两个方面寻求更多的答案。Philip 等[②](1990)在多维领导理论模型基础上提出了教练员变革型领导行为,通过对领导者信任、组织满意度和成员行为的影响,认为教练员变革型领导行为对组织成员行为有间接影响,追随者在教练员变革型领导行为与领导者的信任之间起中介作用。Callow 等[③](2009)研究认为教练员变革型领导行为与团队凝聚力以及组织绩效水平之间存在正向作用,运动队运动水平的高低起到了调节作用;Rowold[④](2006)调研了武术运动中不同领导风格的体育教练员效能,发现教练员变革型领导行为能更有效地预测领导效能。教练员变革型领导行为摒弃了从教练员单一

---

① Chelladurai P. Discrepancy Between Preferences and Perceptions of Leadership Behavior and Satisfaction of Athletes in Varying Sports[J]. Journal of Sport Psychology,1984,1(6):27—43.

② Philip M,Podsakoff S,B MacKenzie,et al. Transformational leader behaviors and their effects on followers[J]. The Leadership Quarterly,1990,1(2):107—142.

③ Callow N,Smith M J,Hardy L,et al. Measurement of Transformational Leadership and its Relationship with Team Cohesion and Performance Level[J]. Journal of Applied Sport Psychology,2009,21(4):395.

④ Rowold J,Transformational and Transactional Leadership in Martial Arts[J]. Journal of Applied Sport Psychology,2006,18(4):312—326.

的视角研究领导力,运动员、团队以及环境都成为了领导力的来源,领导者的特质、行为、认知和情感也成为教练员领导力传达的重要途径。

21世纪以来,西方研究者致力于对教练员领导力的不同来源进行探究,试图发现教练员更多的领导力传达路径,"教练员与运动员之间的关系"逐渐成为关注的焦点。Jowett 和 Chaundy (2004)[①]从运动员的视角,证实了与教练员之间的关系能增强工作的凝聚力和社交维度的预测,当加入教练员运动员关系变量后,领导力变量能增强对凝聚力的工作和社交维度的预测作用。领导力变量和关系变量对任务凝聚力的预测作用更强,高于对社会凝聚力的预测作用。Smith[②](2007)研究认为教练的积极反馈和激励行为会通过降低和减少焦虑的产生对年轻运动员的运动认知产生影响,教练员通过认知行为干预,测量了一个完整篮球赛季中男性和女性运动员的认知和躯体表现的变化情况,男女队员均展现出正向影响作用。还有一些学者从教练员和运动员关系视角,探讨教练员如何影响和促进运动员的动机,提出了教练员个人取向、操作情境,以及运动员的行为和动机对教练的行为有影响[③]。教练员的自主支持行为、结构特征和参与等行为形式对运动员的自

① Jowett S, Chaundy V. An Investigation into the Impact of Coach Leadership and Coach-Athlete Relationship on Group Cohesion[J]. Group Dynamics: Theory, Research, and Practice, 2004, 8(4):302—311.

② Smith R E, Smoll F L, Cumming SP. Effects of a motivational climate inntervention for coaches on young athletes' sport performance anxiety[J]. Journal of Sport & Exercise Psychology,2007,29(1):39—59.

③ Mageau G A; Vallerand R J. The coach-athlete relationship: a motivational model[J]. Journal of Sports Sciences, 2003, 21(11):883—904.

主性、胜任力和关联性需求也有着正向影响,反过来又会对运动员内在动机的形成以及外部动机的强化产生了作用。教练行为对运动员内在的和自主的外在动机产生积极影响的心理过程,社会化和自我内化的过程决定了教练行为。

2.3.2.2　一主多元:我国教练员领导力研究进展

(1) 初识体育领域中的领导现象

我国最早关注教练员领导的文章出现在 1986 年,季浏教授在《领导理论与教练员的心理及行为》[①]中认为教练员是运动队中的领导者,领导理论会促进教练员的心理及行为发展,从而开展有效的领导工作。该引入国外盛行的 4 种领导理论:品质理论、作风理论、行为理论及情景理论等四种理论,对比美国企业管理者与美国和日本一流教练员,对他们所具有的特殊品质和能力展开分析。研究还介绍了教练员作风对运动队产生的影响,美国和苏联的研究认为专制型教练员更有利于运动队成功。蔡振华[②](1999)结合自身多年的执教经历,认为教练员是运动队的领导核心,讲团结、讲奉献、讲创新和拥有坚定的信念对运动队成绩有较大的影响,在训练内外对运动员要有不同的对待。

此后,季浏[③](1987)引入美国心理学家勒温关于领导作风的分类,对我国少体校开展调研,运用定量研究了解运动员在教练员独裁、民主和放任型领导作风下运动员的表现。结果表明,专

---

①　季浏.领导理论与教练员的心理及行为[J].贵州体育科技,1986(04):1—5.

②　蔡振华.教练员是运动队的领导核心[J].中国体育教练员,1999(03):5—6.

③　季浏,兰续璋.少体校教练员的领导作风初探[J].浙江体育科学,1987(03):6—10.

制型运动队的社会心理气氛和运动员的行为特征优于民主型。季浏①(1995)结合国外教练员领导心理和行为的研究现状,对四种领导理论体育运动中的研究又进行了深入的探讨,认为只有在教练员带队时,应将教练员的个性特质与任务或情景结合起来才有价值,并结合正负强化措施,正强化为主,负强化为辅。运动领导行为调查和测量体现在5个维度上,分别为训练和指导行为、民主行为、专制行为、社会支持行为和奖赏行为,并认为多维度领导理论能够更为有效地提升教练员领导行为的有效性,领导者与群体的相互关系和情景特征需适应,要分别考察教练员实际行为、被运动员偏爱的行为和被情景所要求的行为。由于该理论因为有众多母学科理论的支持,后来逐渐受到从事教练领导行为研究的学者们所关注和推崇。

总的来看,领导力在我国体育领域的研究和运用起步较晚,起初仅是借鉴了管理学和心理学的知识来认识教练员的心理和行为特征,关注教练员素质和能力等基本问题,因为这些问题直接关系正确认识我国竞技体育取得的成就,主导了学界对教练员研究的出发点。强调教练员的核心地位,认为教练员的能力和素质对运动员的成长起关键作用;教练员被认为是领导作用发挥的唯一来源,领导绩效的实现是教练员的行为,也可以是运动员的认知,抑或是教练员与运动员的情感传达。

(2) 多维领导理论的兴起

西方学者将经典领导理论与教练员领导实际相结合,提出了许多教练员领导力理论,在实践中不断改进和发展,探寻领导能力

---

① 季浏. 国外教练员领导心理和行为的研究现状[J]. 山东体育学院学报,1995(03):38—43.

提升的办法。新世纪到来之际,我国一些学者紧跟西方最新研究,探求实现我国体育运动中的有效领导行为的办法。

翟群[①](1999)认为教练员应当考虑做出与情景要求和运动员偏好一致的行为,会获得更好的工作绩效和运动员满意度。其中领导者的特征主要包括个性、能力与风格、社会经验、文化价值等方面,队员特征包括成就年龄、性别、能力、经验以及主观努力、动机特征,情景特征则体现了运动队及所处环境的特点,运动队的目标、结构、项目特点、社会规范、文化价值等方面。2000 年,翟群[②]进一步分析了多维领导模式理论在国外体育领域中的应用,发现西方国家强调多维度之间的交互关系对领导行为的影响。其中教练员的领导行为一般从情景要求行为、实际领导行为和下属偏爱行为三个不同角度进行研究。这三种行为表现及其相互关系直接影响着运动员的活动绩效和对教练员领导行为的满意程度。教练员的这三种领导行为表现同时又受的情景特征、领导者自身特征和下属特征等前提因素的影响,情景变量通常限定为目标管理、工作类型和文化差异。

赵溢洋等[③](2004),郝晓岑[④](2009)全面回顾了国外若干理论模式,认为我国教练员领导模式概貌并未全面而清晰地呈现,已有的研究多为零星的局部研究,多为笼统的教练员素质探讨,对不同

---

① 翟群.运动领导心理研究发展综述[J].广州体育学院学报,1999(03):52—58.

② 翟群.多维领导模式理论在体育领域中的应用[J].广州体育学院学报,2000(01):51—57.

③ 赵溢洋,刘一民,谢经良.教练员领导行为研究进展述评[J].天津体育学院学报,2004(02):31—33+58.

④ 郝晓岑.我国运动队教练员领导模式的组织行为学研究现状及探讨[J].广州体育学院学报,2009,29(02):48—52.

体育项目教练员的领导风格和模式的研究缺乏。孟献峰等(2004)[①]梳理认为,领导的基础理论均可从运动队以及运动队中的不同领导角色的实际出发创造性地应用。周成林等(2005)[②],冯琰等(2005、2007)[③④]整理发现国内外学者对教练员领导行为的研究多集中在教练员的工作行为和关系行为上,而对教练员领导行为特征及其评价问题、教练员领导行为特征对运动员行为的影响、教练员执教行为与关系行为的和谐发展、教练员领导行为与绩效关系等缺乏系统的研究。

由此可见,这一阶段中国教练员领导问题研究主要是体现在领导行为上,西方教练员多元领导理论成为不可逾越的鸿沟。尽管多元领导理论的前因变量包括领导者、成员和情境三个方面,但研究中并未将这三个角度作为领导力的来源来认识领导力,仅分析教练员应该从符合情境要求或者运动员偏好的领导行为,并未探究情境、运动员特质以及教练员与运动员之间的关系对教练员领导力的影响。但不管怎样,西方教练员多元领导理论加深了对运动队中领导行为的认识,也直接促进了中国教练员领导行为研究,构建符合国情的本土化模式的教练员领导行为理论及模型应该成为教练员领导行为研究的重点。

---

① 孟献峰,姜忠于.教练员领导行为的"多元领导模式"研究[J].武汉体育学院学报,2004(05):168—171.

② 周成林,冯琰.教练员领导理论与应用研究进展[J].中国体育教练员,2005(03):18—20.

③ 冯琰,刘晓茹.教练员领导问题的研究进展[J].沈阳体育学院学报,2005(03):8—10+14.

④ 冯琰,周成林.辽宁省部分优势竞技项目教练员的领导行为特征[J].武汉体育学院学报,2007(10):41—46.

（3）教练员领导行为研究的盛行

21世纪初的十多年间,西方行为理论的结构、内容和测评方法成为我国评价、选拔、聘用教练员,甚至是判断优秀教练员的依据。通过运动员和教练员的长期深入调查,识别出了不同的领导行为和领导方式模式,证实了教练员的领导行为与运动队关系密切,主要体现在以下4个方面。

一是有关教练员期望契合及满意程度

研究主要聚焦于3类运动项目:代表竞技体育最高水平的部分优势项目、遵循市场经济规律的职业体育运动项目和以体教结合为主要形式的众多高校运动队。

周成林等[1][2](2005a,2005b),冯琰等[3](2007)通过对我国部分优势项目调查,发现教练员实际的领导行为、感知到的领导行为和期望的执教行为与运动员所喜爱的领导行为之间存在关系,不同特征因素的运动员对教练员的满意度存在差异。樊力平等[4](2003),舒为平[5](2005),邹本旭[6](2006),沈跃进等[7](2007)以

① 周成林,冯琰.教练员领导理论与应用研究进展[J].中国体育教练员,2005(03):18—20.

② 周成林,蒋志学,龚长城等.我国部分优势竞技运动项目教练员领导行为特征与评价研究[J].体育科学,2005(10):12—17.

③ 冯琰,周成林.辽宁省部分优势竞技项目教练员的领导行为特征[J].武汉体育学院学报,2007(10):41—46.

④ 樊力平,邹本旭.不同特征的我国甲级男排运动员期望教练员领导行为模式上的认知差异性[J].上海体育学院学报,2003(05):83—86.

⑤ 舒为平.我国甲级男排运动员期望与感知教练员领导行为模式上的认知差异性研究[J].成都体育学院学报,2005(06):90—94.

⑥ 邹本旭.我国甲级男排运动员期望领导行为模式上的认知差异性研究[J].武汉体育学院学报,2006(09):37—41.

⑦ 沈跃进,何彦辉,邹本旭.我国甲级男排运动员对教练员领导行为满意度的调查研究[J].北京体育大学学报,2006(07):996—998.

LSS量表对中国甲级男子排球队的运动员进行了问卷调查,探讨不同属性特征的运动员与教练员领导行为之间的差异,发现运动员感知到的教练员领导行为与实际的教练员领导行为之间存在差异,在年龄、训练年限、场上位置、比赛成绩、队伍中的重要程度上呈现出认知差异性,建议对不同特征的运动员采取不同的领导行为来提高运动员对教练员的满意度。张林等[①](1995),王建军[②](2001),孙健等[③④](2007),桑全喜[⑤](2008),刘伟强[⑥](2014),郝海涛[⑦](2008)通过问卷调查的方法探讨了高校运动队中的教练员领导行为与运动员的期望值和满意度之间的关系,主要体现在体育院系田径专项、民族传统体育项目、CUBA,以及其他高水平运动队的调查,发现教练员自我评价与实际的领导行为存在差异,普遍对自己评价过高,与运动员期望的领导行为也存在一定的差异;不同性别、不同训练年限、获得不同成绩及不同专项的运动员对教练员领导行为的满意度不高,存在一定的差异。不难看出,对运动队

①　张林,范元康.不同运动队群体对教练员管理行为期望值的研究[J].中国体育科技,1995(01):42—43.

②　王建军.北京和外省市部分高校教练员领导行为的调查——高校教练员管理素质的研究[J].山西师大体育学院学报,2001(01):5—8.

③　孙健,李双军,王立平等.对《运动领导行为量表(LSS)》信度、效度的检验——以体育院校田径教练为样本的研究[J].北京体育大学学报,2007(07):964—966.

④　孙健,李双军,任日辉等.全国体育专业院校田径教练员领导行为的研究[J].山东体育学院学报,2007(04):78—82.

⑤　桑全喜.高校民族传统体育项目教练员领导行为的研究[J].山东体育学院学报,2008(08):54—57.

⑥　刘伟强.运动员对教练员领导行为的认知差异性研究——以广西高校41支业余排球队为例[J].湖北体育科技,2014,33(03):192—195.

⑦　郝海涛.CUBA男子运动员对教练员领导行为满意度的研究[J].浙江体育科学,2008(04):54—58.

教练员领导行为的认知和期望研究成为首选,研究成果覆盖了不同运动水平以及运动经历的运动员,为更加深入探究教练员领导行为的功能和作用打下了坚实的基础。

二是有关教练员团队绩效提升的研究

竞技体育活动中,教练员的唯一目标就是通过既定的训练任务,实现完成既定的比赛目标。在实现提高运动员的竞技能力,获得优异的竞技成绩的过程中,教练员会采取行之有效的行为或方式来组织、协调和激发运动员的训练或比赛参与。一名优秀的教练员往往比较善于运用各种方法和手段提升运动队的团队绩效,相关研究也充分表明了优秀的教练员是能够引起运动员积极的心理反应,促使其产生成功的绩效表现。

马红宇,王二平[1](2006)通过对高水平手球运动员调查,发现运动员所知觉到的领导行为和角色投入对团队成绩满意度、团队一致满意度影响显著,凝聚力具有中介作用。关涛[2](2015)探讨了教练员领导行为对运动队集体效能的影响,研究发现教练员的训练与指导行为和社会支持行为与运动队的集体效能呈正相关;集体效能能够影响团队绩效,两者之间呈现正相关。李红军[3](2008)从运动员的角度来评价球队的凝聚力,通常任务凝聚力高于球队的交往凝聚力,教练员的专制行为与球队的任务和交往凝

---

① 马红宇,王二平. 凝聚力对教练员领导行为、运动员角色投入和运动员满意度的中介作用[J]. 体育科学,2006(03):64—69.

② 关涛. 教练员领导行为与集体效能的关系研究[J]. 浙江体育科学,2015,37(05):85—88.

③ 李红军. 我国青年男子篮球队教练员的领导行为与球队凝聚力的关系[J]. 今日科苑,2008(24):290.

聚力都呈高度负相关。崔立根①(2010)采用结构方程模型构建教练领导行为与团队凝聚力之间的模型。结果表明,领导行中的训练指导行为、民主行为、社会支持行为与团队凝聚力各分指标存在着显著正相关,专制行为与团队凝聚力中的群体社交吸引、群体任务一致性上呈现出了显著负相关;教练员领导行为通过训练比赛满意感的中介作用于运动团队凝聚力影响显著。杨尚剑等②(2014)研究进一步证实了教练员领导行为对团队凝聚力的影响作用,运动员对教练员的信任对于团队凝聚力有显著的正向影响,且教练员领导行为对于团队凝聚力的影响是通过运动员对教练员信任这一中介变量实现的。李佳薇等③(2017)研究发现民主型领导行为对竞赛表现的总预测效应不显著,出现了"遮掩效应"。初少玲④(2013)认为教练员魅力领导行为与运动员训练团队凝聚力在整体及各维度之间均呈正相关,良好的魅力领导行为有助于促进团队凝聚力的发展。相关研究显示,教练员的领导行为能够直接影响到团队绩效的提升,有助于团队凝聚力的产生。但是由于调查对象的不同,导致不同运动项目或不同年龄段间存在一定的差异,特别要区别对待青少年队伍与成年队。

① 崔立根. 高校高水平运动队教练领导行为与团队凝聚力模型构建[J]. 山东体育学院学报,2010,26(04):30—33.
② 杨尚剑,孙有平,季浏. 教练领导行为与凝聚力:信任的中介作用[J]. 上海体育学院学报,2014,38(02):69—73.
③ 李佳薇,鲁长芬,罗小兵. 高校教练员领导行为对竞赛表现的影响研究:群体凝聚力与训练比赛满意感的链式中介效应[J]. 体育与科学,2017,38(06):87—96+109.
④ 初少玲. 高校高水平运动队教练员魅力领导行为和团队凝聚力关系研究[J]. 沈阳体育学院学报,2013,32(02):55—58+98.

三是有关教练员自我效能提高的研究

运动员的自我效能是运动员在训练比赛中形成的自信心，是对自身运动能力或水平的判断，影响到运动员训练比赛的正常发挥。教练员领导力的发挥取决于运动员对领导力的感知，运动员对教练员在训练比赛中体现的领导行为直接影响到运动员的自我效能感的高低，对运动员正面积极行为产生催化作用。

刘伟强[①](2014)研究发现教练员的领导行为与运动员自我效能成正相关，不同特征的运动员的自我效能不尽相同，男运动员也高于女运动员；年龄越大，训练时间越长的运动员自我效能越高，主攻和主力队员的自我效能均较高。异性的教练员与运动员之间，教练员的领导行为更能增强其队员们的自我效能。湛慧[②](2016)研究发现花样游泳教练员领导行为在多个维度上均可显著预测运动员的一般自我效能感，运动员性格特征的不同维度在教练员领导行为和运动员一般自我效能感间，分别具有不同程度的中介作用。还有一些研究则提示了教练员与运动员互动的前提条件，那就是必须建立在相互信任基础之上，两者之间一旦形成了彼此信任的状态，不管训练环境是发生变化，或是比赛中出现突发情况，都不会产生严重的后果。程宏宇等[③](2013)研究教练员领导

① 刘伟强.教练员领导行为与运动员自我效能关系的研究——以广西高校41支业余排球队为例[J].安徽体育科技,2014,35(01):41—44+63.

② 湛慧.花样游泳教练员领导行为与运动员一般自我效能感:运动员性格的中介作用[J].成都体育学院学报,2016,42(01):96—102.

③ 程宏宇,王进,胡桂英.教练员领导行为与运动员竞赛焦虑:运动自信的中介效应和认知风格的调节效应[J].体育科学,2013,33(12):29—38.

行为对比赛焦虑的影响时,发现运动自信起到显著的中介作用,因此,激发运动员积极性,提升运动员的自信心就成了教练员领导能力的重要体现。蔡端伟和吴贻刚[①②](2014a,2014b)进一步证实了教练员在训练比赛中所营造的激励氛围是链接教练员领导力和运动员对领导行为感知的关键,是教练员执教能力和团队效能的重要影响因素。

四是有关运动消极因素的消解与转化

随着教练员领导行为与运动员心理行为活动正面强化关注的深入,学者们也在积极探讨如何消除运动员竞技比赛中的某些消极因素。焦虑或比赛焦虑成为学者关注较多的课题,是运动员对比赛期间将会出现不良境况的担忧,这种状态直接影响到运动员的心理调节和身体控制,因此焦虑是良好比赛成绩获取的消极因素之一。

程宏宇等[③](2013)认为比赛焦虑不仅会直接影响到运动员的某一次比赛成绩,甚至会缩短运动员的运动生涯,造成严重的后果。从运动员的角度探讨中国教练员领导行为的感知与自身竞赛焦虑之间的相关性,将比赛焦虑归为个人失败焦虑、运动自信、躯体焦虑和社会期待焦虑四个维度,结果表明运动员感知的教练员领导行为在多个维度上与运动员的比赛焦虑存在显著的相关性,

①　蔡端伟,吴贻刚.教练员领导行为、激励氛围与运动员激励内化——来自全国361°排球锦标赛球队的实证分析[J].天津体育学院学报,2014,29(02):142—146.

②　蔡端伟,吴贻刚.排球教练员领导行为激励内化效应实证研究——基于自我决定理论视角[J].河南师范大学学报(自然科学版),2014,42(04):159—164.

③　程宏宇,王进,胡桂英.教练员领导行为与运动员竞赛焦虑:运动自信的中介效应和认知风格的调节效应[J].体育科学,2013,33(12):29—38.

运动自信在其中起到一定的中介效应。王励勤等[①](2017)在乒乓球和羽毛球运动中同样发现民主型领导行为对运动员的竞赛焦虑存在正向关联作用,成就动机自我取向在其中起中介作用,认为在教练员的教学训练实践中采取民主的方式缓解运动员的比赛焦虑。此外,由世梁[②](2014)考察了篮球运动队团队冲突后发现,当教练员采取专制的领导行为时团队冲突发生几率就增大,反之采取训练指导、民主、关怀或奖励等非专制领导行为时团队冲突就会减少。

总体来看,教练员的领导行为影响着运动队的各个方面,教练员实际的领导行为与运动员感知到的或期望的领导行为间存在一定的差异,不同类型的教练员领导行为对运动队的团队绩效、运动员自我效能产生影响,同时也会给运动队带来一定的消极影响。教练员领导行为研究中始终强调教练员是领导力的唯一来源,教练员领导力的传达和实现依靠教练员的各种领导行为,当教练员的领导行为选择不当时,不仅无助于运动队的发展,还可能造成一些不良的后果。

（4）中国特色的教练员领导力研究初现

此前,我国领导力研究主要借用西方研究的范式和成果,探讨与领导力相关的一些变量间的关系,依照西方研究工具展开了一系列的调查与分析,始终未能脱离西方研究的文化背景,忽视了本

---

① 王励勤,张斌.乒羽教练员领导方式与运动员竞赛焦虑:成就动机定向的中介作用[J].上海体育学院学报,2017,41(03):75—78.

② 由世梁.大学篮球教练员领导行为、团队冲突、团队凝聚力与满意度关系的研究[J].沈阳体育学院学报,2014,33(04):115—121.

土领导现象的把握。随着我国体育强国建设的不断深入推进,某些竞技项目的国际话语权稳步提高,我国一些优秀教练员的身影遍布世界各国,于是探寻具有中国特色的教练员领导力,认识其本质结构,提升我国教练员的领导能力就成为研究者关注的重点。

一是关于教练员家长式领导的研究

一段时间以来,我国学者致力于探究不同类型的领导行为对运动员个体和团队的影响,发挥教练员领导行为中的民主、训练与指导、社会支持和奖励的作用,降低领导行为的专制行为,以此来达到提升有效领导的目标。朱东等[①](2017)研究整合了五种不同的教练员领导行为,建议教练员应采取适度威严与专制,将这些措施作为改善专制行为的手段。由于在运动队的具体实践中很难完全区分不同的领导行为,使得领导行为理论成果难以运用,起到应有的作用。与西方不同,中国运动员长期和教练员在一起训练、比赛和生活,有着强烈的相互依赖、支持与信任的需求。这种在运动训练中产生的信任极其深厚,教练员任何角色扮演都会对运动员产生影响,探寻具备中国文化特点和人际交往习惯的本土教练员领导理论就显得尤为迫切,具有典型的东方特色的家长式领导成为一些学者研究的着手点。原中国乒乓球队总教练刘国梁等[②](2015)通过调查研究,证实了教练员家长式领导对运动队团队和组织绩效的积极作用,认为仁慈和德行领导是

---

① 朱东,徐炜泰,周子文. 我国高校篮球高水平运动队教练员领导行为与团队效能关系研究[J]. 成都体育学院学报,2017,43(05):108—114.

② 刘国梁,完好,陈驰茵. 教练员领导风格对乒乓球运动员绩效的影响[J]. 上海体育学院学报,2015,39(02):63—67.

取得优异成绩的关键,该研究在其他级别的运动队中同样得到验证。此外,于少勇等①(2018),杜七一等②(2016)发现家长式领导中的仁慈和德行领导还会对教练员的信任有正向作用,德行领导对运动员个人主动性有促进作用。家长式领导深深植根于中国传统文化土壤,符合中国人的道德文化习惯,在人的言行举止中都渗透着这种观念,教练员应该与"传道、授业、解惑"思想保持一致,体现教练员的主导地位。

二是教练员与运动员之间的关系研究

2008年北京夏奥会后,教练员与运动员间关系的研究热度持续上升。教练员与运动员的关系对运动员的训练过程、竞技表现、运动生涯以及个人生活等诸多领域产生影响。由于二者都有强烈的人际互动需求,因此教练员和运动员之间极易形成一定的二元关系,教练员领导力在二者的互动中被视为一种过程。但一直以来,我国研究多集中在教练员身上,忽视了运动员的感受,也极少认识到教练员与运动员关系的复杂性和互动双向性,解欣③(2018)建议亟待建立一种平等、双向选择的教练员—运动员关系。王智等④(2018)借鉴领导成员交换理论,从人际关系视角对教练员与运动员间的关系进行深入分析,认为教练员与运动员之间关系具有复杂多

① 于少勇,卢晓春,侯鹏.球类集体项目教练员家长式领导行为与团队信任的关系[J].武汉体育学院学报,2018(08):73—77.
② 杜七一,柳莹娜.教练员家长式领导对运动员个人主动性的影响——基于自我效能感的中介作用[J].武汉体育学院学报,2016,50(12):83—89.
③ 解欣.我国"教练员-运动员关系"结构演化及其再造策略[J].武汉体育学院学报,2018,52(06):90—95+100.
④ 王智,董蕊.追求卓越表现过程中的教练-运动员关系:对我国个人项目教练员和运动员的访谈研究[J].中国体育科技,2018,54(05):94—100+107.

样性的特点,二者关系的确立不能仅局限于西方研究涉及的亲近性、承诺性、互补性和拥有共同的取向,还应该保持沟通、公平等特征。郭修金等[①](2011)认为我国体育管理和运行体制有别于西方国家,教练员与运动员间的关系存在一定的特殊性,加强二者关系的本土化构建成为现实需要,如若从社会共生视角认识和优化教练员与运动员之间的关系,即可减少不和谐现象的出现。

从互动的角度认识教练员和运动员的执教、训练以及日常活动,教练员领导力必然来源于教练员—运动员之间的关系,而不是教练员的某些人格特质、风格、行为,或者运动员的某一方面的特质。相较于西方研究,我国教练员领导力的发展有些过于急切,从关注教练员的特质径直跨越到行为的研究,忽视了作为领导力传输重要渠道的认知和情感的作用。此外在教练员领导力的来源方面,也有一些现象值得反思。目前教练员领导力来源主要从教练员的影响力进行阐发,由于长期与运动员共处,使得运动队形成了一些较为稳定的影响力,这些影响力被认为是教练员领导力的重要来源和构成要素。如何跳出既定的思维,从教练员以外的因素来考察领导力,如运动员、教练员与运动员关系以及所处的环境,就显得极为重要。

2.3.2.3 浅尝辄止:我国冬季项目教练员领导行为研究

（1）冬季项目教练员能力相关研究

现代竞技体育比拼的是人才和训练科学化水平,归根到底是教练员的竞争。教练员水平高低决定着运动员的前途,关系着运

---

① 郭修金,胡守钧.我国教练员与运动员社会共生关系的演化研究[J].成都体育学院学报,2011,37(12):34—37.

动队的成败,冰雪项目也不例外,教练员们应具备的素质成为首选议题。《冰雪教练员的人际道德的作用和重要性》[①]一文,提及要用科学的管理方法调动教练员积极性,为教练员和运动员提供更好的服务,完成既定目标。李牧和刘巍[②](2008)结合冰雪教练员应具备优秀的职业素质、专业素质、知识素质和能力素质,同时还应成为一名冬季项目的研究者。但由于我国冰雪项目大多数教练员是运动员退役后进入工作岗位,仅经过简单的进修,没有进行专门性学习,致使在实际训练指导中,仅关注单一的专项训练,忽视运动员文化知识学习、心理素质提升、人际交往等综合能力对运动队发展的影响及提升策略,导致我国冰雪运动项目成绩长期处于较低水平徘徊[③]。一些学者致力于从运动训练之外的因素展开探索。刘兵[④](2017)强调在冰雪运动中人才培养是关键,培养优秀的教练员是首要任务,案例后分析认为优秀教练员的成功可归功于自身的个人魅力、强大自信心以及对冰雪运动的深厚感情。陈宝海[⑤](2005)对东北三省 240 名冰雪教练进行调查,认为教练员的敬业精神对培养运动员具有潜移默化的作用,是教练员发挥主导作用的前提条件,是教练员必备的精神基础。教练员要想获得

①   穆大伟. 冰雪运动教练员的人际交往道德[J]. 冰雪运动,1999(04):87—89.

②   李牧,刘巍. 冰雪运动教练员应具备的素质、能力及其培养[J]. 冰雪运动,2008(03):49—52.

③   陈祥慧,杨小明,张保华,胡锐. 我国冰雪运动的历史演进及发展趋向[J]. 体育学刊,2021,28(04):28—34.

④   刘兵. 我国冰雪运动教练员培养路径与冰雪运动教育[J]. 中国体育教练员,2017,25(03):3—5.

⑤   陈宝海. 东北三省冰雪运动项目教练员现状及后备人才培养的关键因素分析[J]. 冰雪运动,2005(04):67—70.

成功,还要善于控制自己的情绪,具有正确的胜负观,才能从容地面对成功与失败。此外,教练员与运动员之间还要建立良好的关系,只有双方面积极性与热情达到协调一致,才能使得训练效果达到最佳。

(2) 冰雪教练员领导行为相关研究

冰雪教练员应具备更为广阔和专业的知识能力已经成为共识,但应具备怎样的领导能力和行为还稍显滞后。2008 年北京夏季奥运会后,有关冰雪教练员领导行为的研究才逐渐显现,但相关成果极少,个别学者借用出国学习的机会,通过对国外冰雪优势项目教练员指导行为的调查,进行了跨文化探索分析。

焉石[①](2010)研究发现韩国冰上项目教练员指导行为分为平时训练和比赛期间两个阶段,平时训练指导行为多集中于技术、选手运动态度以及自信心方面,比赛期间会给予较多的心理指导。值得一提的是,韩国教练员特别注重运动员的心理训练,在训练和生活中,都刻意培养和挖掘选手积极向上的意识,将这种不服输、积极向上的精神变成一种习惯,使得韩国选手形成了强大的个人意志力,在比赛的关键时刻,经常靠着顽强的意志力取得胜利。进一步研究发现韩国短道速滑教练员领导行为与运动员的"精神力量""斗志""勇气"和"气势"等心理活动关系密切,教练员领导行为与运动员意志力各个维度间存在显著正相关关系[②],由此,揭示了

---

① 焉石.韩国冰上项目教练员指导行为分析[J].体育文化导刊,2010(11):76—78+87.

② 焉石,李尚滨,纠延红.韩国速滑教练员领导行为与运动员意志力关系[J].山东体育科技,2013,35(01):49—52.

教练员某些特殊领导行为能够促进运动员意志力的相关作用机理。

　　通过对比中外冰雪项目教练员领导行为,可以窥探教练员领导行为对运动员的心理行为活动影响的差异。焉石[①](2015)对比中韩两国短道速滑教练员领导行为对运动员意志品质的影响,发现在中国方面,教练员的训练指导行为和奖励行为对运动员的自觉性具有显著正向影响,民主行为对运动员独立性具有显著正向影响,训练指导行为对运动员坚韧性具有显著正向影响;而在韩国方面,教练员唯独专制行为对运动员的自觉性、果断性及坚韧性具有显著负向影响。

　　为了更为全面展现我国冬季项目教练员领导行为的全貌,焉石[②](2015)结合"中国情景"特点和冰雪项目特点,编制了教练员VICTORY领导行为量表,包括信任、愿景、决断力、直觉、分析力、关怀和胜负欲七个维度。短道速滑项目教练员领导类型会对运动员自我效能感、运动满意感、团队凝聚力、成就动机及运动投入等心理因素相比较交易型领导行为具有更显著的促进作用[③],而目前我国教练员多采取交易型领导行为,难以调动运动员主动参与训练的积极性,研究建议运动队向变革型领导行为进行转变。变革型领导行为要求领导者起到示范作用,与团队成员保持良好关

――――――――――

　　①　焉石.基于结构方程模型的中、韩短道速滑教练员领导行为对运动员意志品质影响的实证研究[J].冰雪运动,2015,37(06):1—10.

　　②　焉石.基于结构方程模型的《教练员VICTORY领导行为量表》的信效度检验[J].广州体育学院学报,2014,34(06):45—49.

　　③　焉石,朱志强,李尚滨等.韩国短道速滑教练员变革型领导行为与教练员信任及运动员角色投入的关系[J].沈阳体育学院学报,2017,36(02):115—121.

系,有助于激发运动员的积极性,通过自主意识到所承担任务的重要意义和责任,从而更好地实现团队、组织更大的利益。通过对我国短道速滑运动队变革型领导行为进一步调查,发现能促进运动员的角色投入,教练员个性关怀与智力激励对运动员角色投入具有显著正向影响,教练员领导魅力与个性关怀可以正向预测运动员对教练员的能力信任和公正一致性信任,运动员对教练员的公正一致性信任对运动员角色投入具有显著正向影响,不同性别、运动等级运动员对教练员领导行为、角色投入及教练员信任认知会有差别[①]。

上述文献梳理可见,冬季项目教练员相关领域研究尚未引起我国学者的重视,部分研究成果散见教练员自身能力和素质方面,对于教练员领导行为研究也仅处于国内外对比分析,尚未展开广泛且深入的调查研究。

2.2.3 我国优势竞技运动项目研究综述

2.2.3.1 内涵框定:我国竞技优势项目研究进展

(1) 优势项目来源与划分相关研究

上世纪 80 年代田麦久(1989)根据国内外比赛的竞技成绩将我国竞技体育项目分为优势项目、潜优势项目和待发展项目[②],认为一段时间内两次及以上进入世界前三名的项目列为优势项目,

---

① 焉石,朱志强,李尚滨. 短道速滑教练员变革型领导行为与运动员角色投入——教练员信任的中介作用[J]. 广州体育学院学报,2017,37(01):28—33.

② 田麦久. 体育发展战略研究与学科建设[M]. 北京:北京体育大学出版社,2003:28.

发展情况较好且有望较快地进入世界先进行列的项目称为潜优势项目,发展水平低,一时难以获得奖牌行列的为待发展项目。随着我国重返奥运会比赛,迎来了奥林匹克运动关注的热潮,一些研究开始分析怎样才能在奥运会上取得优异成绩,以及我国哪些项目具备较强的竞争性,一些群众基础好、竞技成绩优异的项目受到高度重视,逐渐演化成为对奥运会优势项目的探讨。

1992 年,谢亚龙等[①]在《中国优势竞技项目制胜规律》一书中分析了我国奥运会优势项目取得优异成绩的项目特征,认为我国奥运优势运动项目应是在"国际重大竞技比赛中多次取得优异成绩,在未来的竞争中具备有利条件的运动项目",提出了乒乓球、体操、跳水、举重、女排和跳高等 6 个优势项目。书中辩证地阐释了优势与劣势的互动关系,具有复杂性、动态性等特点,"优"既是一种外在表现,也是内在动因,运动队一旦形成了某种优势,就具备与世界先进水平进行抗衡的竞技实力,在一定时期内的竞争中处于有利地位。1995 年《奥运争光计划》提出,明确优势项目是实现我国奥林匹克目标的重要保证,列出了 18 个国家需要重点投入项目的优势和潜优势小项,计划提出要正确处理重点与一般、技术训练与身体训练、苦练与科学训练之间的关系,在"细、精、难、尖"上下功夫,推广优势项目的先进经验,探索训练规律等具体要求,要培养和造就一支高水平的教练员队伍。《奥运争光计划》是滚动计划,要动态调整,在实施中及时解决出现的问题和情况。

随着我国竞技体育项目的快速发展,对优势项目的定义也产

---

① 谢亚龙,王汝英. 中国优势竞技项目制胜规律[M]. 北京:人民体育出版社,1992:42—43.

生了一定的变化,但仍主要围绕项目的竞技实力和运动成绩标准
展开。从既往成绩来看,一种观点认为优势项目一定是在历届奥
运会上能经常拿金牌的项目,另外一种观点认为优势项目应该是
有实力在奥运会上拿金牌的项目;从项目类别来看,有人主张依照
奥运会大项划分,有人建议要考虑到小项间的差异。学者会根据
研究需要选择不同的优势项目定义,石岩(2004)①在博士论文中
选取我国经常获得金牌的7个夏季奥运会项目和1个冬季奥运会
项目作为优势项目进行研究。陶于等②(2002)统计了1984—2000
年我国所参加的5届奥运会奖牌情况,梳理出了若干优势性项目,
认为仅依靠获奖比率来判断还稍显不足,应从男女性别角度来分
析,才能得到更为准确的判断,有助于保证奥运争光计划顺利实
施。魏旭波等③(2003)认为优势项目应该是"连续多年在奥运会
和国家重大比赛中取得优异成绩,在未来的竞争中具有取胜潜力
的运动项目",如跳水、乒乓球等6个大项,统计发现这6个大项在
过往的5届夏奥会上取得超过80%的金牌数;研究认为,围绕
2008年北京奥运会的参赛目标达成,认为优势项目的稳定高水平
发挥是核心,教练员和运动员这两个因素至关重要,必须要涌现出
能培养世界大赛冠军的金牌教练员。郭权等④(2004)沿用谢亚龙

①　石岩. 我国优势项目高水平运动员参赛风险的识别、评估与应对[D]. 北京:北京体育大学博士论文,2004.

②　陶于,李文辉. 我国历届奥运奖牌获得项目分布的比率特征与奖牌优势性项目发展对策研究[J]. 西安体育学院学报,2002,(02):70—73.

③　魏旭波,余良华,黄亚军. 2008年北京奥运会中国体育代表团主要任务与项目布局的思考[J]. 广州体育学院学报,2003,(02):17—19.

④　郭权,虞重干,柴全义. 中、美、俄、德、澳5国优势项目的比较研究[J]. 北京体育大学学报,2004,(08):1122—1124.

关于优势项目的定义,即"在重大国际比赛中多次取得优异成绩,并在未来竞争中具备有利条件的项目",并且提出两个前提,一是成绩优异性,二是成绩稳定性和连续性,只有具备在世界大赛中连续取得过优异成绩,才能称为优势项目。优势项目还可细分为绝对优势项目和优势项目,其中绝对优势项目的累计贡献率要大于70%,优势程度较大,但继续发展空间较小,乒乓球、跳水和体操,而射击、举重和羽毛球为优势项目。池建等①(2006)将我国奥运优势项目定义为"我国在奥运会上多次取得优胜,具有项目整体优势,并在后续的奥运会比赛中处于竞技有利位置的竞技体育项目",相对应地,潜优势项目是指在多次取得奖牌,有望实现突破的竞技体育新项目。根据这一观点,我国夏季奥运有7个传统优势项目(比之前增加柔道),共收获112枚金牌,占比高达82%。研究认为要创新性继承我国优势项目在发展中的成功经验和做法,积极培育更多优势小项。曹景伟②(2001)引入经济学的巴雷托分析法,对我国夏季奥运项目进行赋值,认为"某一国家在奥运会中取得奖牌数量占其累积百分比大于70%的运动项目群称之为该国的优势项目群",球类、游泳、跳水、体操和举重5个大项占比高达73.9%,为奥运优势项目群。

　　尽管有关优势项目的划分口径不同,但事实证明,我国在奥运

---

① 池建,苗向军. 2008 年奥运会我国奥运优势项目、潜优势项目备战策略[J]. 北京体育大学学报,2006(08):1009—1012.

② 曹景伟. 第 24—26 届奥运会各竞技强国优势竞技运动项目研究[J]. 体育科学,2001(01):39—43.

会上取得的大部分金牌和奖牌都来源于这些优势项目,据统计,优势项目的奖牌和金牌贡献率都在 60％—80％以上[1][2],一提起优势项目就必然能想到乒乓球、羽毛球、射击、体操、跳水、举重等,这些项目支撑了我国竞技体育的国家形象和国际地位,也仍将为我国竞技体育强国建设奠定坚实的基础。

(2) 优势项目发展布局和前景相关研究

孙汉超教授等[3](2004)分析了我国田径、游泳和水上项目的若干小项,认为应拟定以争夺奖牌的重点突破项目、以获得积分的重点发展项目,和以获取奥运会参赛资格的一般发展任务的项目突破布局,兼顾项目的群体优势开发,主要目的力图通过现有的"金牌大户"的带动,形成更多的"金牌增长点"。

王健和李宗浩[4](2003)通过对我国竞技体育项目整体发展状况的统计分析,认为在未来的奥运会争夺中,需要进行一定的项目布局调整,既要做好优势项目群的巩固,还要拓展其他奖牌竞争区域,建议在新的奥运周期内按照重点发展项目、准重点发展项目和适度超前发展项目的新布局思维。此外,还通过因素分析发现,教练员的指挥和运动员的发挥是影响我国 27 届奥运会取得优异成

① 李文超. 我国优势项目复合型教练团队的运行机制研究[D]. 北京:北京体育大学博士论文,2013.

② 魏旭波,余良华,黄亚军. 2008 年北京奥运会中国体育代表团主要任务与项目布局的思考[J]. 广州体育学院学报,2003,(02):17—19.

③ 孙汉超,金赤,郝强,戴红霞,戴健,王志强,周学军,严立,孙雷鸣. 加强奥运"金牌大户"项目发展与实施"奥运争光计划"理论与实践的研究[J]. 武汉体育学院学报,2004,(02):28—32.

④ 王健,李宗浩. 我国竞技体育项目整体发展水平及其影响因素分析[J]. 天津体育学院学报,2003(04):8—11.

绩的最大因素。石岩和田麦久[①](2004)总结认为"奥运会优势项目应该是有实力在奥运会上获得奖牌的项目,潜优势项目是有实力获得前8名的项目",坚信正是因为我国射击长期处于世界顶尖,属于传统优势项目,那么同属项目群组的射箭有理由成为奥运奖牌增长点项目。时任国家体育总局科教司司长的蒋志学[②](2007)强调我国一些优势项目夺金点已经接近饱和,必须要在潜优势项目上有的突破,才能完成2008年北京奥运会的任务,要重视科技攻关和科技服务的力量,提升教练员的科技意识。杨改生等[③](2009)对现代竞技体育优势项目的转移表现进行分析,识别出了"竞技能力提高—把握制胜因素—实践创新—获得竞争优势"的循环路径,试图通过转移规律的探索为我国竞技体育快速、高效发展提供参考和借鉴。竞技优势通常原发于单项(项群)的竞技优势,如肯尼亚一直在长距离跑上拥有优势,逐渐扩展到800米和1500米等项目。在优势形成的过程中,竞技能力的提升是关键,运动员、教练员、训练水平和参加比赛是核心要素,要强化项目制胜规律和创新能力的研究,才有助于在制约和反制约、超越和反超越中获得优势。陈亮和田麦久[④](2012)研究发现国际田径的竞技格局在历届奥运会上发生较大改变,主要原因就是优势项目在一

① 石岩,田麦久.我国射击的优势项目地位与射箭项目奥运会金牌增长点问题[J].体育与科学,2004,(02):54—58.

② 蒋志学.备战2008年奥运会我国体育科技面临的机遇与挑战[J].武汉体育学院学报,2007,(01):1—5.

③ 杨改生,周珂,史友宽等.现代竞技体育项目优势转移现象研究[J].体育科学,2009,29(09):24—35.

④ 陈亮,田麦久.第24—30届奥运会田径项目区域竞技优势特征及转移态势研究[J].体育科学,2012,32(11):40—49.

定区域内的渗透和反渗透所起作用,中国应该在一些稳定性较低或者区域性较为分散的项目寻求突破。赵杨[1](2014)研究发现在世界范围内都有一些竞技体育优势项目的磁吸效应,使得优质人力资源向其集中,对优势项目的训练理论和实践研究、制胜规律和体育创新研究,都有利于保持优势项目的领先地位。通过对磁性要素的把握和迁移,促进潜优势项目和非优势项目的发展,其中聘请国内外高水平教练员是重要促进手段。

(3)优势项目教练员相关研究

教练员一些特有的素质在优势项目的形成和打造中起到了重要的作用。魏旭波等[2](2005)研究认为教练员是竞技体育人才资源中最重要的组成部分,我国几大优势项目造就了一大批"金牌教练员",金牌教练员成长和成才规律对于保持优势项目持续强大的竞争力,金牌教练员具有浓郁的爱国情感、强烈的事业心、高瞻远瞩的战略眼光、多面超常的能力、丰富的专项理论知识和刚毅沉着的个性特征。尽管金牌教练员的成才之路并非一帆风顺,但均有迹可循,实施金牌教练培养战略有助于实现这一目标。王秀香等[3](2003)分析了我国奥运田径两个传统优势项目——中长跑和竞走下滑的原因,认为应增加国内外大赛锻炼,提升教练员创新理念和科研训练水平,才能最大限度地延长运动员最佳竞技阶段。

① 赵杨.优势运动项目国家对异地优秀竞技人才的磁吸现象[D].北京:北京体育大学硕士论文,2013.

② 魏旭波,俞继英,陈红.我国竞技体育部分优势项目"金牌教练"成才规律的研究[J].中国体育科技,2005,(04):79—84.

③ 王秀香,铁钰.世界田径运动强国优势项群分布特点与我国田径运动发展方向的研究[J].北京体育大学学报,2003(03):412—414.

魏旭波①(2007)调查也发现优势项目成功之道源于不断创新和不断突破,一些金牌教练重视创新的价值,不断通过各种方式提升自我创新能力。

毛永等②(2005)调查发现我国优势项目教练员行为呈现出鲜明的职业特征和独特的规律性,且不同项目有着自身本质的规律。顾春雨等③(2016)以系统论为指导,通过优势项目形成的集成创新要素分析,构建"品德-知识-能力-业绩"的教练综合评价机制创新驱动选拔模式,以满足高水平教练员的综合要求。周成林等④(2005)通过定量评价的方式识别了优势项目教练员领导行为,创新性地提出针对不同特征的运动员采用不同的领导行为,并不断调整执教方式。

秦双兰等⑤(2008)认为我国优势项目具有一种特殊的文化力量,在女性项目、技巧项目和个人项目具有独特的优势项目文化,这对于扩展项目群和提升落后项目水平有重要意义。何俊等⑥(2017)认为优势项目教练员群体"集体行动的逻辑"是我国

①　魏旭波.对我国竞技体育优势项目"金牌教练"创新过程的研究[J].武汉体育学院学报,2007,(11):81—85.

②　毛永,魏平,原维佳等.中国竞技体育优势项目教练员行为的研究[J].山东体育学院学报,2005,(04):81—84.

③　顾春雨,汪作朋,颜世琦.我国竞技体育优势项目形成与发展的动力驱动研究[J].体育文化导刊,2017,(01):105—110.

④　周成林,蒋志学,袭长城等.我国部分优势竞技运动项目教练员领导行为特征与评价研究[J].体育科学,2005(10):12—17.

⑤　秦双兰,王玉良,齐宁.中国奥运优势项目文化背景探析[J].体育文化导刊,2008,(09):39—40+87.

⑥　何俊,钟秉枢.拟制宗族与优势项目成绩获得:一个社会学的解释[J].体育与科学,2017,38(02):54—60.

竞技体育优势项目取得成功的关键,用拟制宗族的社会学概念来解释这种教练员"近亲繁殖"形式的优势项目运动队状态,这对于推动本土运动队的发展和实现"奥运争光计划"有着重要作用。

2.2.3.2　目标锚定:我国冬奥优势项目研究趋势

受我国冬季项目整体国际竞争力偏弱的影响,难以在奥运赛场上取得好成绩,致使我国学者对冬奥项目的研究热度始终不高,直至 2002 年盐湖城冬奥会首次夺得金牌后,才逐渐吸引了学者的关注。时任国家体育总局竞技体育司司长肖天[①](2003)发文称要深入分析我国冬奥会金牌零的突破背后的哲学内涵,要以科学的态度深入探索成功的规律,要能透过现象认识本质,不能一味地只知道练,但不知为何练、如何练、练得如何? 需要总结冬季项目的竞技体育规律,学会辩证思维方法,努力提高理论素养,将经验、知识与科学管理相结合。

在冬奥优势项目认识方面,董欣等[②][③](2011)称冬季优势项目是我国竞技体育的一项宝贵财富,在形成过程中的成功与失败经历都值得深入分析。根据曹景伟[④]提出的分类方法,确定了我国冬季奥运会的优势项目分别是短道速滑、自由式滑雪空中技巧、花

---

① 肖天. 对实现我国冬奥会金牌零的突破的哲学思考[J]. 成都体育学院学报, 2003,(06):1—6.

② 董欣,朱佳滨,朱红. 我国优势潜优势冬季奥运项目可持续发展研究[J]. 体育文化导刊,2011,(03):66—69.

③ 董欣,李兴汉,曹猛. 冬奥会竞技体育强国优势项目的比较研究[J]. 沈阳体育学院学报,2011,30(04):20—23.

④ 曹景伟. 第 24—26 届奥运会各竞技强国优势竞技运动项目研究[J]. 体育科学,2001(01):39—43.

样滑冰和速度滑冰,与夏季相比,冬季优势项目的挖掘深度还不够,还未充分发挥其实践和理论引领的价值。高亮等①(2012)根据我国冬奥会获得奖牌数量分析认为,冰上的短道速滑、花样滑冰和速度滑冰,以及雪上的自由式滑雪空中技巧是我国冬季项目国际竞争力的主要来源,可以称之为优势项目,雪上项目的跳台滑雪、自由式滑雪和单板滑雪应成为我国实现突破的重点,在这些项目上要加大各方投入、挑选优秀教练员科学训练、钻研学习比赛规则。杨勐②(2013)依照池建教授等提出的奥运优势项目划分法的几个关键词"奥运会上多次取得优胜、具有整体优势、在后续奥运上处于有利位置",将短道速滑、花样滑冰和自由式滑雪列为我国奥运优势项目,将速度滑冰、单板U型槽、冰壶列为潜优势项目,将其他项目归为弱势项目,基于此,在备战中,应重视单一的优势项目向集体扩大,优势项目的训练条件、方法和理论则可迁移到潜优势项目中。齐红梅等③(2013)从冬奥大项来审视优势项目,认为短道速滑是我国仅有的优势项目,花样滑冰和自由式滑雪仅能作为潜优势项目,只因仅在几个小项如双人滑和空中技巧等取得一定的成绩。邱招义等④(2016)以备战2022冬奥会的目标,发现冬季冰雪项目中优势项目的传统型日益凸显,中国的传统优势项

① 高亮,孙宇.冬奥会我国参赛成绩分析[J].体育文化导刊,2012,(05):50—55.
② 杨勐.我国冬奥会优势项目与弱势项目的发展现状调查与分析[D].长春:东北师范大学硕士论文,2013.
③ 齐红梅,朱宝峰,朱红.冬奥会竞技强国地域分布特征及对我国的启示[J].体育文化导刊,2013,(10):59—61+99.
④ 邱招义,陶永纯,周瑾等.我国2022冬奥会战略选择及项目布局的研究[J].北京体育大学学报,2016,39(09):126—131.

目主要为体能技巧型的短道速滑和自由式滑雪,因此要调整我国的冰雪项目格局,以符合"雪重冰轻"的冬奥会项目布局。

在冬奥优势项目训练方面,王朝军[1](2006)通过分析都灵冬奥会比赛,认为"应加强我国冬季项目发展战略研究,尽快确定优势项目,并致力于开发符合中国人特点的项目",其中自由式滑雪空中技巧充分体现了我国运动员的"小巧、灵活"的特点,可以作为突破口加以重点建设,以实现我国的优势项群。要重视教练员的选用,提高和培养复合型教练队伍,实施"请进来、走出去"的方案。朱志强等[2](2012)探讨了我国冬奥会优势项目的"陆、冰、雪"训练的衔接问题,认为优势项目积累的一些经验较为感性,有待科学检验,应突出专项特点,予以加强科学监控。夏国滨等[3](2012)建议可以借鉴夏季优势项目的成功经验,将体操、跳水和蹦床等技巧类项目在自由式滑雪空中技巧和单板 U 型池中的应用经验推广到其他项目,如跳台滑雪。

通过总结优势项目成功经验,有助于探索形成和演化基本原理和内在机制,能够继续保持我国优势项目在国际体坛的领先地位,还能为其他项目发展提供参考和借鉴。现如今全球竞技体育竞争愈发激烈,随着体育交流增多,各国训练手段和训练水平日趋接近,如若能够在某些项目上长期保持领先,就必然会有较大的理

---

① 王朝军.第 20 届都灵冬奥中国代表团的比赛成绩述评[J].山西师大体育学院学报,2006,(04):82—85.

② 朱志强,宋佳林,刘石等.我国冬奥会优势项目陆冰(雪)衔接训练的进展——原则、方法与未来展望[J].北京体育大学学报,2012,35(04):7—10.

③ 夏国滨,董欣,朱红.冬奥会亚冬会和全国冬运会项目设置的特点及优化策略[J].体育文化导刊,2012,(11):45—49.

论与实践意义。米兰冬奥备战周期已然开始,我国冬季项目能否延续北京冬奥会的良好势头,取得更大的突破与发展,很大程度上取决于对传统优势项目发展规律的认识和把握。当前我国仍缺少对冬季优秀项目的深入研究,没有对其成功经验的系统总结与提炼,缺乏理论层面的构建,难以实现对其他项目的启示与引领作用。

2.2.4　文献研究整体评述

(1) 研究的主要成就

在研究范畴上,从无到有,渐进发生。我国教练员领导力研究呈现渐进式发展的态势,起初仅限于西方教练员领导理论及思想传播,随后引入西方教练员领导理论解释我国的体育运动项目,逐渐演化到对具有中国特色的教练员领导力理论构建的向往。对此,我国冬季项目教练员研究也从素质能力转向到执教行为和领导能力,从较为宏观的领导理论过渡到团队组织层面影响的考察,进而对微观的个体行为层面展开探究,更加注重教练员和运动员心理行为活动的探讨。在研究视角上,从静态转向动态,不断丰富。研究初期仅关注教练员的能力和特质等静态属性,随着教练员领导行为研究的日臻成熟,开始转向对动态现象的关注,考察不同情境或环境下教练员和运动员间的关系,并增加了一些中介或调节变量。在研究工具上,日趋科学合理。积极引入国外运动心理学问卷或量表,进行跨文化检验,将其应用到中国体育实践活动中,测量、解释和分析所涉及的领导问题。

（2）研究的不足之处

在理论诠释方面,目前我国教练员领导力仍然处于认识初期,过多地强调了西方领导理论的价值,忽略了厚植于中国本土文化的教练员领导力理论与实践体系的构建。在研究范式方面,以横断面调查为主,忽视了对事物本质属性的探究,难以实现对因果关系的观照,缺乏足够的客观性和科学性。在研究体系方面,尽管教练员领导力相关研究逐渐从单一维度过渡到多维立体结构,但结构维度的理论依据尚弱,难以展现我国教练员领导力的全貌,有待进一步探索和挖掘。

2.3　理　论　基　础

2.3.1　特质理论

2.3.1.1　理论内容

特质是决定个体行为的基本特质,故特质理论(Trait Theories)往往会被用作成为理解个体行为的出发点。特质是体现一个人的人格特点,在思想、情感和动作在多种环境下均能长久保持一致的状态,根据人们在某一特征上的表现程度反映出其行为的规律。美国心理学家奥尔波特①(Gordon Willard Allport)采取个案研究法指出个体的差异并不是体现在普通的人格特质上,而是在某些核心特质上有所不同,认为特质是人格的基础,人格特质可

①　Allport G W. Personality: A Psychological Interpretation[M]. New York: Holt Publishing Company,1961:9—12.

以一分为二,一是所有人都具有的共同特质,二是个人所特有的个人特质。个人特质又可分为首要特质、中心特质和次要特质,中心特质则代表一个人的性格特征,通常会被用来表明一个人的性格。在此基础上,卡特尔①(Raymond B. Cattell)通过因素分析和聚类分析提出四层次的人格特质模型,分别为个别和共同特质、表面和根源特质、体质和环境特质、动力能力和气质特质,形成了《Cattell 16 personality factor test》(16PF)对人格构成要素进行了测量,发现每个人身上都具备 16 种人格特质,只是在程度上有所差异。该测验具有较高的效度和信度,1979 年修订为中文版,随后进入体育领域,用于测量各级各类运动员和体育教师的人格特点。

随着计算机应用的发展,学者对 16PF 重新分析时发现 5 个显著且稳定的因素②,形成了大五人格因素的雏形。此后,众多研究者开始着力验证该因素结构,均得到了重复的 5 个因素,其中麦克格雷斯和科斯塔(McCrae & Costa,1987)研究形成了为人们所熟知的大五人格因素(Five-Factor Model),包括神经质、外向性、开放性(智力)、宜人性和尽责性(可靠性)③,后逐渐成为"大五人格"(Big Five)④。荣格等(Judge,2002)研究发现大五人格特质与

① Cattell R B. The description of personality: principles and findings in a factor analysis[J]. American Journal of Psychology,1945,58(1):69—90.

② 刘继亮,孔克勤. 人格特质研究的新进展[J]. 心理科学,2001(03):294—296＋289—382.

③ McCrace R R, Costa P T. Validation of the five-factor model of personality across instruments and observers[J]. Journal of Personality and Social Psychology,1987,52:81—90.

④ Goldberg L R. An alternative"description of personality":The big-five factor structure[J]. Journal of Personality and Social Psychology,1990,59:1216—1229.

领导之间关系密切,尤其是某种特定的人格特质,依次为外向性、尽责性、开放性、低神经质和宜人性[①]。此后,各国学者都在致力于大五人格因素结构的验证。王孟成、戴晓阳团队编制了符合中国人语言表达习惯的《中国大五人格问卷》[②][③][④],五个衡量维度分别为严谨性、外向性、开放性、宜人性和神经质。

特质理论及其应用始终在质疑中艰难创新发展,在 2000 年以后呈现复兴的态势,研究理论基础和研究方法均有了较大的提升[⑤]。从领导者的特质可以窥见对领导者的产生、领导者的效率以及领导者进步等方面的积极作用。一些特质始终都是领导研究的焦点,借此引起人们对这些特质的关注,运用这些具有个性特征的评价工具确定是否对有助于组织发展。学界还始终致力于建立卓越领导者特质的共识,借此帮助管理者分析自身优缺点,认识到应该怎样改变以提升自身的领导。

2.3.1.2 理论应用

特质理论在国内外的体育实践中均有着丰富的应用,不同人格特质的教练员(包括被感知到的)影响着运动员的投入水平,成

① Judge T A, Bono J E, Ilies R, Gerhardt M W. Personality and leadership: A qualitative and quantitative review[J]. Journal of Applied Psychology, 2002(87): 765—780.

② 王孟成,戴晓阳,姚树桥. 中国大五人格问卷的初步编制Ⅰ:理论框架与信度分析[J]. 中国临床心理学杂志,2010,18(05):545—548.

③ 王孟成,戴晓阳,姚树桥. 中国大五人格问卷的初步编制Ⅱ:效度分析[J]. 中国临床心理学杂志,2010,18(06):687—690.

④ 王孟成,戴晓阳,姚树桥. 中国大五人格问卷的初步编制Ⅲ:简式版的制定及信效度检验[J]. 中国临床心理学杂志,2011,19(04):454—457.

⑤ 美 Antonakis J, Cianciolo A T, Sternberg R J 编. 柏学翥,刘宁,吴宝金译. 领导力的本质[M]. 上海:上海人民出版社, 2007:147.

功的教练员外向性格占据主导地位①,此外,人格特质中的宜人程度和责任程度会对教练员的自我效能产生正向影响作用②。事实上,在持续反复且漫长的竞技体育训练活动,教练员极易产生职业消极态度和工作倦怠,如果教练员情绪不够稳定、事业心不强、自我要求低,放任自我,很难实现对运动队的有效管理和训练。正如蔡振华总结发现,中国女排之所以能够实现竞技奇迹,形成特有的女排精神,一代代教练员优良的特质行为起到了重要作用③。

学者们围绕教练员究竟有哪些领导特质或风格会对运动队的发展起正向作用展开了探索研究。季浏教授④研究发现,对于少体校的运动员而言,更适合专制的执教方式,对于世界观和价值观尚未成熟的年轻人来说,更为严苛和不苟言笑的教练员似乎执教效果会更好些。而对于一些高水平运动队,这种做法就显得有些格格不入,例如欧洲顶级职业足球俱乐部皇家马德里 2010 年夏高薪聘请穆尼尼奥前来执教,渴望重塑俱乐部的辉煌,但连续三个赛季均止步欧洲冠军杯四强。而在此之前,穆尼尼奥曾带领波尔图和国际米兰夺得过该项比赛的桂冠。业内专家普遍认为,穆尼尼奥专制的领导风格与大牌云集的世界顶尖足球运动员没能产生良好的球队化学反应。相反的是,其接替者安切洛蒂,率领几乎原班

①　余荣芳,吴贻刚.体育运动领导理论的起源与发展——从特质理论到变革型领导理论的应用[J].山东体育学院学报,2018,34(06):22—27.

②　王春国.校园足球优秀教练员大五人格与工作倦怠的关系:自我效能感的中介效应[J].广州体育学院学报,2021,41(05):53—57.

③　蔡振华.教练员是运动队的领导核心[J].中国体育教练员,1999(03):5—6.

④　季浏,兰续璋.少体校教练员的领导作风初探[J].浙江体育科学,1987(03):6—10.

人马获得了 2014 赛季的欧冠冠军。有学者将这一切归功于安切洛蒂"寂静的领导力"所起到的作用①,安切洛蒂以平静从容而有权威的工作方式赢得了队员的心,使得队员乐于在其手下训练,听从他对于比赛的安排和指挥。因此从实践经验来看,优秀教练员的领导作风对运动员成长起着巨大的作用②,重视、识别和合理运用教练员不同人格特质可以激发教练员的领导效能,充分挖掘运动员的潜能,提升运动员的投入水平。

2.3.2 知识基础理论

2.3.2.1 理论内容

知识基础是识别和衡量教练员胜任能力的重要指标。知识基础理论(Knowledge-based Theory)起源于企业的实践管理,组织作为一个社会实体,如何储存和运用内部知识、竞争力和才能,关系到整个组织的生存、发展以及成功③。Nonaka(1994)认为需要首先区分"信息"和"知识",信息由数据演变而来,知识又从信息中得到提炼,知识更接近于智慧④。Gorman⑤(2002)从 4 个维度来区分知识,包括:知道做什么、知道为什么、知道怎么做,以及知道

———————

① 卡尔洛·安切洛蒂(意),克里斯·布雷迪(美),迈克·福德(英)著. 刘洋(译)[M].安切洛蒂自传:寂静的领导力北京:台海出版社,2017,xii.

② 阎虹.教练员的职业修养[J].上海体育学院学报,1983(04):80—82.

③ Hakanson L. The firm as an epistemic community:The knowledge-based viewed revisited[J]. Industrial and Corporate Change,2010(19):1801—1828.

④ Noaka I. A dynamic theory of organizational knowledge creation[J]. Organization Science,1994(5):14—37.

⑤ Gorman M E. Types of knowledge and their roles in technology transfer[J]. Journal of Technology Transfer,2002(27):219—231.

是谁,具体分为声明型、程序型、判断型和智慧型。

根据知识基础理论,比竞争对手更善于获取、转化和使用知识成为一个组织成功的基础。一直以来,"德才兼备"是一名合格领导者所基本的传统标准,即满足品德和才能的要求。领导者的才能应从组织发展战略出发,心理学家大卫.麦克里兰[①](McCleland,1973)构建了能力素质模型,包括特质、动机、知识、技能、自我认知和社会角色等要素,并以此构建了素质冰山模型。基本知识和技能与工作要求直接相关,易于测量和有针对性地培训获得,成为冰山以上部分,是一种显性的能力,起到基础性作用;其他四个因素则与工作内容直接关联较小,难以测量且不易获得,成为冰山以下的部分,是一种隐性的知识,但对人的行为和表现起到决定性作用。由此逐渐构成了两种类型的知识,显性知识和隐性知识。赵剑波等[②](2008)将部分隐性能力分离出来形成了活性知识,作为领导者的道德基础,而显性知识和隐性知识则组成了领导者的才能,形成了领导的知识基础,并以此来衡量领导者的各项能力,其中以活性知识衡量"德",以显性和隐性知识测量"才",当领导者二者兼备才可认为是胜任型领导。该研究印证了西方领导理论中关于组织信任的论断,即当对领导者的道德和公平产生信任时会提升领导的有效性。

2.3.2.2 理论应用

在竞技体育活动中,运动员良好的竞赛成绩与众多因素相关,

① McCleland D C. Testing for competence rather than for intelligence[J]. American Psycologist,1973(28)1—14.

② 赵剑波,杨震宁,王以华. 领导的知识基础:中国文化背景下的领导理论研究[J].科学学与科学技术管理,2009,30(01):175—180.

既有个人方面的身体素质、运动技战术等因素，又包含非个人方面的训练对手、比赛对手、社会条件等方面的因素，形成了具有多因素整合的要素集①。作为竞技体育训练和比赛的设计和实施者，教练员的知识能力结构决定了训练和比赛的走向和效果，教练员的专业知识和实践经验是实现这一目标的前提和基础。教练员应具备多元化和综合化的基础知识和高深的专业知识，既包括了科学教育与管理、运动人体科学知识，又包含了各种专项技术发展规律和特点的知识。教练员的自身执教经验和反思会直接形成自己所特有的、行之有效的训练方法，不断地与同行的日常交流会促进不同执教理念和方法的融合②。随着竞技体育科学化不断推进，以创新能力为核心体现的教练员新型能力愈发地重要，教练员创新能力是在教练员的知识和能力基础所进行的升华和提高③。

2.3.3　行动学习理论

2.3.3.1　理论内容

这是一种涉及认清目标、合理决策和高效行动的能力，是判定教练员能否解决运动实践中实际问题的关键能力，而这种能力可以通过后天习得而成④，被称为行动学习（Action Learning）。行

---

① 王艺兰. 我国教练员知识需求、结构与培养策略研究[J]. 体育与科学,2010,31(06):81—84+88.

② 陆璐. 中国国家级教练员知识形成途径研究[J]. 天津体育学院学报,2006(05):407—409.

③ 吕万刚,顾家明. 试论竞技体操创新型教练员的知识、能力及培养[J]. 武汉体育学院学报,2003(04):152—155.

④ 安迪·布鲁斯等著, 王华敏等译. 行动力[M]. 北京:世界图书出版公司,2010:10—15.

动学习注重对实际问题的解决,强调随着组织发展面临着日益增多的不确定性因素,难以形成循规蹈矩的答案,需要在实际工作中面对种种境况,因此更多地体现"干中学""学中干"和"反思中学"的实效。通过参与实际工作和解决实际问题,学习者得以发展个人领导能力,并协助组织做出有效反应。行动学习的目标是建立一个集计划、实施、总结、反思和再计划的循环的"学习系统",致力于促进个体发展和推动组织变革,其实施的关键在于行动与反思的有效互动。

　　为了提高自我认识,行动学习的本质在于观察到参与者的实际行动,识别出行动的动机及其结果,需要把握实践活动、学习团队、真实案例、角色扮演、团队决断等五个要素。行动学习公式可表达为 $L＝P＋Q$,通过学习(Learning)把已经掌握的相关专业结构化知识(Programmed Knowledge)与提出深刻问题能力(Questioning Insight)相结合来达成。不仅如此,行动学习还有着一定的培训组织模式,有别于传统的培训学习方式,行动学习主要体现在"用"中"学",以学员为中心,以团队为核心,着眼于共同解决组织实际存在的问题,同时关注小组成员的学习发展以及整个组织的进步,力求将每个成员的潜能最大限度地发挥出来,最终实现学习知识、分享经验、创造性研究解决问题和实际行动四位一体的方法体系。

2.3.3.2　理论应用

　　行动学习应立足于工作场景、聚焦实践问题、基于经验反思、小组持续合作,与工作实践紧密结合,以解决实践问题为指向,并在问题解决的过程中通过个人反思与小组互动进行不断学习和反思,形成一种循环。因此在组织发展和提升中,为了应对领导力向多元化发展的需要,愈发重视"从经验中学习",认为行动学习可以改善领导品质,培养领导者。

对于竞技体育项目而言,知识的获取和积累是实现发展的关键。通常情况下,竞技体育人才学习行为会遵循水平维度的知识广度拓展和垂直维度的知识深度提升两种渠道。随着信息技术的广泛使用,众多竞技体育优秀人才的显性知识得到了保存、传播和共享,而作为运动队竞争力核心的隐性知识,由于其难言性、亲验性、私密性、整体性和程序性等特征使得难以被学到[①],因此有学者结合高水平运动队实践经验提取了隐性知识的获取方式[②],一是采用"练中学"和"赛中学"的模式,帮助运动员建立良好的认知、总结和反馈习惯,有助于在"练和赛"中得到经验积累,提升隐性知识水平;二是创新师徒制的隐性知识达成过程,将教练员身上丰富的技能学习策略和参赛经验进行转移,形成一个具有知识创新和知识分享的平台,实现竞技体育隐性知识的发展。

2.3.4 社会认同理论

2.3.4.1 理论内容

社会认同理论(Social Identity Theory)是社会心理学领域重要理论之一,Tajfel 等在对群体行为的研究中提出,强调社会认同

① 曹连众.竞技体育人才隐性知识管理研究[M].沈阳:辽宁人民出版社,2011:136—154.
② 曹连众.竞技体育人才隐性知识获取机理研究——基于"练中学"与"赛中学"视角[J].沈阳体育学院学报,2014,33(03):68—70.

对群体行为的解释,认为个体对群体的认同是群体行为的基础。个体通过社会分类产生群体的认同,呈现出对内群体的偏好和对外群体的偏见,他们通过积极的努力来实现和维持一定的社会认同,进而提升自尊,这种社会认同一旦形成,就会给群体成员带来情感和价值上的认可[①],即团队目标特征会优于个体特征得以展现,个体成员会将团队目标和期望当作内部激励,进而展现出自我激励行为[②]。社会认同理论偏向于"以下属为中心",认为领导的有效性关键在于下属成员。在组织活动中,领导者需要通过自身影响力的发挥动员和引领下属,使其主动性得到激发,实现组织效率的提升。在此过程中,领导者与下属,以及情境产生一定的相互依存和制约,这种影响是基于领导者作为群体一员的身份而相互作用。

社会心理学研究认为群体成员会通过社会认同选择更为有效的领导,体现了下属认知的产生以及群体对领导者选择的过程,同时领导者还可以通过影响下属的认同达到群体目标实现的过程[③]。由于主要关注群体内的现象,因此领导力的社会认同理论主要用自我范畴化理论来阐述领导力的产生和作用机制,个体用群体身份来定义自我,从而获得某一群体情感和价值体验,当社会认同产生后就转向用群体共享的身份来看待自己,取代个体认同。

---

① 张莹瑞,佐斌.社会认同理论及其发展[J].心理科学进展,2006,(03):475—480.

② 赵祁,李锋.团队领导与团队有效性:基于社会认同理论的多层次研究[J].心理科学进展,2016,24(11):1677—1689.

③ 封子奇,王雪,金盛华,杨金花,彭芸爽.领导力的社会认同理论:主要内容及研究进展[J].心理学探新,2014,34(02):166—171.

在领导力的社会认同中,高原型代表性的领导更具有影响力,即一旦某种原型代表性的领导得到认可后,会对组织内外的个体产生较强的影响力,对于评价领导有效性和进行组织发展具有不可忽视的现实指导意义。可以认为,在组织实践中,如果下属信任领导、认可领导,或是领导更为有魅力,那么无疑领导会更有效。在另一方面,领导者可以通过社会认同发挥对组织内成员的影响力,一是领导者的个人言行举止来塑造认同,二是领导者的群体导向行为,诸如群体承诺、自我牺牲等形式。

2.3.4.2　理论应用

社会认同理论中,领导力是领导者和下属相互作用的过程,既包含了影响下属的主导过程,也包含了下属自我决定的主体地位,为双向探究领导者与追随者之间的关系提供了理论支撑。优秀的教练员往往会通过个体原型、塑造社会认同,获得队员的支持。有学者立足于中国文化传统,在社会认同理论基础上提出了家长式领导理论,认为领导者与下属之间存在上下级和角色要求,领导者通过权威、德行和施恩建立自己的地位,而下属通过敬畏、顺从、感恩和认同管理自身的行为,构建其中国组织群体认同实现机制①。

事实上,不管社会认同理论是否能衍生出某种领导理论,都能给团队带来强大的文化影响力。依照管理大师德鲁克的观点"文化能把战略当早餐吃掉",运动队呈现某种特有的文化极为关键,每个成员都需要成为大家庭的一员,并努力和团队文化合拍,成为这种文化的典范、尽力维护其准则、监督其成员,这种文化是队伍

---

①　郑伯埙.差序格局与华人组织行为[J].中国社会心理学评论,2006(02):1—52.

获得最佳竞技表现的必要条件,尤其是高水平人才,他们具有高度的文化依赖性。因此在运动实践中,如果参与者高度认同所在运动组织,并致力于珍惜和维护团队成员身份,他们的社会认同感将得到显著增强,如若能进一步提升参与动机,则会产生更为明显的自我效能或团队绩效。

2.3.5　社会交换理论

2.3.5.1　理论内容

社会交换理论(Social Exchange Theory)是认识社会交往研究中最具有影响力的理论,用于检验从他人得到回报的行为,以及被称为"交易"的过程和"交换"的关系,具有双边性、交互性和互惠性等特征。人类行为的基础是利益或更有价值物品的交换,因此在假定的社会交往中,各方都会有他人想要的东西。社会交换最早源于亚里士多德(Aristotle)的著述,在《尼各马克伦理学》(Nicomachean Ethics)一书中区分了社会交换和经济交换,它们既有相似又有不同,都是对当前所作贡献的未来收益预期[①]。在社会交换关系中,信任是重要的基础,通常会随着社会交换阶段由高级化,社会交换的价值不断增大。这种信任的产生一般有两种方式,一是定期、一致的互惠,二是逐渐扩大的交换。不同的人员构成,其社会交换侧重点亦有区别,以个人为中心的实践中,交换主要强调个体的心理和经济自利,以集体为目标的实践中,则强调群体或社会的社会需求,

---

① Blau P M. Exchange and power in social life[M]. Hoboken, NJ: Wiley, 1964:96—102.

即社会就是自己存在的目的，个体的存在是为社会利益服务[①]
(Ekeh,1974)。

　　社会交换理论是理解组织行为的最有影响力的理论之一，但
其将人际互动关系过度地简化为短期和自利的交换，忽略其他驱
动因素，强调只有当信赖和信任产生，交易双方才会主动参与到互
惠互利的关系中，这有助于帮助员工与其组织或同事建立长期的、
有回报的交换关系。当员工被视为组织未来发展规划的一部分
时，会自愿、主动地以各种方式帮助组织，例如知识分享[②]。因此，
组织管理者的工作就是培养员工对他们与组织中间长期信任和互
利关系的看法，让员工意识到，投身于组织发展会带来较大的
回馈。

2.3.5.2　理论应用

　　社会交换理论在组织社会中被定义为"领导成员之间基于关系
的社会交换"[③]。该理论认为，人始终是中心议题，人与人之间的社
会交往是一个动态的过程。不同的领导-下属间人际关系是不同
的，由于组织资源限制，领导会优先发展满足自己角色期望的下属，
在物质奖励之外，还会提供更多的信任与关怀，逐渐地将领导与下
属之间的关系转变为兼具经济学和社会性的复杂交换关系。体育

　　① Ekeh P P. Social exchange theory[M]. Cambridge, MA：Harard University Press,1974:12—16.
　　② 美 Miles J F 著，徐世勇，李超平译. 管理与组织必读的 40 个理论[M]. 北京：北京大学出版社,2017:242—248.
　　③ Graen G B, Novak M A, Sommerkamp P. The effects of leader-member exchange and job design on satisfaction：Testing a dual attachment model[J]. Oranization Behavior & Human Performance,1982,30(1):109—131.

组织被视同为微型社会,领队、教练、队员和其他工作人员扮演着不同的组织角色,透过不同形式的付出,换取各自的回报①。有研究表明,组织中的交换过程往往会经历互相评价、互相信任和互相忠诚等三个双向互动过程②。在双方关系建立初期,会经历均衡领导模式阶段,彼此实现对工作的期望,之后会转向以满足对方的期望实现社会交换关系,而进入高交换阶段,双方关系则趋于稳定,成员会被视为"圈内人",从而产生高度的信任、交流、支持和忠诚。

　　一直以来,体育实践中过多地强调领导者(教练员)特征、追随者(队员)特征和情境(教练员—运动员关系)特征,或是他们之间的综合特征,没有重视和细化到领导者(教练员)与每个成员之间的具体关系,依照社会交换理论推崇的解释,运动队有效领导应产生于教练员和队员之间的交换关系。为了获取高质量的交换,必须要倡导有效的沟通和交流,当教练员与运动员表现出相互信任、尊重和责任感时,有效领导达成就相对容易。对运动员而言,可以通过勤奋、忠诚和支持等,能够加速成为"圈内人",参与更多的运动队组织发展与决策,有助于组织目标的实现。当前,体育组织中的社会交换本土化的实践经历和概念拓展还较为薄弱,但值得一提的是,我国体育运动领域具有深厚的社会交换实践基础,尤其是一些取得卓越成绩的运动队,队员与教练员在长达数十年的合作下,建立起了坚实的友谊和信任,这些经验的整理和挖掘有助于运

---

　　①　林昭妍. 共享领导行为对团队效能影响之研究[D]. 上海体育学院博士论文,2022.

　　②　Graen G B, Scandura T A. Toward a psychology of dyadic organizating[M]. Greenwich,CT:JAI,1987:133—134.

动队成长的认识。

2.4 本章小结

　　本章为探索我国冬奥雪上优势项目教练员领导力提供理论支持。对优势项目、教练员、领导力和教练员领导力等核心概念进行了界定,对中西方领导力、教练员领导力,以及我国冬奥优势项目研究进展进行深入的回顾,详细地介绍了特质理论、知识基础理论、行动学习理论、社会交换理论和社会认同等理论,为下文深刻认识和领会教练员的领导活动奠定了坚实的理论基础。

　　已有研究充分证实了教练员领导力对运动队发展的促进作用,部分竞技体育优势项目之所以能取得重大突破,很大程度上得益于探索出了一条符合中国运动员特色的竞技体育人才培养道路。但教练员领导力究竟来源于何处? 中国本土化的教练员领导力有怎样的内部结构,教练员领导力又是如何影响运动队发展等现实问题有待进一步系统思考。随着我国冬季雪上运动项目在北京冬奥会上取得历史最佳成绩,探究部分雪上优势项目教练员领导力有重要的现实和理论意义。

3 我国自由式滑雪空中技巧发展脉络及教练员领导力特征呈现

　　教练员领导力在我国部分优势项目发展中有着显著特征呈现,具有重要实践基础和理论指导作用。2022 年北京冬奥会之前,我国雪上项目所获得的 12 枚奖牌中有 11 枚是自由式滑雪空中技巧项目所得,还包括唯一的金牌。2022 年北京冬奥会上,在全部 3 个项目中获得 2 金 1 银的优异成绩,入选北京冬奥会、冬残奥会突出贡献集体名单,为我国雪上项目的国际竞争力作出了卓越的贡献。由此,作为我国雪上唯一的优势项目,自由式滑雪空中技巧项目取得的成功经验值得总结和推广。

　　本章全面梳理教练员领导力在我国自由式滑雪空中技巧项目发展中所起到的作用,以国家集训队在过往奥运周期备战和比赛经历为主线,重点探讨教练员在不同历史时期中领导特征呈现,结合典型代表性的教练员进行深入阐释,试图勾勒这些优秀教练员领导力产生和衍化机制,探寻雪上优势项目成功背后领导力相关实践支撑和理论基础,为了解和把握冬季项目教练员领导力提供参考和借鉴。

3.1 自由式空中技巧项目整体发展情况

自由式滑雪项目 20 世纪 60 年代兴起于美国,1979 年成为国际雪联(FIS)正式比赛项目。1988 年冬奥会,自由式滑雪空中技巧(Aerials)和雪上技巧(Moguls)、雪上芭蕾(Ballet)一起成为三个新增表演项目,1994 年空中技巧成为正式比赛项目,雪上芭蕾则被取消。

我国自 20 世纪 80 年代末开展自由式滑雪空中技巧项目,在 1994 年第一次参加奥运会,此后一直连续参赛(表 3-1)。30 多年来,经过几代人不懈努力,我国自由式滑雪空中技巧队从无到有、从弱到强,已经成为一支特点鲜明的世界强队。

表 3-1 历届冬奥会中国自由式滑雪空中技巧队参赛情况

届次	地点	时间	教练员	男运动员	女运动员	奖牌情况	备注
17	挪威利勒哈默尔	1994 年	潘力全、郝永波	无	季晓鸥、尹红	无	两跳预赛两跳决赛;国内无标准跳台
18	日本长野	1998 年	陈洪彬、银刚	无	徐囡囡、郭丹丹、季晓鸥、尹红	1 银	赛制同前;运动员必须完成申报动作
19	美国盐湖城	2002 年	陈洪彬、杨尔绮	邱森、韩晓鹏、欧晓涛	徐囡囡、郭××、李妮娜、刘丽丽、王姣	无	赛制同前
20	意大利都灵	2006 年	达斯汀、辛迪、杨尔绮、纪冬	邱森、韩晓鹏、欧晓涛、刘忠庆	李妮娜、徐囡囡、郭××、张鑫	1 金 1 银	赛制同前
21	加拿大温哥华	2010 年	达斯汀、纪冬、欧晓涛、陈洪彬、牛雪松	刘忠庆、齐广璞、贾宗洋、韩晓鹏(替补:吴超)	李妮娜、郭××、徐梦桃、程爽(替补:张鑫、代爽飞)	1 银 2 铜	赛制同前

（续表）

届次	地点	时间	教练员	男运动员	女运动员	奖牌情况	备注
22	俄罗斯索契	2014年	纪冬、欧晓涛、周冉、牛雪松、Jeffrey、Matthew	刘忠庆、齐广璞、吴超、贾宗洋	李妮娜、张鑫、徐梦桃、程爽	1银2铜	资格赛两轮；决赛三轮递进比赛；比赛成绩不叠加
23	韩国平昌	2018年	纪冬、欧晓涛、周冉、牛雪松、郑非	齐广璞、贾宗洋、王心迪、刘忠庆	徐梦桃、张鑫、孔凡钰、颜婷	2银1铜	取两轮最好成绩晋级，决赛三轮递减名额
24	中国北京	2022年	纪冬、欧晓涛、牛雪松、代爽飞、迪米特里·卡乌诺夫、丹尼斯·卡珀奇克、耶夫基尼·布诺诺夫斯基	齐广璞、贾宗洋、王心迪、孙佳旭（替补：杨龙啸）①	徐梦桃、孔凡钰、邵琪	2金1银	递减名额有3人增加为4人，最后4人争夺金牌

注：为自绘表

3.2　自由式滑雪空中技巧项目的发展脉络

　　科学合理的阶段划分有助于精准把握自由式滑雪空中技巧发展脉络。

　　自由式滑雪空中技巧研究资深专家戈炳珠教授将该项目发展历程归为三个阶段②。第一阶段始于1989年，恰逢国家各方面的困难时期，加之"兵败汉城"后急需重振我国竞技体育，但苦于国家体委无力全面开展冰雪项目，试点部分体育院校创办冰雪队伍，自

---

　　①　注：杨龙啸入选2022年北京冬奥会中国体育代表团运动员名单，由于自由式滑雪空中技巧项目限额4人，杨龙啸队内排名第5，没能参加正式比赛。

　　②　邵凯，刘艳伟.自由式滑雪空中技巧团队的成长：对话戈炳珠教授[J].体育科研，2020，41（01）：44—48＋74.

由式滑雪空中技巧项目成为其中之一①。在异常艰苦的训练条件下,队伍首次参加亚冬会(1996 年)就大放异彩,包揽前三名,实现冲出亚洲的目标。第二阶段是从 1996 至 2006 年,我国自由式滑雪空中技巧项目完成几个历史性的突破,取得奥运会冠军和多项世界冠军,实现"以点带面"的冬季项目发展格局;第三阶段从 2006 年至今,我国自由式滑雪空中技巧队逐渐成为世界一流强队,涌现出来一大批优秀运动员和教练员,连续参加奥运会,每届都获得 2 枚以上的奖牌,展现出我国在该项目上强大的团队竞争力。时至 2022 年北京冬奥会,自由式滑雪空中技巧队继续稳定发挥,成为我国雪上项目的一面旗帜。

本文借鉴前人对自由式滑雪空中技巧项目的历程划分,以该项目在发展中若干重大机遇和取得的突破性成绩为基础,将项目发展分为 4 个阶段,分别是队伍初创期(1987—1998 年)、曲折成长期(1999—2006 年)、砥砺前行期(2007—2018 年)、继往开来期(2019 年至今)。

3.2.1　队伍初创期(1987—1998 年):"外行式"的队伍构成与"内涵式"教练实践探索

(1)阶段基本表现

自由式滑雪空中技巧项目的发展壮大离不开一些冰雪基础较好的地方。1987 年黑龙江省松花江市组建了我国第一支自由式滑雪空中技巧代表队,1989 年武警体协(原前卫体协)和长春市相

---

①　注:所开展的项目就包含空中技巧等三个项目。

继成立代表队,1991 年沈阳体育学院代表队成立。在 1991 年哈尔滨第七届全国冬季运动会上被列为表演项目,与国际规则不同,允许运动员在表演中完成两跳相同动作①。1991—1992 赛季成为冬季运动会正式比赛项目,1992—1993 赛季中增设了规定动作比赛,1994 年我国首次组队参加了第 17 届冬季奥运会,1995 年在第八届全国冬季运动会成为正式比赛项目。1995 年 7 月随后被列为"奥运争光计划"潜优势项目,以获得奥运会获得为目标,支持沈阳体育学院牵头组建国家集训队,负责运动队的组织和管理以及全国范围内选材。

(2) 国家队组建及参赛情况

自国家体委同意体育院校试办冰雪运动队起,沈阳体育学院自由式滑雪空中技巧队成为其中之一②。体操教师侯永民和陈洪彬为教练员,其中,陈洪彬之前一直担任国家队技巧项目教练,是国家功勋教练。随着队伍的训练水平和运动成绩不断提升,后备人才队伍培养迫在眉睫。1995 年组建二线队伍,由高山滑雪教练杨尔绮和技巧教练任海英(又称任海鹰)担任,并在全国范围内共选拔出 4 男 4 女 8 名运动员③,开启了体育院校参与高水平竞技后备人才培养的道路。2000 年又组建了三线队伍,体操教师吴志

①　吴志海,姜辉.试析我国自由式滑雪空中技巧比赛的变化与发展[J].沈阳体育学院学报,2000(01):13—15.

②　注:1989 年沈阳体育学院得到国家体委批准创办冰雪运动队,并开始组建跳台滑雪、越野滑雪和自由式滑雪三支队伍。沈阳体育学院科学研判,认为自由式滑雪空中技巧项目适合在我国发展,经过集体决策后决定重点开展自由式滑雪空中技巧项目,1991 年沈阳体育学院自由式滑雪空中技巧队成立。

③　注:之后取得优异成绩的李妮娜、郭××、韩晓鹏、邱森、王娇等运动员就是从这支队伍脱颖而出的。

海任教练。至此,以沈阳体育学院为牵头单位负责实施的我国自由式滑雪空中技巧队国家集训队和后备力量培养体系基本完成,形成了定位准确、注重日常训练和选材、以实战检验竞技能力,层次化和差异化的冬季高水平竞技项目组织体系。

1994 年挪威利勒哈默尔冬奥会后,自由式滑雪空中技巧项目国家体委定为重点培养项目,加速了自由式滑雪空中项目攀登竞技高峰的步伐。以沈阳体育学院自由式滑雪空中技巧队为班底的国家队进入了规范的日常训练和奥运备战中,用一个个优异的竞技表现提升了队伍信心并赢得外界的肯定。在 1995 年的全国第八届冬季运动会上,从技巧项目转过来的纪冬和郭丹丹分获男女子冠军,1996 年黑龙江省亚布力第三届亚冬会上战胜了日本等多支亚洲强队,女队包揽前 4 名,男子包揽前 2 名①。1997 年世界杯系列赛澳大利亚站比赛中,女队员郭丹丹战胜东道主选手获得第一名,成为中国第一个世界滑雪冠军,实现我国冬季项目历史性的突破。在 1998 年第 19 届长野冬奥会上,中国自由式滑雪空中技巧队女队已被视为夺冠的热门,3 名队员郭丹丹、徐囡囡和季晓鸥都具备较强实力,遗憾的是,在比赛前均遭遇了严重的伤病②,最后,两条手臂脱裹着厚厚的纱布的徐囡囡完成比赛,获得了银牌,成为第一位获得雪上项目冬奥奖牌的中国运动员。与此同时,

---

① 注:女子前 4 名分别是郭丹丹、徐囡囡、尹红和季晓鸥,男子前 2 名分别为欧晓涛和费东鹏。

② 注:世界排名最为靠前的郭丹丹则在比赛热身阶段完成高难度动作后出现意外,两个脚踝,一个骨折,一个肌腱断裂。按照当届规则运动员必须在正式比赛中完成热身动作,为了能让郭丹丹顺利完赛,赛事主办方特地延长了 10 分钟出场时间,她顶着巨大伤病带来的痛苦,凭借超强的毅力拿到第七名。尽管如此,在颁奖典礼结束后,两位重伤的队员郭丹丹和季晓鸥坐着轮椅前来祝贺。

二线队伍在国内外比赛中也获得了快速成长。由此中国自由式滑雪空中技巧队初步完成了队伍组建与培养的组织框架架构,在一些重大比赛中实现提高与突破,实现了冲出亚洲、逐步走向世界的目标。

（3）教练员的探索历程

我国雪上运动快速发展得益于一批关心和热爱项目发展的前辈的敏锐判断和科学建议。作为冰雪界元老,王石安先生在 20 世纪 80 年代后期就开始关注自由式滑雪空中技巧,并在文章《浅谈自由式滑雪运动中的空中技巧项目》[①]中,对自由式滑雪的历史、各国开展状况以及比赛内容及场地规定进行了较为详细的解读,认为空中、姿势和着陆是三个关键环节,给后人认识和了解自由式滑雪空中技巧项目提供了重要参考。教练郭亦农[②]和王石安(1994)[③]通过分析认为空中技巧关键在于动作难度和质量,运动员空中翻转能力是重中之重,而我国运动员恰好具备基本该能力,因此,有把握获得空中技巧得分中的空中技术部分,而助滑与着陆技术并不复杂,可以通过日后多加训练加以提高。加之我国在高台跳水、体操和技巧上一直具有较高水平,均为传统优势项目,与自由式滑雪空中技巧同属灵巧类项目,在空翻和转体以及评分上都极为相似,可将跳水、技巧和体操等项目丰富地选材和训练方法

---

① 王石安.浅谈自由式滑雪运动中的空中技巧项目[J].冰雪运动,1991(02):34—36.

② 注:此时日郭亦农先生刚从日本学习雪上教学与训练归国,后担任 8 年的沈阳体育学院竞技体校校长。

③ 郭亦农,王石安.抓住机遇,推进自由式滑雪空中技巧项目的开展[J].沈阳体育学院学报,1994(04):11—12.

引入到空中技巧，为空中技巧的发展提供一条便捷之路，这一论断给我国自由式滑雪空中技巧项目日常训练给出了可操作性的借鉴答案。在此基础上，侯永民和佟永典(1994)[①]二位教练探索着陆稳定性的影响因素，通过对落地稳定性的实验，分析认为成功的着陆与人体剩余动量矩、躯干倾角、着陆时足的加速度、屈膝屈髋速度等众多因素相关，应强化对落地与助滑之间的技术判断与分析，并运用到技术训练的指导过程中，研究发现为自由式滑雪空中技巧训练的科学化奠定了基础。

被定为我国奥运争光战略的潜优势项目后，在各种训练、比赛中不断测试和检验队伍的竞技能力。首次国际对抗赛(1994年)后，杨尔绮和戈炳珠(1994)[②]认为多参加国际比赛能增加对国外动态的了解，把握我国在该项目的整体水平位次，同时迫使教练更加注重比赛所要求的动作难度和质量的统一，还有助于丰富教练员的临场指挥，以及缓解运动员的比赛焦虑。不仅如此，运动队实践活动不断丰富着教练员对项目的认识，推动项目的选材更加多元。以1995年全国第八届冬季运动会为例，15名参赛队员有13名出自体操、技巧等项目，教练也从未接触过滑雪运动，也是从体操和技巧等其他项目转投而来，所有参与者对该项目都比较陌生。没有可借鉴的经验，只能在日常训练和比赛中不断摸索多个影响因素，如比赛场地、空中动作和成绩判定等。经过全队上下共同努

---

　　①　佟永典,侯永民.对自由式滑雪空中技巧落地稳定性的实验研究[J].冰雪运动,1994(03):44—48+53.

　　②　杨尔绮,戈炳珠.'94自由式滑雪水池空中技巧中日友谊赛暨第三届全国比赛动作难度分析[J].冰雪运动,1994(04):27—30.

力,女子运动员的动作难度已经接近上一年冬奥会(1994年)前几名水平,但由于着陆稳定性不足导致拥有高难度的动作并未转化成高得分①。这一阶段教练员们深刻地认识到仅靠单个项目自身培养难以获得科学发展,若能依靠我国竞技中若干优势项目的成熟培养体系,必将加快该项目的发展。

(4)"德行—行动—知识":代表性教练员"德行"和"智行"执教理念的形成

老一辈的高水平运动队历来重视和推崇精神方面内容的打造。对于一支新组建的队伍,教练员们一些特有的品质和行为起到了重要的支撑作用,尤其是开拓进取、吃苦耐劳、敬业精神等引领,陈洪彬教练便是代表性人物,擎领着这一阶段自由式滑雪空中技巧项目的发展。陈洪彬成为自由式滑雪空中技巧教练,恰逢该项目被列为我国"奥运争光计划"潜优势项目(1994年5月),此前他先后经历了前体操运动员、体操教师和技巧教练的身份,带队获得了技巧项目的世界杯、亚锦赛和全国多个冠军。转项以及上调到国家队后,指导的队员郭丹丹在1997年世界杯澳大利亚站比赛中夺得了我国雪上项目第一个世界冠军,陈洪彬也成为了我国第一位在冬夏两季都带队获得过世界冠军的教练。日本长野冬奥会上(1998年)带领徐囡囡夺得银牌,取得我国冬奥第一枚奖牌,也正是由于陈洪彬教练的卓越贡献,女子自由式滑雪空中技巧项目成为我国优势项目。

通过面对面访谈以及其个人执教资料佐证,陈洪彬执教特点

---

① 王贺一,郭亦农. 全国第八届冬运会自由式滑雪空中技巧比赛着陆稳定性浅析[J]. 沈阳体育学院学报,1996(03):6—7+9.

主要有以下三点。一是教练员需要对项目满怀热情,以驱动其为冰雪事业贡献的责任心。"一个教练员如果思想上认识不到位,出现偏差,就会在实际的运动队指导中显得非常卡壳,很艰苦"①,这种思想认识体现在对所从事竞技体育项目的动机上,即带着对项目和对国家的感激之情开展各种训练和比赛活动,尤其是遇到某些不顺和挫折时,不会一蹶不振和轻言放弃,一定能够找到继续坚持的理由。二是用自己的实际行动来感染和激励运动员,当教练员谦逊勤奋的工作作风被运动员所察觉和关注后,他们就会用自己的训练态度和训练成效来回应,久而久之,就易形成团队学习的氛围。陈老师还认为,从高校教师队伍里面走出来的教练,习惯于将教书育人的一些理念和要求融入进来,始终会以育人为先的理念来进行指引,通过运动队的实践成效来重新认识和反思执教理论,后有学者将这种做法视为体教结合的典范②。三是在训练中积极采用科学的方法,钻研运动队竞技水平提升的各方面知识,提升对学习各种基础知识,包括生理、运动解剖和运动生物力学等方面的知识。高水平的竞技体育训练一定要能精准指导、科学指导,因此作为教练就应竭尽所能来提高训练水平,比如国内没有合格的训练场地,也没人见过真正的比赛场地,陈洪彬就查阅大量资料,借外出比赛的机会带着皮尺等工具测量记录,回国后模仿修建。此外,陈洪彬教练对待运动员极为真诚和尊重,尤其关注运动员的成长,注重队员的心理状态的培养,强化自信心与自尊心,善

---

① 注:材料来源于陈洪彬个人手写执教心得。
② 邵凯,董传升.国家与地方共建国家队的模式研究——基于自由式滑雪空中技巧国家队共建语境的解释[J].体育科学,2021,41(04):49—59.

于克服客观不利因素,变被动为主动。

3.2.2　曲折成长期(1999—2006 年):队伍整体实力猛增,教练员科学执教素养得到提升

(1) 阶段基本表现

这一阶段历经 2 届冬奥会,2002 年盐湖城冬奥周期短暂的低迷和蛰伏以及令人振奋的 2006 年都灵冬奥周期,促使自由式滑雪空中技巧在曲折中奋勇前行。

长野冬奥会后,女子项目被确定为冬季运动发展优势项目,但由于伤病多和老运动员退役等诸多问题,给接下来的奥运周期备战带来巨大困难,连续两个赛季,都没有任何运动员进入世界前三,只是在 2021 和 2002 赛季的世界杯比赛中逐渐找回一定的状态。但令人欣喜的是二队得到了快速成长,在各类比赛中得到了充分的锻炼和提升,韩晓鹏、李妮娜等重点队员和教练杨尔绮一同被调入国家一队①。盐湖城冬奥会上,陈洪彬和杨尔绮教练带领 8 名队员满额参赛,实现了数量上的最大化。上届亚军徐囡囡受伤病影响,4 次试跳全部失败,最终排名决赛最后一位。首次参赛的年轻选手李妮娜不惧大赛挑战,取得女子第 5 名,韩晓鹏则成为第一个站在冬奥会自由式滑雪空中技巧比赛决赛场地的男子运动员,但遗憾的是十字韧带受伤未能取得好成绩。从结果来看,惨淡且壮烈,老队员尽管长期受伤病困扰,仍能以身作则,在这支潜力无限的年轻队伍中发挥出着传帮带的模范榜样作

---

①　注:2002 年盐湖城冬奥会 8 名选手中有 6 名出自原先的国家二队,还包括邱森、郭××、王娇、刘丽丽等 4 人。

用,助力队伍的成长。

盐湖城冬奥会后,为了寻求突破,国家集训队进行了人员调整,外教(加拿大籍主教练达斯汀和美国籍体能教练辛迪)首次进入队伍,中方教练(杨尔绮和纪冬)辅助配合。都灵冬奥会上,我国男女均 4 人满额参赛。女选手为徐囡囡、李妮娜、郭××和张鑫,几乎包揽了世界杯分站赛的全部金牌,李妮娜是这一周期内世界范围内发挥最稳定、动作规范度最高的运动员,夺冠呼声最高。比赛中,4 名女选手全部进入最后的决赛,且在决赛最后一跳前占据前三的有利位置,但最后一跳都出现不足和失误,郭××超高难度动作未能站稳、徐囡囡和李妮娜动作难度偏低,未能如愿夺金,仅收获 2、4、6 名(分别为李妮娜、徐囡囡和郭××)。4 名男选手为韩晓鹏、邱森、欧晓涛和刘忠庆,决赛中,韩晓鹏以稳定高难度的发挥问鼎金牌,成为亚洲第一人,实现了我国冬奥雪上项目重大突破,圆了我国几代冰雪人的梦想,同时这枚金牌也是我国雪上项目在北京冬奥会前唯一的金牌。

(2)"科学谋划—精准选育—创新思维—踏实勤奋":代表性教练员"从实践中来"和"到实践中去"的执教理念推行

在这一阶段的两个奥会备战周期中,一批年轻队员得到了快速成长,在训练比赛中不断得到锻炼和提高,展现出了不俗的竞技实力,收获了卓越的比赛成绩作为回报。这些年轻队员大部分都出自 1995 年全国选拔的后备人才,跟随教练杨尔绮数十年如一日,踏上奥运会赛场并最终登上最高领奖台,为此,分析杨尔绮教练对这支队伍的影响有助于总结和提炼我国优势项目后备人才队伍成长的规律。

　　杨尔绮在运动员时获得高山滑雪全国冠军,退役后任地方(吉林市)高山滑雪队教练,带领队员夺得全国冠军。1995 年负责组建自由式滑雪空中技巧沈阳体育学院二队,开始了探索符合我国冬季项目高水平后备人才培养的道路。为了能让这支队伍快速成长,在国际赛场上争金夺银,杨尔绮教练主要采取了 4 个步骤。一是重视科学组织与管理,建队伊始就遵循国家体育总局"教学、训练和科研"三结合的方针,依照"创新思维、跨越发展"的具体理念指引,致力于将自由式滑雪空中技巧国家二队办成有别于一般专业运动队,以获取优异运动成绩和实现运动员全面发展双重任务为目标,最终实现了运动成绩丰收、运动员综合能力提升和运动队可持续发展。二是精准选材和科学育人,实践中杨教练注重知识的力量,借助其爱人戈炳珠教授[①]的科研积累,将其应用到实践中。比如,依托于《试论技巧运动介入自由式滑雪空中技巧的可行性》[②]研究发现,从东北以外的地区选中了韩晓鹏和邱森等人。还通过长期持续对项目发展的关注,及时准确地把握项目发展动态和项目规则要求,探索规则变化对训练和比赛带来的挑战和机遇,正确审视与国外竞技水平的差距,并在长期的实践中还逐渐掌握一套独特的运动员选取和身体素质评定的标准。三是以创新为重要手段提高日常训练水平。重视日常训练计划的制定与反思,围绕比赛制定详细的训练计

---

　　① 　注:戈炳珠自幼是一名优秀的体操运动员,在 20 世纪 50 年代末获得了吉林省少年体操全能冠军,运动生涯后期进入专业体育院校学习,毕业后进入沈阳体育学院从事体操教学与训练工作,成为多名国家和世界冠军的启蒙教练和科研教练,多次获得国家体育科技进步奖和教学成果奖。

　　② 　戈炳珠,杨尔绮,王萍.试论技巧运动介入自由式滑雪空中技巧的可行性[J].沈阳体育学院学报,1995(03):20—22.

划,根据每天训练情况进行评估和调整第二天的训练。例如为了备战二队组建后的第一次全国性比赛,杨尔绮仔细地研究竞赛规则后认为,比赛动作难度不大,比较适合年轻队员参赛,随即进行了有针对性的训练调整,主抓落地稳定性,正好能发挥其本人擅长雪上平衡训练的特点,结果在此次全国锦标赛上,获得了 2 金 1 银的优异成绩。杨尔绮教练对待创新的态度极为开明,不但教会队员如何面对新的项目,还会想方设法适应新项目的训练节奏和方式,尤其体现在高难度动作的开发与掌握上,众多高难度动作都是从她的训练场完成和走向世界舞台。杨尔绮还逐渐摸索出"陆上—水池—雪上:三部曲"循序渐进的训练步骤,认为既要打好基础又要不失时机地发展适宜的难度动作。四是强调吃苦耐劳和关爱队员的精神传承。尽管已是一名年过半百女教练,但她毅然带头扛起训练场修整等累活苦活,手工改制训练服装和设施。李妮娜在采访中就特别谈到了杨教练对运动队的付出是无可替代的。杨尔绮对小队员极为关怀与爱护,尽力促进他们的身心健康发展。在队伍刚组建时,为了应对枯燥、单调和艰苦的训练环境,杨尔绮需要充当多个角色,从训练日程安排、队伍管理、后勤保障,再到队员的情绪调动与安抚,都必须亲力亲为,这些对小队员的成长极为重要,实践也充分证明了杨尔绮教练的成功之处。

3.2.3 砥砺前行期(2007—2018 年):团队竞争力和凝聚力不断攀升,教练员执教特点绽放

(1) 阶段基本表现

都灵冬奥会取得历史性突破后,我国自由式滑雪空中技巧项

目整体实力有了大幅度提升,逐渐成为一支稳定有竞争力的团队,形成了在国际大赛中只要有中国队员参赛必将站上领奖台的壮举,但令人遗憾的是都没能站在最高领奖台。队伍在3届奥运备战中各有特色,分别是喜忧参半的2010温哥华冬奥周期,团队整体尽显的2014索契冬奥周期和踌躇满志的2018平昌冬奥周期。

温哥华冬奥会对赛制进行了大幅度的调整①,改变了以往赛时过长的现象,极大增加了比赛的偶然性。为了适应新规则,国家集训队也进行了组织调整,外籍教练达斯汀继续任主教练,设立中方教练组。两位领军人物韩晓鹏和李妮娜的备战忧喜参半。韩晓鹏饱受伤病困扰,而其他男子选手稍显能力不足;李妮娜延续巅峰状态,在擅长的两周台上无人能敌,一些年轻女队员也不断涌现,进一步巩固了我国女子项目世界第一集团的地位。冬奥会比赛中,我国依然是4男4女满额参加,有7人进入最后的决赛阶段,最终获得1银2铜的成绩。夺冠大热门李妮娜遗憾失金,再获银牌;郭××终于获得奥运奖牌,刘忠庆为男队夺得一枚宝贵的铜牌;其他几位首次参加冬奥会的年轻运动员在实战中得到了很好的锻炼。从具体结果来看,未能实现外籍主教练达斯汀赛前口号"底线是一枚金牌,如果发挥得好,两枚金牌都是我们的",也正是从侧面印证了教练员对于比赛形势估计过高,过于乐观和存在轻敌的现象②。中方教练组长纪冬坦言,未能取得计划中的金牌

---

①　注:依旧分为资格赛和决赛两个阶段。资格赛只有一跳,取前12名进入决赛;决赛阶段为最多三跳的逐步淘汰制,分别是第一跳"12进9",第二跳"9进4",第三跳则决定冠军归属。

②　于晓光,戈炳珠.温哥华冬奥会自由式滑雪空中技巧赛后的思考[J].沈阳体育学院学报,2010,29(02):11—14.

归根结底还是实力不够，技不如人。从训练情况来看，李妮娜动作质量一直较高，但难度发展与储备不足；郭××和徐梦桃拥有高难度动作，但是郭××稳定性一直不足，徐梦桃练习次数太少，无法保证动作的发挥，似乎印证了"失败是必然的"；国外男子夺冠选手动作难度和完成质量均高于我国运动员。温哥华冬奥会充分展现了我国自由式滑雪空中技巧项目的团队实力，体现出强大的竞争力，但是也反映了一些亟待解决的问题，诸如动作难度和质量如何兼顾、团队优势如何充分发挥等若干现实问题。

索契冬奥会对决赛后两跳规则进行了微调，将原先第二跳"9进4"调整为"9进6"，将形成最后一跳6人争夺金牌的局面，增加了比赛竞争性和结果的偶然性。这一周期，我国自由式滑雪空中技巧队完成了队伍新老更替，纪冬担任主教练，依然是满额8名队员参赛。女队方面，李妮娜第4次参加冬奥会，徐梦桃、程爽和张鑫均处于职业生涯巅峰期，团队实力位于世界前列；男队首次呈现出强大的团队竞争力，4名参赛队员日益成熟，有3人参加了上届冬奥会，无论从比赛经验上还是竞技能力上，男队都处于历史最佳水平。比赛中，李妮娜以铜牌完成奥运谢幕表演，徐梦桃获得了1枚银牌，成为女队新核心；被寄予厚望的男队发挥不佳，"难度王"齐广璞在最后一跳中未能站稳，位居第4，贾宗洋失误后获得铜牌。

平昌冬奥会启用新赛制[①]，进一步增加了比赛的偶然性和不

---

① 注：预赛两轮试跳和决赛三轮试跳，预赛第一跳前6名直接晋级决赛，其他选手进行第二跳，两轮后取另外6名最好成绩进入决赛；决赛动作不能重复，第一跳后淘汰后3名，第二跳后再淘汰3人，直至最后六人决定胜负。

确定性,竞争更加激烈和残酷,对于运动员来说每一轮都不容有任何闪失,否则无法晋级下一轮,因此比赛动作稳定性成为取胜前提、动作难度成为制胜关键、动作质量则是获胜的保障,充分体现了项目制胜规律"稳、难、准、美"①,更加考验选手的动作稳定性和心理抗压承受能力。平昌冬奥会上,全华班教练团队带领 8 名老少搭配阵容满额参赛,采取老将压阵、实力冲金的策略,中国女队依旧是夺标热门,领军人物徐梦桃志在必得。比赛中,选手普遍采用中等难度,尽最大可能保证比赛完成质量,导致决赛选手得分普遍不高。我国 8 名参赛选手中有 2 人未能进入决赛最后一轮,其中就包括夺冠热门徐梦桃和齐广璞。超级决赛中,张鑫和孔凡钰分获女子第 2、3 名,男队员贾宗洋落地动作出现细微瑕疵,导致扣分后排名第 2。

(2)"目标设定—关系维护—重视知识":代表性教练员执教理念凸显

这一阶段 3 个奥运周期中涌现出许多优秀教练员,有经验丰富的外教团队助阵,有老一辈功勋教练员陈洪彬、杨尔绮等人的执着坚持,也有许多由优秀运动员退役转型而成的教练,如纪冬、欧晓涛等,还有像吴志海这样默默为国奉献多年的教练员。尽管吴志海教练没能进入最后奥运代表队名单,但不妨碍业界对他的认可。

吴志海是技巧国家级教练,1996 年跨界到自由式滑雪空中技巧项目,入选了温哥华和索契冬奥周期的国家集训队,为国家队输

---

① 于作军,苍海,李治.中国自由式滑雪空中技巧项目备战平昌冬奥会实力分析与策略[J].北京体育大学学报,2017,40(12):115—121+132.

送和培养了多名冠军级别的运动员，包括奥运奖牌获得者徐梦桃、贾宗洋、刘忠庆、张鑫等运动员①。作为一名从高校教育工作者进入国家队的教练，吴志海擅长以逆向思维的形式解析了这一阶段项目的发展。从个人实践出发，他认为将雪上项目的培养经验过多地引入自由式滑雪空中技巧，这种认识是不全面和不充分的，忽视了对项目制胜因素的认识，对起决定性作用的空翻动作知之甚少，导致了世界大赛中经常因比赛难度和落地质量不高未能战胜对手。

一是重视训练计划的制订与实施，强调围绕目标设定展开有效训练与指导。要抛弃以往依靠经验行事，抱着传统训练手段和方法不放，积极关注国外最新的训练手段和方法。要善于思考和学习，主动了解和掌握比赛规则，从体操和技巧等相似项目中总结出许多行之有效的训练方法，最大化地促进了项目快速、科学发展。二是重视教练员与运动员的关系处理，构建更加自如和融洽的教练员—运动员关系。优秀的竞技体育教练员历来都不可能同时指导过多的运动员，自由式滑雪空中技巧项目又是以个人表现为主要竞赛形式，更加需要教练员与运动员建立互相信任和融洽的沟通交流机制，只有当运动员愿意说出内心真实感受才能有助于教练员深入和准确把握训练过程，这也就决定了教练员的指导方式应该以非强制性、命令性口吻为主。特别是当运动员逐渐成长为世界级之后，专业和精准的指导显得异常重要，正如徐梦桃所言"我们什么时候跳，完全取决于教练员对赛场环境的判断，因为我们是不知道比赛条件的，教练就是我们的眼睛和心灵，我们能做

---

① 注：培养和指导的其他运动员还包括世界冠军赵姗姗、杨雨等，以及全国冠军张蕾、徐建、张延贵、佟超、程金辉、李科、岳海涛等。

的就是得到教练指令后高质量地完成个人动作"。三是通过打造知识型团队实现可持续发展。事实上,由于队伍缺乏学习精神,导致我国一些雪上项目长期在低水平徘徊,亟须教练员做出调整,改变以往得过且过、安于现状的境况,主动思考、学习和领会项目特征,创新求变和大胆应用,助推项目可持续发展。

3.2.4　继往开来期(2019 年至今):运动成绩达到顶峰,教练员执教魅力得到广泛认可

(1) 阶段基本表现

为了保证在本土举办的奥运会上实现竞技成绩与精神文明双丰收,自由式滑雪空中项目承受着巨大压力,为此国家集训队做了教练调整,重回都灵夺冠的模式,即由外籍教练和中方教练共同负责[1],目的就是为优势项目的顺利夺金服务。北京冬奥会自由式滑雪空中技巧项目新增了混合团体项目比赛,考验团队整体竞技实力,且采用了新比赛规则,降低了比赛偶然性,鼓励运动员在比赛中挑战高难度。周期前两个赛季(2018—2019 和 2019—2020赛季)我国队员均取得了较好的成绩,一些年轻运动员在大赛中获得锻炼,老队员则是潜心恢复训练、进一步提升难度动作的质量,如徐梦桃、孔凡钰、贾宗洋、齐广璞等。受疫情影响,在北京冬奥备战周期后半段受到极大影响,相较于其他国家,参加比赛少、积分不足,尽管面临着诸多困难和压力,依然获得 7 个奥运参赛名额。

---

① 　注:纪冬继续担任中方教练组长,成员包括欧晓涛、代爽飞、牛雪松,另外聘请了俄罗斯籍教练迪米特里·卡沃诺夫为外教组长,成员有美国籍的丹尼斯·卡珀奇克和俄罗斯籍的耶夫基尼·布诺诺夫斯基。

在第一项新增混合团体的比赛中,由于第二跳落地失误,未能取得好的分数,没能超过发挥出色的美国队,获得银牌;女子比赛中,徐梦桃顶住压力倒数第二个出场,以迄今为止女子最高难度动作(难度系数为 4.293)高质量完成,获得 108.61 的历史最高分,获得我国女子该项目第一枚奥运金牌,成为大满贯选手和该项目历史第一人。孔凡钰同样采用了最高难度①,最终排名第 6。男子比赛中,4 名中国选手参加,齐广璞高质量完成超高难度动作,以 129 的高分获得冠军。其他选手未能进入最终的超级大决赛。

北京冬奥会对于我国自由式滑雪空中技巧项目具有划时代意义,包揽男女个人项目冠军,混合团体赛获得银牌,体现出我国冬奥雪上优势项目的强大团队作战实力,奠定了我国自由式滑雪空中技巧在国际上的领军地位。徐梦桃、齐广璞和贾宗洋都是第 4 次参加冬奥会,一次次挫折后又毅然决然地重新回到赛场进行艰苦卓绝的训练比赛。尤其是徐梦桃终于圆梦自己的奥运金牌,在历经平昌冬奥失利的巨大打击后,重新振作起来,愈发的坚定和勇敢,实现女子运动员的奥运冠军突破,用一次又一次的突破来实现自己的人生目标。其他队员也不断挑战自我、挑战难度,展现着对比赛的追求。

(2)"团队配合与科学执教":代表性教练员执教理念得到弘扬

北京冬奥周期,自由式滑雪空中技巧全队上下精诚协作,坚持以人为本和科学训练,最终取得了令人瞩目的成绩,整个团队入选"北京冬奥会、冬残奥会突出贡献集体名单",中方主教练纪冬入选

---

① 注:孔凡钰在之前的决赛第二跳时,已经确保进入最后超级大决赛,采用了同样的难度。

"北京冬奥会、冬残奥会突出贡献个人名单",体能和康复教练牛雪松被授予"2022 年全国最美教师"等,由此充分彰显了自由式滑雪空中技巧队的团队力量。

作为中方主教练,纪冬奉行的"以运动员为中心—注重创新思维及能力提升—依靠团队协作能力"的执教理念在北京备战周期被完美诠释。作为一名退役后就一直留队任教的教练,有着丰富专业知识和经验,连续参加了 5 届冬奥会(以中方教练组长的身份连续参加近 4 届冬奥会),带领一批又一批运动员从默默无闻走向世界顶峰。首先要强调的就是尊重队员,纪冬认为"没有教不会的运动员,只有不会教的教练员",所有一切的训练活动的实施都必须以互相尊重为前提,以建立运动员健全人格为首要任务,极力保障运动员的自尊。国家集训队的运动员本身都具备非常出色的技术能力、训练主动性,不应该再用传统的训练方式组织训练,教练员需要摒弃过去专制的执教风格,将运动员视为具有独立人格的朋友,对不同的运动员采取个性化的训练指导方式。其次是培养运动员思考问题和解决问题的能力,每当训练中遇到何种问题,都会邀请队员参与讨论,分析其中缘由。通过这种方法不仅锻炼了运动员的思考和学习能力,更是使得训练产生事半功倍的效果。这就要求教练员对所从事项目的体悟非常高,一名优秀的教练员更善于从中寻找经验和深度思考,将个人经历与项目发展实际相结合,从运动员的能力和状态出发,创新思维方式。其三就是要发扬团队协作能力,以服务运动员,给运动员提供良好训练条件和最大程度上促进他们运动成绩提升作为终极目标。国家队的人员构成通常比较庞杂,不仅有中方教练组,还有外教团队,有技术教练,还有体能教练、心理教练、技术分析师、团队管理等,重点队员还有自己的指导教练,因此团队配合与协作就显得异常重要,作为主教练需要统筹规划队伍发展的远景目标、制定阶段性训练计划,还需要协调不同教练员,统一思想,以团队利益为重,不计个人得失。

体能和康复教练需要时刻关注着运动员的健康和体能状况,牛雪松教练将"专业—专心—共情"的执教理念贯穿于每一天。自2008年被借调到国家队负责体能和康复训练,已经服务了4个冬奥周期,主要工作就是结合比赛目标制订科学合理的训练计划,预防和治疗运动员的运动损伤,最大程度上保障国家队队员的训练和比赛任务完成,取得优异成绩。首当其冲的是教练员应具备专业的知识和能力。牛雪松坦言"在现代竞技体育中,要想取得优异成绩,离不开先进的科学技术和科学的训练方法",唯有潜心科研、精益求精,才能实现不断超越。由于自由式滑雪空中技巧项目难度高、风险大,每一名运动员都有不同程度的伤病,因此决定了牛老师的训练一定是结合每个运动员特点,紧紧围绕"康复"和"训练"展开,针对不同训练和康复阶段、不同的运动员,都要了如指掌。其二,当运动员遭受了非常严重的伤病,就要面极为艰辛的康复,唯有坚定目标、坚持不懈,才能实现医学奇迹。为了给队员康复训练,牛老师甚至把婚礼推掉,专注于日复一日的康复。其三,康复训练不单是身体恢复的过程,还是心理和自信重新恢复和建立的过程,如果仅仅伤病得以恢复,而信心没有恢复,心理状态就不会回来,称不上是成功的康复,因此心理疏导,建立信心就尤为关键,必须要能和队员"同呼吸,共命运"产生足够的共情,才能引领队员跨过极为艰难的时刻。牛雪松在康复训练中就不断地鼓励一位失去信心的运动员,帮助她重返全运会舞台拿到冠军,又鼓励她积极备战冬奥会,最终收获平昌冬奥会亚军。

3.3 自由式滑雪空中技巧项目
教练员领导特征呈现

我国自由式滑雪空中技巧在过去的三十年间,从一支近乎业余的运动队,在国家体育总局和相关体育院校的支持和配合下[①],依靠几代空中技巧人的不懈努力,取得了丰硕的成果,以实践经历成功地开创了一条具有特色的竞技体育战略发展新模式,探索出了一条国家队建设成功的典范[②],必将为新时期我国竞技体育可持续发展提供可靠的参考。教练员领导力的变迁和演进是我国自由式滑雪空中技巧发展的一个缩影,以教练员在不同发展阶段呈现某些领导特征为切入点展开分析有助于深入剖析我国自由式滑雪空中技巧取得成功的秘诀。

3.3.1 阶段一:教练员国家精神和个人意志的协调与统一

早在 2013 年,习近平总书记会见全国体育先进单位和个人时强调:"广大体育工作者在长期实践中总结出的以'为国争光、无私

---

① 邵凯,刘艳伟.自由式滑雪空中技巧团队的成长:对话戈炳珠教授[J].体育科研,2020,41(01):44—48+74.

② 邵凯,董传升.国家与地方共建国家队的模式研究——基于自由式滑雪空中技巧国家队共建语境的解释[J].体育科学,2021,41(04):49—59.

奉献、科学求实遵纪守法、团结协作、顽强拼搏'为主要内容的中华体育精神来之不易,弥足珍贵,要继承创新、发扬光大①"。中华体育精神完美地诠释了体育精神中国化的灵魂和精髓,黄莉②(2007)研究发现,新中国成立以来,中华体育精在我国发挥着独特的引领作用,具备鲜明的体育、社会和文化价值,以"中国女排""中国乒乓球"等优势运动项目体现得尤为突出和醒目③,在实践中形成了若干价值标准,对于我国体育事业发展起到了不可忽视的作用。

自由式滑雪空中技巧国家队之所以能获得成功,能在我国"奥运争光计划"众多运动项目中脱颖而出,便是中华体育顽强拼搏、为国争光,以及一批响应国家号召、坚守命运与共的教练员为代表的团队文化基因长期积淀的结果④。自由式滑雪空中技巧许多亲历者,尤其是老一辈的教练员,每当提及为何在艰苦的条件下依然坚守岗位执教、为之奉献,都会将对国家深深的爱、祖国荣誉和集体利益置于最显著的位置。陈洪彬教练强调,教练员的执教能力首先体现在"德"上面,"教练员必须有严格的、高尚的道德水平,有了好的道德水平、高尚情操、远大理想,其他东西(训练内容与执行情况)就比较好做(容易达成)",因此就要求教练员主动思考怎么样去培养运动员高尚道德水平、高尚的情操、爱国的情怀,如果"教练员思想

① 央广网,习近平:体育强国梦与中国梦息息相关［EB/OL］http://news. cnr. cn/native/gd/20170828/t20170828_523921617. shtml.

② 黄莉. 中华体育精神的文化内涵与思想来源[J]. 中国体育科技,2007,(05):3—17.

③ 黄莉. 中华体育精神的弥足珍贵与独特优势探究[J]. 武汉体育学院学报,2022,56(09):21—29.

④ 邵凯,董传升. 国家与地方共建国家队的模式研究——基于自由式滑雪空中技巧国家队共建语境的解释[J]. 体育科学,2021,41(04):49—59.

中不带着这些问题去组织训练,那么训练中会很卡壳、很艰苦,道路会很曲折","思想上有'德',才能有远大的胸怀,才能奔最高的理想去实现;行动中有'德',在实现远大理想的过程中,遇到坎坷和挫折时,就会采取积极主动的措施努力战胜;方法上有'德',就会考虑采用更为科学合理的方式来解决;结果中带着'德',就会客观地认识自己和承认自己一些不足,进而会努力钻研,弥补自身的短板"。

空中技巧教练员在实践中总结的"德"契合了思想道德素养的许多维度,既包括忠于祖国、热爱事业等人生观层面的认识,又涵盖了"是否具有远大的理想抱负、明确的个人奋斗目标"等价值观方面的内容,还涉及"以何种行动逻辑来支撑和实现"的行动观方面的指引。从未来竞技体育发展来看,教练员如果能发现其自身所蕴含丰富的内在价值,并由此建立相应的意识标准、构建思维活动,以及调整个人的心理状态,指引着中国体育人用一生的奋斗去坚守信念、追求理想和捍卫国家荣誉。

3.3.2 阶段二:教练员专业知识和实践经验的丰富与提升

1996 年第 3 届亚冬会上,组建仅一年多的新一届自由式滑雪空中技巧国家队就表现抢眼,包揽 2 金 2 银 1 铜和 1 个第 4 名,赛后担任赛会技术代表的国际雪联官员日本人大龟先生惊讶道"为何中国队进步如此神速,其奥妙何在?"担任比赛评分裁判的戈炳珠总结出了"科学决策、整体优势"的成功秘诀[①],"整体优势"便是

---

① 戈炳珠,自由式滑雪空中技巧探究[M]. 北京:人民体育出版社,2003:18.

发挥我国技巧类项目的整体优势,转移我国体操和技巧的国际一流竞技实力,深刻认识空中技巧项目的特点和规律。

首先体现在教练对项目认识准确。在新队伍组建后,由于我国项目发展水平低,没有场地、教练员不懂、运动员也不会,与此同时,国外发展也处于发展阶段、国际交流少,教练和管理团队的摸索就显得非常重要。戈炳珠等科研教练分析认为,我国自由式滑雪空中技巧发展的前提就是充分理解和把握项目的特征,充分发挥我国技巧和体操运动的群众基础和强大竞技实力的引领和转化能力,中国运动员特有的灵巧身材、空中感觉和扎实的基本功成为后期快速发展的基础。

其次是教练训练的针对性和科学性。科学、刻苦的训练是竞技能力提升的核心,教练员们开创了陆上训练、水池训练和雪上训练"三部曲"统筹安排理念,陆上训练借助原有体操或技巧训练即可满足,受气候条件限制每年仅有 3—4 个月的雪上训练时间。而陆上和雪上衔接阶段训练则通过水池来实现,以达到雪上跳台训练安全性要求,尽管我国直到很久之后才修建了符合标准的夏训跳台①。在刚建队的陆地训练中,面对从未滑过雪的孩子,有教练采用了"摩托牵引轮滑训练法",使其很快掌握了跳专项水池动作所必需的滑引技术与平衡能力,加快了近一年的训练进度。

此外,善于结合自身和对手情况进行总结和反思。以陈洪斌教练为例,每次备战时都会细致地研究比赛规则、分析对手情况,

---

① 注:1993 年沈阳体育学院在学校游泳池旁边用脚手架搭建了一个简易的跳台,为了进一步保障全年训练顺利实施,让训练水平再上一个台阶,1996 年沈阳体育学院全校捐资新建了标准的夏训水池跳台。

采取有针对性的训练计划。作为新成立时间不长的队伍,不易在动作难度上有较大的突破,只能在动作完成质量上下功夫,并结合自己擅长的空中感觉和姿态训练,最大程度上提升动作质量。而高山滑雪基础好的杨尔绮教练,擅长雪上的平稳训练,因此主动总结落地成功率的训练方法,实施中效果非常好,有力地保障了训练目标完成,也提升了教练员的信心。事实证明,如果教练员自身具备出色的技术能力和知识储备,并不断地学习、总结和反思,善于把握项目的特性和规律,以及始终以创新、开放的态度来认识项目的发展,必将具备成为一名优秀教练员的基础。

此外,高水平竞技体育活动已经呈现出多学科融合的特点,教练员训练比赛中要善于心理建设的积极作用。在 2006 年都灵冬奥备战时,运动心理学家张力为教授团队参与其中,针对运动员心理训练的复杂性,探讨了表象训练和自信心建立之间的关系,通过量化和质性分析手段从运动员和教练员两个方面评价,建立了"基础训练、技术练习、自主训练和现实运用"的表象训练模式,进而达到对运动员自信心培养的目标[1]。

3.3.3 阶段三:教练员临场执教和反馈调整的巩固与强化

良好的思想品德、知识技能是教练员成功执教的基础,而运动员

---

[1] 陈红花,张力为. 如何在运动队进行表象训练和自信心训练——记国家自由式滑雪空中技巧队备战 2006 都灵冬奥会的心理工作[A]. 中国体育科学学会运动心理学专业委员会、中国心理学会体育运动心理学专业委员会. 第 8 届全国运动心理学学术会议论文汇编[C]. 中国体育科学学会运动心理学专业委员会、中国心理学会体育运动心理学专业委员会:中国体育科学学会运动心理学分会,2006:1.

竞技能力提升和良好比赛成绩的取得关键在于教练员日常训练和指导，以及在比赛中的科学、合理、精准的决策与指挥，从自由式滑雪空中技巧国家队在重大赛事的备战和比拼中的表现来看，亦是如此。

比赛临场决策是教练执教能力高下的典型特征，如果临场指挥时做出正确的选择，那么有可能起到改变局势的作用。2006年冬奥会男子空中技巧决赛中，韩晓鹏已经顺利进入最后一轮。第一个动作难度为4.425，这个难度在12名决赛选手中位居中游，跳完之后，排名第2位，落后排名第一的白俄罗斯选手达辛斯基0.89分。第二跳决定胜负时，教练依然坚持按照赛前既定方案执行，选择难度4.175的动作，比第一跳难度还低，而几位国外运动员都采用了4.425甚至更高难度的动作。很多人都很惊讶中国队为何会将难度调小，不知道这是我国的战术安排。教练组已经对每一个队员比赛中的进展做了充分的准备，做了多个方案，韩晓鹏比赛场景就出现在预案中。教练组认为临场决策是相对的，并非一定要做出某些调整才是决策或指挥，无论选择"变"与"不变"都必须基于即时的情况而定。考虑到韩晓鹏之前并没有经历过那么多的对手竞争，其战术原则应本着"极简"，即尽可能地简单化，这样有助于集中注意力做到最好。同时，训练中韩晓鹏具备和达辛斯基一样的超高难度动作，但教练组考虑到在之前若干站的世界比赛中，裁判往往没有给那些三周翻腾加四周转体动作特别高的分数，因此决定依然采用难度较低的动作完成第二跳。此外，决赛出发前的候场极为考验运动员的心理承受能力和抗干扰能力。在日常的训练中，教练会从正反两方面进行强化，以正面的鼓励为主，以侧面的模拟干扰为辅。正因为平时有意识地强化过冷静状态，即使是最后一个出发，韩晓鹏都还能以相对平和的心态来面对决定胜负的一跳。根据韩晓鹏描述,"在出发前又反复地默念和演示了空中动作,尽管平时经历了无数次的练习动作,已经进入比赛状态,当纪冬教练给出了可以滑行的手势,我就下滑了,然后就完成了"。

从一些失利的案例亦能看到教练员正确执教行为选择的重要性。2002年盐湖城冬奥会女队徐囡囡和李妮娜进入到最后的决赛,但最终获得第12名和第5名,其主要原因就是对运动员心理压力的调整。当决赛选手纷纷增大难度时,徐囡囡选择了同样的策略,但最终动作失常;李妮娜则是由于难度储备动作(bdFF)从未在大赛中使用,不敢贸然在奥运会决赛中使用,导致得分不足,反观澳大利亚队员坎普林顺利完成加大难度的动作后夺冠。这中间体现的不仅有勇气,更是平时执教方式和手段的展现[①]。都灵冬奥会备战周期内,女队竞技实力稳定,位居世界前列,而主要竞争对手状态一般,如果这种良好的状态一直保持下去,势必会在奥运会取得好成绩。但在奥运当赛季的世界杯比赛中出现了较为严重的临场执教问题,包括男队员在内的多名选手由于助滑起点太高引起助滑速度过快导致着陆失败,得到较低分数[②]。遗憾的是,这种情况在整个的赛季中都没有得到很好的解决,特别是中国女队的团体竞争没有充分展现。因此,在高级别的赛场上,尤其涉及奖牌争夺的比赛,能否在瞬息万变间做出正确的决策,值得教练员们思考。

---

① 戈炳珠,杨尔绮. 近两届冬奥会女子自由式滑雪空中技巧比较研究[J]. 中国体育科技,2002(10):51—53.

② 戈炳珠. 空中技巧论百篇[M]. 沈阳:辽宁人民出版社,2013:144—145.

3.3.4　阶段四：组织团队凝聚和个人成长的互动与融合

随着我国自由式滑雪空中技巧的发展逐渐进入稳定和成熟阶段，形成集团优势，教练员的知识愈发的专业化、科学性和系统化，执教方式和方法不断改进和提升，成为促进自由式滑雪空中技巧持续保持强大竞争力的动力源泉。除此之外，自由式滑雪空中技巧的发展中还存在许多其他因素，如教练员在运动队中角色的定位与调适，教练员与运动员的关系呈现和互动，以及运动队的团队建设与维护，这些尽管不是运动技术因素，但对于提升队伍凝聚力，调动参与主体的积极性和创造性具有不可忽视的作用。

在许多教练看来，任何一个体育项目都需要团队精神，哪怕是单人项目，也离不开队友的支持和鼓励。作为朝夕相处的队友，必须维护集体和睦友好的氛围，有利于大家团结协作共同面对困难，在自由式滑雪空中技巧的二三线队伍中表现得尤为明显。吴志海在个人执教心得中强调了团队建设的重要性，带领了一批从全国选拔来的三线队运动员，几乎都是独生子女，被照顾呵护惯了，有个性、无团队意识。吴教练要求在训练时彼此关心帮助，练得比较好、进步比较快的队员主动帮助进步慢的队员，教练及时地给予表扬。在比赛时，无论大小比赛，只要有队友上场，全队都要加油助威。在生活当中，提倡尽自己所能帮助队友的美德，大队员照顾小队员，男队员多帮助女队员做力气活，比如在转场训练或比赛时，每个人的器材行李都比较多，上车下车极为辛苦，男队员都会主动帮助女队员，作为教练则会及时表扬这种团结友好的行为。

眼下许多竞技体育运动队都比较注重团队氛围建设，但大多停留于口头,开展了一些表面工作,没有将团队文化氛围建设融入运动队发展的各个方面,没能形成强有力的团队凝聚力。纪冬教练认为"良好的团队建设首要任务是将运动员放在第一位,始终在心中想着运动员,比方'今天吃得怎么样、睡得怎么样、伤病情况怎么样、心情怎么样、遇到什么困难、家里有没有发生什么事、有没有谈恋爱呀',永远想运动员之所想,按照他的想法去想,去帮助他,最终就能实现在训练中以轻松愉快的心态来面对"。

从我国自由式滑雪空中技巧队教练员、运动员以及队伍管理人员的关系实践经历来看,建立起融洽、和谐的人际关系,就会产生正向的效果,提升运动员运动专注度和投入水平,提高训练和比赛成效,取得更为优异的运动成绩[①]。过往的一些训练和比赛中,也曾出现过教练员之间由于认识的差异导致比赛结果受到影响的案例。在2010年温哥华冬奥会备战中,我国续聘外教达斯汀负责队伍全面指导,赛前他对外宣称"中国至少会收获一枚金牌,两枚都很正常",表现得极为自信。调研中,中方教练表示应从运动队的实际情况出发设立目标,我国争金运动员在高难度动作掌控上稍逊于部分国外选手,尚不具备绝对的优势,况且比赛的偶然性大,过分的自信会给队员带来巨大的心理压力,容易影响比赛时技术动作的正常发挥。面对这些问题,有专家建议[②]唯有高质量、高难度的动作才是获得优异成绩的保证,同时要注重发挥教练团队

---

① 高圆媛,李垚,曹大伟,曹连众.教练员领导行为对运动员运动投入的影响研究——教练员-运动员关系的中介效应[J].沈阳体育学院学报,2021,40(05):98—106.

② 于晓光,戈炳珠.温哥华冬奥会自由式滑雪空中技巧赛后的思考[J].沈阳体育学院学报,2010,29(02):11—14.

集体力量,充分发挥国内教练长期与队员建立的默契和心理适应特点,发挥外教在比赛和训练中的新理念,加强团队决策和强化沟通,为运动队构建良好的团队氛围。

自由式滑雪空中技巧的项目特征决定了这是一个以个人展示和表演为主的团队配合项目。教练员要对运动员每一跳进行指导,从起跳前动作确定、起跳时机配合、空中动作的强调、结束后的动作复盘分析,再到场地的修整,都是极为精细和准确,教练员要和运动员之间建立起极为融洽、信任的关系。教练员和运动员之间围绕着动作技术展开特别多的沟通,而这些沟通都必须建立在平等友好的前提下,只有这样,运动员愿意跟你说心里话,谈动作感受。但如果教练员过分地体现上下级差,强调"你必须怎样做",时间一长,运动员就不容易说心里话和感受,教练也就难以把握运动员真正的训练状况。因此从实践发展来看,自由式滑雪空中技巧中的教练员和运动员之间的关系逐渐超越了传统的教练员和运动员之间关系,年轻教练容易和队员成为朋友,而年龄稍大一点的,就呈现亦师亦友的状态,久而久之逐渐形成了一种特有的团队文化现象。

3.4　本章小结

本章通过对雪上唯一的优势项目发展历程回溯,科学合理地进行阶段划分,结合自由式滑雪空中技巧项目在不同阶段取得的成绩,深入分析与总结教练领导特征,为下一章优势项目教练员领导力理论模型构建和诠释奠定了基础。

研究回顾了我国自由式滑雪空中技巧项目的发展历程，依照项目发展中的重大机遇和取得的突破性成绩将其划分为 4 个阶段，分别是队伍初创期、曲折成长期、砥砺前行期和继往开来期；在队伍初创期，以"外行式"的队伍构成不断探索"内涵式"教练实践活动；在曲折成长期，队伍整体实力剧增，教练员科学执教素养得到提升；在砥砺前行期，队伍团队竞争力和凝聚力不断攀升，教练员的执教特点开始绽放；在继往开来期，运动队成绩达到顶峰，教练员执教魅力得到了广泛认可。

根据自由式滑雪空中技巧国家集训队围绕各阶段运动队目标达成，深入剖析教练员在自由式滑雪空中技巧跨越式发展中呈现的领导作用，描绘具有中国运动项目特色领导力的实践场景。分别体现为，强调教练员个人道德的引领作用，将个人意志融入国家精神中；重视教练员知识积累的基础地位，促使专业知识和实践经验的丰富与提升；确保教练员行动方面的关键价值体现，不断巩固和提升教练员临场执教和反馈调整能力；意识到教练员人际关系处理的叠加效应，实现团队要素间产生良性互动。

4 我国冬奥雪上优势项目教练员领导力模型构建

如前文所述,目前我国教练员领导力研究大多集中于教练员自身所具备的领导素质、领导风格以及领导行为方式,调查对象跨度非常之大,产生了大量的研究成果,但如果直接将其应用在对雪上优势项目教练员领导力的解读上,恐难以对优势项目教练员这一独特群体研究提供理论支撑,也无法洞悉优势项目教练员领导力的本质特征。为了深入揭示我国雪上优势项目教练员领导力的内容要素和框架体系,探寻教练员领导力的内涵维度及结构关联,本章主要采用扎根理论进行质的研究,通过非量化手段对雪上优势项目教练员展开长期、深入和细致的调查,对大量无序信息进行挖掘、理解和分析,试图构建科学合理的理论模型和解释框架。

4.1 研 究 设 计

4.1.1 研究方法的选择

研究选用社会科学较为常用的理论构建方法"扎根理论"。美国社会学家 B G Glaser 和 A Strauss 于 1967 在《The Discovery of Grounded Theory》一书中提出了扎根理论(grounded theory),从经验资料中对某一现象进行归纳和概括,逐渐探寻事物的本质,进而达到理论体系的构建。在某项研究的初期,为了探寻目标领域内一些尚不确定的问题,扎根理论有助于成为探索性的研究问题[①],为研究者深度探索所要研究的现象提供了便捷和自由度。

本研究旨在探寻优势项目教练员领导力的核心概念,通过对我国自由式滑雪空中技巧国家集训队的教练员领导力的探究和解释,从而寻求解决的办法。研究采用自下而上的理论构建路线,从原始资料出发,通过归纳分析,寻找反映社会现象的核心概念,基于这些概念间的联系逐步形成理论[②](Glaser & Strauss, 1967)。通过三个阶段的编码实现对收集资料的识别与理解、概念化处理,直至提炼形成一定的核心类属,具体包括开放式编码、关联编码和核心编码[③]。

4.1.2　质性分析工具选用

由于质性研究重视研究者透过一些个案研究、个人生活史、历史回溯、访谈、观察、互动及视觉材料的全面收集,结合研究者个人认知,以研究者本人作为研究工具,在自然情景下探索抽象的经验世界,对社会现象进行整体性探究,使用归纳法通过与研究对象互

---

① 费小冬. 扎根理论研究方法论:要素、研究程序和评判标准[J]. 公共行政评论,2008(03):23—43+197.

② Glaser B, Strauss A. The discovery of grounded theory: strategies for qualitative research[M]. Chicago: Aldine,1967:8.

③ Srauss A, Corbin J. Basics of Qualitative Research: Grounded Theory Procedures and Techniques[M]. Newbury Park: Sage,1990.

动及其行为和意义建构获得解释性理解的一种活动。基于此,对于无结构化的文本材料索引、搜寻和理论就尤为重要。研究工具需要具备强大的数据处理能力、初步的人工智能识别功能以及一定的超链接功能,因此 Nvivo12.0 Plus 质性分析软件作为编码和分析的工具,将整理好的文字文本材料导入,建立相应的研究项目。NVI-VO 系列软件是澳大利亚 QSR 公司研发的质性分析软件,最新的12.0PLUS 版本功能强大,可以对不同类型的文本、音频、视频和图片数据进行整理、分析和探索,基本功能如下图4-1。

图 4-1　NVIVO 12.0 PLUS 基本功能区展示

4.2　抽样数据实施与获取

4.2.1　抽样的策略选择

为了充分保证研究的准确性和科学性,访谈对象样本的选取需要有针对性地考虑,主要涉及两个方面的问题,一是抽样的策略,二是样本的数量。抽样方法通常取决于所研究的主题,倘若受访者有确切的母群体,或者有全体名册,则适合采取随机抽样的方式。但对于质性访谈来说,很难获知整群信息,因此为了满足研究者的研究旨趣,获得具有代表性的样本,通常采用立意抽样[①](Purposeful sampling)(Patton,1980)。最大差异抽样法(Maximum variation sampling)也是质性研究中较为惯用的抽样方法,立足于受访者的多样性,寻找几个有较大差异性的极端样本,从部分典型样本中探寻总体本质,反而更有可能获得研究的真谛[②]。

对于质性访谈样本数量,学者亦有着不同的认识。叶晓玲[③](2020)认为由于质性研究强调和重视对研究对象和现场的细描和深描,因此不必过分追求样本的量,而应更加关注样本的典型性。陈向明[④](2000)认为质性访谈样本数量需要符合两个标准,一是资料的充分性,只有获得足够丰富的资料,才能回答研究的问题;二是信息饱和原则,当研究者不能从受访者那里得到新的信息,即视为资料饱和。基于以上考虑,结合研究的主题、问题和研究目的,本研究采用立意性抽样,在保证样本典型性的前提下,尽可能获得最多的样本。

---

① Patton,M Quinn. Qualitative Evaluation Methods [M]. London:Sage,1980:100—106.

② 潘绥铭,姚星亮,黄盈盈. 论定性调查的人数问题:是"代表性"还是"代表什么"的问题——"最大差异的信息饱和法"及其方法论意义[J]. 社会科学研究,2010(04):108—115.

③ 叶晓玲,李艺. 现象学作为质性研究的哲学基础:本体论与认识论分析[J]. 教育研究与实验,2020(01):11—19.

④ 陈向明. 质的研究方法与社会科学研究 [M]. 北京:教育科学出版社,2000:236—238.

4.2.2　调查对象的选择

教练员的执教活动受到教练员本身、运动员、教练员-运动员之间的关系,以及所处的环境所影响,因此对教练员领导力相关问题的客观认识和科学评价应考虑教练员和运动员两个群体。根据研究需要,选取我国自由式滑雪空中技巧项目的教练员和运动员作为质性研究的调查对象。

自由式滑雪空中技巧国家队由国家体育总局冬季运动管理中心负责,实行领队负责制,由领队负责管理全队集训过程;总教练负责队伍长期发展计划及年度计划框架,确定主要的参赛计划;主教练落实总教练制定的计划内容,负责制定全年训练计划和指导运动员参加比赛;教练员协助主教练执行和落实训练计划和比赛计划。自1991年自由式滑雪空中技巧项目首次以表演项目的身份出现在第七届冬运会上,实现了快速发展。经过近三十年的发展,教练员队伍有着合理的组织架构和优良传承,为我国自由式滑雪空中技巧实现重大突破提供了不可磨灭的贡献,取得了2022年北京冬奥会、冬残奥会突出贡献集体奖荣誉称号。

基于此,研究选取了一定数量的优秀教练员和运动员成为调研对象。样本对象选取依照"目的抽样"方法,从现役或退役我国自由式滑雪空中技巧国家集训队教练员和运动员中选取,选取标准为带队(参加)获得世界三大赛(奥运会、世锦赛、世界杯)并取得前八名的成绩,或者全国性比赛前三名的教练员和运动员。最终确定了教练员14名教练员(其中有9人为自由式滑雪空中技巧国家运动员退役后留队转型成教练员),其中男教练8名,女教练6

表 4－1　抽样对象信息一览表（截止到 2022 年 2 月）

编号	姓名	性别	年龄	学位	执教年限	执教成绩	曾经从事项目	运动员期间所获成绩
01	陈***	男	72	本科	34	奥运亚军、世界冠军	体操	
02	杨***	女	76	本科	48	奥运冠军、世界冠军	高山滑雪	全国冠军
03	吴***	男	58	硕士	26	世界冠军	体操	
04	纪*	男	48	本科	23	奥运冠军、世界冠军	自由式滑雪空中技巧	全国冠军
05	牛**	男	51	博士	13	奥运冠军、世界冠军	体操	
06	外教组	男	50		36	奥运冠军、世界冠军	自由式滑雪空中技巧	
07	徐***	女	43	硕士	16	世界冠军	自由式滑雪空中技巧	奥运亚军、世界冠军、全国冠军
08	郭**	女	39	硕士	11	世界冠军	自由式滑雪空中技巧	奥运季军、世界冠军、全国冠军
09	韩***	男	40	硕士			自由式滑雪空中技巧	奥运冠军、世界冠军、全国冠军
10	李**	女	39	硕士			自由式滑雪空中技巧	奥运亚军、世界冠军、全国冠军
11	李*	男	41	硕士	8	世界冠军	自由式滑雪空中技巧	全国冠军
12	徐**	女	31	博士在读	4	世界冠军	自由式滑雪空中技巧	奥运冠军、世界冠军、全国冠军
13	贾***	男	30	博士在读	4	世界冠军	自由式滑雪空中技巧	奥运亚军、世界冠军、全国冠军
14	郭**	女	42	本科	20	世界冠军	自由式滑雪空中技巧	世界冠军、全国冠军
15	代***	女	37	硕士	12	奥运冠军、世界冠军	自由式滑雪空中技巧	世界冠军、全国冠军
16	欧**	男	42	硕士	16	奥运冠军、世界冠军	自由式滑雪空中技巧	世界冠军、全国冠军

注：为自绘表。外教为三人，年龄和执教年限取平均值。

名,涉及各个年龄阶段,执教年限最长的为 48 年,最短的为 4 年,此外还有 2 名管理人员(为前国家队员,退役后一直从事该项目的管理工作)。

访谈人员基本信息见上表 4-1,详情见附录 5-1。

4.2.3　数据的收集方法

本研究采用了多种定性数据收集方式,自 2018 年 11 月至2021 年 10 月,资料数据收集工作主要围绕"教练员在执教中展现出的领导力",收集了 5 类数据:有关部分优秀教练员的媒体报道和专访,包括央视及一些官方媒体的访谈视频、中国体育报和各大主流体育网络媒体的文字报道;部分优秀教练员的手写执教心得体会;对部分优秀教练员执教活动的观察,以非参与型观察展开;对教练员的深度访谈;部分教练员相关研究著述。将上述材料转录成为可编码的文字材料(部分视频直接编码),共计 30 余万字,具体方法如下。

(1) 媒体专访和报道材料　自 2006 年都灵冬奥会上自由式滑雪空中技巧运动员韩晓鹏获得我国雪上项目首枚冬奥金牌,自由式滑雪空中技巧项目的发展吸引了社会极大的关注,许多媒体对此进行了多方面的采访和报道,尤其是对一些在国际大赛上取得好成绩的明星队员,对教练员的采访和报道也急剧增加。选取部分国家级媒体:央视、新华社、人民日报、中国体育报、中国青年报,以及黑龙江日报、辽宁日报等省级媒体所进行的教练员访谈视频、专访报道,其中视频专访 10 多个小时,笔者以教练和运动员第一人称的方式记录个人执教过程中的点点滴滴,共形成资料约 15 万字。

（2）执教心得体会 教练员执教心得体会是一个教练员成长的心路历程。研究收集了部分教练员执教心得体会，主要以教练员的生命历程为主线，结合不同时期执教过程中所遇到的困难、采取的措施以及取得的成绩，总结出一些具有个人典型特征的执教方法和理念。通过手写材料的转录，共形成可编辑的文字材料 1.2 万字。

（3）执教活动的观察 采用非参与式观察手段，观察教练员训练和生活场景，具体方法运用详见前文 1.4.3，提纲见附录 2。研究中多次前往自由式滑雪国家集训队训练场地进行实地观察。

观察要点：关于教练员、运动员及相互间，在不同场合的言语行为的方式方法和效果呈现。试图获知各参与主体在执教行为或领导行为方面的做法。

（4）深度访谈 对调查教练员进行半结构化访谈，具体方法运用详见前文 1.4.2，访谈提纲见附录 1。

研究的访谈提纲设计了较为宽泛的开放性问题，按照"情景带入——核心访谈——深度描述"的思路层层递进。为了确保访谈的有效性，研究对教练员领导力进行了释义，将教练员领导力表述成为"在组织训练活动内外，为了实现运动队竞技体育目标，教练员所采取的必要引导和施加影响的各种行动总称"[1]。

访谈主题一：关于从事项目的特别之处、如何进入该项目，以

---

[1] 曹大伟,曹连众. 我国教练员领导力研究的域外经验、本土实践和未来展望——基于领导力来源与传达路径[J]. 沈阳体育学院学报,2021,40(01):94—101＋124.

及个人经历。试图进入访谈对象所从事的项目中,充分了解个人情况。

访谈主题二:关于教练员对一些特定要素的认识,如思想品行、个性特征、团队氛围、成员关系,或者训练或比赛的过程等。获知教练员对一些领导要素的认识和看法。

访谈主题三:关于教练员对领导相关知识、能力和价值的认识。获知教练员对待领导力理论及应用的认识,尤其是在具体实践中的体现。

(5) 教练员的个人研究著述 研究著述作为一种特殊的实物材料是质性研究的重要来源,是当事人在特定的历史情境下对一定事物的看法体现,是其所持观念的物化形式。一些教练员擅长对训练和比赛过程中的若干问题进行深入思考,探求解决办法,力图更好地促进执教能力和水平的提升,同时为促进学科交流与发展奠定了基础。调查对象中多名教练员拥有大量著述,经筛选后,选用符合研究主题的学术期刊论文、学位论文 50 余篇,来源于 5 名教练员。

研究收集的资料紧紧围绕客观可靠性与主题契合度两个方向展开,将媒体专访报道等"二手数据"与面对面的访谈、观察等"一手资料"相结合,既能客观地呈现教练员执教活动,又能紧紧围绕研究主题的细节进行较为深入的挖掘。为此,研究围绕教练员领导力的内容要素,以及教练员在执教过程中如何体现这些领导力特征,特别是紧密结合一些典型的比赛或训练活动展开有针对性的探索,尽最大可能地构建其研究所需要的证据链,保证了内部效度的要求;此外,还对后续的实证研究提供了互证的依据,提升外部效度。

4.3　编码的分析过程

研究目的在于探寻我国雪上项目优势项目教练员领导力的内容要素和结构维度。研究选用社会科学较为常用的理论构建方法"扎根理论",采用自下而上的理论构建路线,从原始资料出发,通过归纳分析,寻找教练员领导力的核心概念,基于这些概念间的联系逐步形成理论[①](Glaser & Strauss,1967)。研究主要分为两个阶段,一是将前期收集的 14 位调研对象的访谈材料、媒体专访和报道、个人执教心得等资料导入 NVIVO 12.0 PLI-US 软件中,对文本材料进行逐行逐字的编码分析,直至没有新的概念属性出现;二是将后期得到的 2 名教练员文本材料导入分析软件,检验之前获得的概念属性有无遗漏[②]。借此两种方法检验理论饱和度。

研究通过三个步骤的编码实现对收集资料的识别与理解、概念化处理,直至提炼形成一定的核心类属,具体包括开放式编码、关联编码和核心编码[③](Stauss & Corbin,1990)。研究以单个教

---

① Glaser B, Strauss A. The discovery of grounded theory: Strategies for qualitative research[M]. Chicago: Aldine,1967:8.

② Srauss A. Qulitative Analysis for Social Scientists [M]. Cambridge, UK: Cambridge University Press, 1987:30.

③ Srauss A, Corbin J. Basics of Qualitative Research: Grounded Theory Procedures and Techniques[M]. Newbury Park: Sage,1990.

练员的访谈材料为分析对象,对所有材料编码完成后再进行整合,围绕研究问题进行持续和反复的比较。扎根理论要求研究者不能仅停留在机械的语言编码,需要进行理论编码,通过对资料的轮回比较产生理论①,在资料与理论之间不断提炼和修正,实现理论饱和,达到理论构建的目的。

4.3.1　开放式编码

开放式编码(Open Coding)是资料分析的逻辑出发点,要求研究者尽量"悬置个人倾向和定见",呈现资料本身的状态②(陈向明,2000),本着任何资料都是数据的思想,"敞开大门"进行完全开放式的分析,其具体步骤类似"漏斗",开始时比较宽泛,逐渐地缩小范围,直到信息饱和。开放式编码分为两个步骤。

步骤一:提取资料贴标签

研究利用 NVIVO12.0 Plus 软件对所获取的访谈文字文本材料进行逐行逐句逐字的阅读,试图从原始材料中获取能够体现教练员领导力的相关语义切片"参考点"(References),以"贴标签"的方式归纳其内涵,再将众多的"标签"整合转为概念类属。此阶段分析过程中,本着忠实于原始材料,以一种主动"投降"的态度沉浸到"文本"中,悬置个人价值判断和有关理论前设,与文本内容产生深层次的互动。

---

① 陈向明. 质的研究方法与社会科学研究 [M].北京:教育科学出版社,2000:330.

② 陈向明. 质的研究方法与社会科学研究 [M].北京:教育科学出版社,2000:332.

　　由于原始资料数量庞杂,信息交叉覆盖较广。经过仔细审阅,尽可能不遗漏任何重要信息,进行详细的记录,选取出现频次在 2 次以上的参考点①,共获得 721 个与教练员领导力相关的参考点;进行初级编码,形成 91 个标签,为了能更好地表达访谈对象感官世界,这些标签属性尽可能使用本土化概念予以命名,如下表 4 - 2 示例。

表 4 - 2　资料语义提取及贴标签举例

原始资料记录	标签	代码
"体育人对国家有着特殊感情,在国际赛场升国旗奏国歌的一刹那,爱国之情便在心中澎湃。"说话间,纪冬慢慢坐直身体,仿佛此刻就在升起国旗的赛场上(B04)。说到这些年自己最开心的时候,陈洪斌回忆说,是自己的队员一次一次创造奇迹的时刻。1997 年,在澳大利亚世界杯赛上郭丹丹取得中国雪上运动第一个世界冠军,打破了中国雪上运动在世界上没有金牌的历史;1998 年第十八届冬奥会上徐囡囡获得了银牌,实现了中国雪上运动在冬奥会上零的突破(B01)。	为国争光	a1
但是如何培养运动员胸怀远大的理想,和这样实现人生的价值,……所以说做一个好的教练员,……都潜移默化地影响着运动员对作为运动员竞技体岗位工作的执着精神,起到非常重要的影响(A01)。自担任教练员之日起,杨尔绮就有一个坚定的信念,要把中国运动员的名字印在世界滑雪史册上,为了这个信念,她奋斗了半个世纪(B02)。	理想信念	a2
出于必须在奥运会拿奖牌的思想,就会打心底爱这项工作,……如果没有这种理想,就不会做下去。如果有这种思想,你的技术会提高快,……这是我个人觉得从思想上的教育,从业务上的教育(A01)。但是有一点是可以肯定的,就是认准一个目标,始终朝这个方向努力。哪怕中间过程多么的艰苦,多么漫长,你都得始终坚持下去(A02)。我的人生目标就是为受伤的运动员搭建起通往健康和成功的阶梯,通过我的专业和全力以赴,帮助他们从康复到实现梦想,以此实现我的人生价值(B05)。	明确目标	a3

　　① 注:对于贴标签的参考点选取,学界有不同的认识,倘若以出现频率作为唯一的标准,容易导致一些重要的信息被遗漏,并非所有有价值的信息都必须得到大家的认可,需要结合与研究的重要程度来看。

（续表）

原始资料记录	标签	代码
竞技体育是一个勇攀高峰的活动,也不是成功与否的概念,它涉及的是朝思暮想,茶不思饭不想的劲头和状态,你是做不好的(A04)。回顾我 23 年整个自由式滑雪空中技巧项目执教生涯,都是为国家培养全面发展的雪上运动竞技体育人才,勇攀雪坛高峰而不懈努力(C01)。	追求卓越	a4
其实从这个角度来讲,教练员就要教书育人,育人为主,教育队员有好的道德水平、高尚情操、远大理想,其他东西在训练中就比较好做(A01)。作为教练员有两个目标,第一个就是育人,让他们有正确的三观,爱国精神,拼搏精神,敢于争先的态度。……更要把握好育人和夺标的关系,如果只想夺标就失去了育人的目的,就会浪费孩子的青春,寿命(A04)。	育人之心	a5
指导优秀的运动员,不光是水平高,水平高要体现在德上面,你有了这个德,才能有远大的胸怀,才能朝最高的理想去实现。有了德,在实现远大理想的过程中,遇到坎坷和挫折时,就会战胜他;你有了这种德,在实现远大理想的过程中,认识到自己和承认自己的不足,你会努力钻研,弥补自身的短板(A01)。所谓的品德,作为一名教练员又是一名老师,你是培养运动员,并根据运动员不同的天赋,达到个人竞技最高水平,从而使其能作为运动员取得最好成绩,品德应该是第一位的(A06)。	道德引领	a6
……	……	……
都灵冬奥会前,杨尔绮的队员调整给了外教,她不但理解而且还积极主动地配合外教工作,作为中国队教练组的一员,默默地做着分内工作,在电视直播画面中,哪怕是自己亲手培养出来的韩晓鹏夺冠,几乎没有寻到她的身影,这种修养与情操令人肃然起敬(B02)。要想帮助队伍,就要不计代价地帮助,为队员服务(A04)。在这一年间,我需要不计个人得失,家里照顾不上,送孩子上幼儿园上学送不了,到幼儿园接孩子,老师不敢把孩子交给我。……队员自己付出了很多,但是我们没有一丝认为这种付出是辛苦的,这种付出是值得的(A05)。	不计得失	a13
一定要足够有耐心,特别是对于某些未能符合个人想法或预期的事情出现时,更要保持耐心(A07)。2014 年,我刚下队转为教练员,经验不足,想让队员快点出成绩,有些着急,着急上难度,造成了一些受伤现象的产生,从那以后我就反思当教练一定不能操之过急,耐心一定是前提条件(A04)。	有耐心	a14

原始资料记录	标签	代码
我不敢说自己怎么样，多么的优秀，或者等等的（B02）。成为更好的教练，你要关注得多，要学得多，对不同的观点和建议保持谦虚和开放的态度，这样你才能从同事身上学习到很多有用的东西（A07）。但练了这么多年，我从来没认为自己是个有天赋的人，我一直认为自己是一个比较用心、刻苦的人，到我现在兼任教练也是这样（A12）。现在大家都认为我们现在很强了，但是我对自己队伍的劣势也非常清楚（B01）。	保持谦虚	a15
担当很重要，尤其是运动员出现问题后，教练员敢于担当，敢于为运动员担当，敢于在出现问题时站出来担当（A05）。我认为自己现在应该是一个承上启下的主动力，自己要严格要求自己，努力训练，然后用自己的表现带动更年轻的队员（A12）。	勇于担当	a16
优秀教练员要付出很多很多，个人付出和家庭付出，舍小家为大家，家里孩子顾不上，老人也照顾不了，尽不了孝道（A02）。在美国训练时父亲去世了，直到我一个多月后回国下飞机才知道消息，这种巨大的沉痛，让我深切地感到"子欲养而亲不待"的无助与遗憾，再没机会亲手给父亲送上一块蛋糕，是我此生最大的遗憾（C01）。	自我牺牲	a17
……	……	
通过我的专业和全力以赴，帮助他们从康复到实现梦想，以此实现我的人生价值（B05）。永远不要认为优秀教练员是可以复制的，争取尽最大努力做得更好一点（A07）。他丝毫不敢懈怠，决意通过自己的努力给中国队一个满意的交代（A10）。	全力以赴	a21
……	……	
作为一名教练员，要坚信自己能带领运动员走向成功。……对待社会和外界的批评，我是毫无反应，因为他们不懂（A04）。当时对空中技巧一无所知，但我有信心做好，技巧项目我带队能从零起点到拿金牌，那空中技巧也行（A01）。	强烈的自信心	a26
我于1996年开始从事自由式滑雪空中技巧训练工作，至2010年，共14年，为国家队输送了多名优秀运动员，也取得了优异的运动成绩（A03）。杨尔绮教练在第19、20届冬奥会周期任职国家队教练员期间，共培养出国际运动健将5名，运动健将3名，所训队员共获全国比赛金牌32枚，洲际比赛及国际邀请赛金牌5枚，世界比赛奖牌32枚，其中金牌11枚、银牌13枚、铜牌8枚，对此杨教练非常高兴（B02）。我可以自豪地说，我培养的队员没有一个不出成绩，也没有一个无业游民，他们都成为了我国雪上运动训练事业传播的一分钟，为国家的冬奥体育事业贡献力量，这也是另外最欣慰的事（C01）。	获得成绩的喜悦	a27

原始资料记录	标签	代码
……	……	
教练员的基础理论知识一定要扎实,体育学院、师范学院有关体育行业的理论基础知识,必须研究(A01)。学习和坚持也是非常重要的方面,自我学习,要不断地吸收先进的技术,补充自己,带动自己提高。(A06)。你必须保持开放的学习态度,学习新知识,学习不同的执教方法(A05)。从技巧到空中技巧,陈洪斌最初都是"外行",但无论"外行"还是"内行",他从未停止学习,不断吸收先进经验,一批又一批运动员在他手中成长、成才(B01)。	学习的态度	a31
我不会,就凭着一盘国外的录像带,天天搁家里放、快放、慢放,一个动作、一个动作地放,去认识,角度也是一点一来点(A01)。自我学习,要不断地吸收先进的技术,补充自己,带动自己提高(A05)。	学习行动	a32
……	……	
当运动员失败了,教练员能振奋起来,能真正查找失败的原因,总结自己经验,都会潜移默化地影响运动员,也能使其总结自己的不足,这就叫正能量。如果教练员充满爱岗敬业的热情,充满对事业的执着、困难、曲折和坎坷都能认真总结,找自己的不足,能坚持下来,你的运动员就会像你一样,坚持下来了,这就是达到你执教能力非常有力的说服力和影响力(A01)。在我刚下队时,由于经验不足,有些着急,想让队员快点出成绩……着急上难度,造成了一些受伤现象的产生(A06)。善于总结,能把自己的经验总结出来,特别重要的就是善于学习和总结经验,……实际上也是自己的一种感悟(A05)。陈老师本是体操出身,自己总结说之所以能在技巧项目取得一系列的国内外比赛冠军,都是缘于体操的项目和技巧有相似之处,特别是造型等方面(B01)。	知识的总结	a34
对于我们这个项目来说,最为重要的就是经验,因为其中有非常多的细节需要关注(A04)。缺少了一定的实践经验,对于这样一个新兴项目是非常困难的(A03)。我现在的教练是美籍俄罗斯裔,他从事滑雪项目已经有40多年的时间,在自由式滑雪空中技巧领域是德高望重的前辈(A12)。因为我是从运动员过来的,所以更能体会我的队员的需要,他们需要什么样的教练来帮助他们(A08)。年逾七旬,本该安享晚年生活,但国家一声召唤,重新回归,带跨项队,陈老师说,要用自己的经验为中国培养更多的后备人才(B01)。	经验的重要性	a35

原始资料记录	标签	代码
留校以后我就感觉到，就在反思，工农兵出来当大学老师，我够格吗，会什么呢（A01）。后来等自己成长后，开始反思起初的这种思维（想让队员尽快成长）是不是损害了运动员的健康和成长。……但如果是同行，或者资深的同行的批评，我会去反思，和最高水平进行比较，还欠缺哪些（A04）。虽然中国教练员工作非常努力，对业务精益求精，执教水平较高，但往往在赛前、赛中，有些教练员不清楚怎样使运动员达到最佳心理状态，可以说，这是国内教练员普遍存在的不足，在这个方面外教比国内教练员做得好（A10）。当运动员跳不好的时候，真的生气，气得不吃饭，气得都病了，想怎么去解决（A09）。	自我反思	a36
首先一定要从这个项目走出来，对项目非常专业和熟悉，如果对项目熟悉，那么一定会对你理解和把握这个项目有极大的帮助。……如果你以前是一名运动员，那么你就会对运动员的日常训练有着非常深入的了解，对他们的拼搏进取精神，以及他们所获得的成就，一切一切。所以你熟知这个项目会是一个很好的开端（A07）。现在年轻的教练员也基本上都是从这个项目出来，这也是和老教练最大的区别，我们都是从事过这个项目，对于运动员出现的问题都能体会到，可以知道什么地方出现问题，是心理还是技术上，怎么去解决，都可以告诉运动员。运动员肯定不会说，你有能耐你来跳呀，因为这些年轻教练肯定没问题（A11）。	对项目熟知的程度	a37
跳台中非常讲究弧度，如果哪个地方出现错误，会导致"差之分毫，谬之千里"，弧度如果做不好，抛物线就出不来，整个技术动作都完了（A01）。其中有非常多的细节需要关注，包括场地、技能训练、心理、天气、风向（A07）。达斯汀是个工作狂，每天除了指导运动员训练外，就是没完没了地修雪道。空中技巧项目起跳的雪道，有一个标准的弧度，弧度大了不行，小了也不行，每天需要修补。他会非常注意细节问题。为了保证训练质量，达斯汀每天不厌其烦地修雪道（A10）。	对场地细节的掌控	a38
……	……	
自由式滑雪空中技巧注重空中的平衡感和空中控制能力，追求稳、难、准、美四位一体的结合（C01）。因为我们自由式滑雪空中技巧项目比赛的胜负不是看结果，而是看比赛过程，它通过衡量运动员技术的精确性和完美性来决定胜负（A10）。这个项目中，空中动作对项目的影响要更大一些，更为直接，空中技巧虽说是雪上项目，滑雪只是基础，关键还是要比拼空中动作的难度和完成情况，把握了项目的制胜因素，结合了制胜的特点，更为紧密（A03）。	熟知制胜规律	a44

（续表）

原始资料记录	标签	代码
所以说这个项目,达到一流水平很重要,更重要的是动作的成功率,成功率高取得好成绩的机会也大(A03)。有难度或稳定才能克敌制胜,所有技巧性项目一样,自由式滑雪空中技巧同样强调难度和稳定相结合,三周跳的高难度动作是郭××能够在短时间异军突起的秘诀,而落地的绝对稳定性则是李妮娜长期占据世界前几名的绝招(B02)。	成功率要求	a45
……	……	
体教练员多从体操、技巧转过来的,他们对空翻动作技术理解更为深入,相反的是高山教练员就不具备,由于他们是从高山转行,仅熟悉滑雪(A03)。不论从技巧特点来分析,还是从项目发展战略来考虑,技巧运动介入自由式滑雪空中技巧均具有可行性,并且在实践中已初见成效。把这两项运动紧密结合起来,走"雪陆两栖"的路子,不论北方还是南方都能开展(E02)。陈老师本是体操出身,自己总结之所以能在技巧项目取得一系列的国内外比赛冠军,都是缘于体操的项目和技巧有相似之处,特别是造型等方面。……"从难度上,我们赢不了他们,但我们在空中感觉和姿态,在质量上可以更胜一筹,毕竟我以前是技巧教练。"以质量取胜成为陈洪斌的指导重点。……"由于空中技巧项目的特性,一直以来,运动员是跨项选来的。现在,支持力度加大后,我们的选材和培养都有了改进。"陈洪斌(B01)。	对跨项的优劣分析	a47
……	……	
勇于接受新的东西,保持谦虚和开放的学习态度,学习新知识,可以从同事身上学到很多有用的东西,借用中国古话"学无止境",要始终保持开放、创新的态度(A07)。之前这个项目没什么突破,主要就是缺乏创新能力,很少思考项目的发展(A03)。在攻难度动作上,更能体现杨尔绮敢想敢干敢创的精神,必须要有创新动作,要敢于上难新动作,不能总跟在别人后边走,特别是女子要敢于上三周的动作(B02)。	创新开放的态度	a51
……	……	
达斯汀永远鼓励我们,让我们感觉我们总是最强的。他常对我们说得最多的一句话是:相信自己,我能行他非常努力,非常认真,他总是鼓励我们并跟我们解释为什么要刻苦训练。在我练习得不好的时候,他会给我很大的鼓励,说你能行,你做得到(A10)。我的教练每天跟我后面不停地念叨,"娜娜,这个不错,再来一个巩固巩固","娜娜、这个不好,再补一个"……(A11)。在训练过程中,不断地用语言鼓励她"你可以参加冬奥会,而且还能拿奖牌",一直和他这样说(A05)。教练会给我更多的言语上的鼓励和支持,让我感觉非常舒心(A12)。每当小队员动作完成以后,我都是先真心地夸赞,说太棒了,做得非常漂亮(A08)。	鼓励激励	a57

（续表）

原始资料记录	标签	代码
……	……	
高水平竞技运动队就会和业余运动队截然不同，……逐渐形成了一种团队文化（A04）。达斯汀对这个项目的认识，不是单纯地将这个项目看作是竞技项目，而是一种文化，不能光知道蹦蹦跳跳（B11）。	团队文化培养	a91

注：A代表深度访谈，B代表媒体专访和报道，C代表执教心得，D代表观察记录，E代表教练员个人著述；大写字母后数字代表调查对象序号；a1—a91代表开放式编码的贴标签

　　步骤二：由于初级编码数量较多，需要进行进一步聚拢，提取概念化属性。研究对91个本土化标签进一步提炼，共形成32个概念化的编码。比如标签a31学习的态度、a32学习的行动和a33学习的内容，均与知识学习这一概念相关。如下表4-3所示。

表4-3　概念化编码表

标签名及编码	概念化名称	编码
为国争光a1；理想信念a2	对远大理想信念的追求	b1
明确目标a3；追求卓越a4	个人愿景目标的设定	b2
育人之心a5；道德引领a6；思想指导a7	德行教育理念的践行	b3
坚持不懈a8；执着a9；无私a10；必胜信念a11；责任心a12；不计得失a13；有耐心a14	意志毅力	b4
保持谦虚a15；勇于担当a16；自我牺牲a17；没有怨言a18；拼搏进取a19；吃苦耐劳a20	品质德行	b5
全力以赴a21；努力工作a22；爱岗敬业a23；专注投入a24；体力付出a25	敬业爱业	b6
强烈的自信心a26；获得成绩的喜悦a27；执教能力的检验a28	对项目的成就向往	b7
热爱这项工作a29；热情与激情a30	对项目的依恋程度	b8
学习的态度a31；学习的行动a32；学习的内容a33	知识的学习	b9
知识的总结a34；经验的重要性a35；自我反思a36	总结与反思	b10

（续表）

标签名及编码	概念化名称	编码
对项目熟知程度 a37；对场地细节的掌控 a38；对技术要点的精通 a39	对项目本质特性的把控	b11
危险风险高 a40；偶然性大 a41；淘汰率高 a42；观赏性强 a43	对项目基本规律的认识	b12
熟知制胜规律 a44；动作成功率要求 a45	对项目制胜要点的把控	b13
注重选材的作用 a46；跨界跨项的优势利用 a47	对跨界跨项选材的重视	b14
提升学习的主动性 a48；了解对手备战动态 a49；改进自身不足之处 a50	应对项目发展的策略	b15
创新开放的态度 a51；对项目发展的预判 a52；保持开阔的视野 a53	对项目发展的整体认识	b16
做好计划 a54；抓住重点 a55；训练手段 a56；鼓舞激励 a57；赛前调整 a58	有效指挥的制定与实施	b17
当机立断 a59；灵活应变 a60；及时指导 a61	及时指导与决策	b18
给予信心 a62；心态调整 a63；潜移默化 a64；隐性作用 a65	对队员内在心理能力提升	b19
训练条件差 a66；训练过程苦 a67；克服场地器材困难 a68；对困难的认识 a69	应对困难和艰苦	b20
伤病挫折 a70；失利失败 a71	面对挫折和失败	b21
率先垂范 a72	率先垂范	b22
言行一致 a73	言行一致	b23
成为榜样 a74	成为榜样	b24
权威性 a75；师徒制 a76	教练员的主导地位体现	b25
关心爱护队员 a77；运动员为先 a78	运动员的主体地位实现	b26
亦师亦友 a79；共情成长 a80	教练员与运动员共同成长	b27
取得队员的尊重 a81；取得队员的认可 a82；取得队员的信服 a83	教练员的角色定位	b28
当好大家长 a84；做好情绪疏导 a85；成为多面手 a86；对队员严格要求 a87；凸显个性 a88	教练员的角色行为	b29
沟通与相处 a89	沟通与相处	b30
配合与协作 a90	配合与协作	b31
团队文化培养 a91	团队文化培养	b32

4.3.2 关联编码

关联编码(Axial Coding)又称主轴编码,主要任务是发现和建立研究中的各种联系,以寻找表现资料各部分之间的有机关联[①](陈向明,2000),这种联系建立在一定的逻辑关系之上。

由于前一阶段开放性编码得到的结论存在意义分散和关系模糊的缺陷,需要进一步概括和整合,研究对 32 个节点的初级属性类属进行归类,得到 12 个轴心类属,分别为思想境界感召、人格魅力感召、职业情怀感召、技术知识学习的能力、制胜规律把握的能力、未来发展应对的能力、指挥决策、攻坚克难、言行表率、角色担当、教导关系和团队协作,如图 4-2 所示。

名称	文件	参考点	创建日期	创建人	修改日期
感召力	30	261	2021/2/4 15:52	CDW	2021/2/4 15:56
人格魅力感召	29	129	2020/11/21 15:13	CDW	2021/3/2 9:54
敬业爱业	19	57	2021/2/6 16:00	CDW	2021/3/2 10:53
品质德行	15	25	2021/2/6 16:00	CDW	2021/2/6 16:05
意志毅力	21	46	2021/2/8 13:21	CDW	2021/2/28 17:17
思想境界感召	24	91	2020/11/21 15:23	CDW	2021/3/2 9:53
德行教育理念的践行	11	28	2021/2/25 16:12	CDW	2021/2/28 14:22
个人愿景目标的设定	20	33	2021/2/25 16:12	CDW	2021/3/2 10:50
远大理想信念的追求	15	30	2021/2/25 16:11	CDW	2021/3/2 10:50
职业情怀感召	19	41	2021/2/3 11:36	CDW	2021/3/2 9:53
对项目的成就向往	14	22	2021/2/8 14:09	CDW	2021/2/25 16:10
对项目的依恋程度	13	19	2021/2/25 16:09	CDW	2021/3/10 15:01
平衡力	26	97	2020/11/18 14:53	CDW	2021/2/25 11:18
角色担当	17	41	2021/2/5 16:26	CDW	2021/3/2 10:32
教练员的角色定位	9	22	2021/3/2 10:33	CDW	2021/3/2 10:40
教练员的角色行为	12	19	2021/3/2 10:33	CDW	2021/3/2 10:40

图 4-2 关联编码图(部分)

---

① 陈向明. 质的研究方法与社会科学研究 [M].北京:教育科学出版社,2000:333.

4.3.3 选择性编码

选择性编码(Selective Coding)目的是找到研究的主范畴,该步骤通过反复斟酌和推理演进,按照逻辑关系生成故事线,形成一个具有新理论路径关系的解释框。研究对关联编码所得的 12 个主题类属进一步考查和提炼,最终形成具有 4 个统领性的核心类属,形成一个完整的解释框架,分别是感召力、专长力、行动力和平衡力,见下表 4-4。逐渐勾勒出我国冬奥雪上优势项目教练员领导力的形成路径。

表 4-4 选择性编码的过程及范畴内涵

主范畴	代码	范 畴	代码	范畴的内涵
感召力	GZ	思想境界感召	GZ1	b1—b3:教练员执教的理想与目标,以及有关个人价值的体现。
		人格魅力感召	GZ2	b4—b6:教练员在执教过程中展现的品质、德行、毅力和意志。
		职业情怀感召	GZ3	b7—b8:教练员在执教过程中体会到了项目的成功与成就。
专长力	FZ	技术知识学习能力	FZ1	b9—b10:教练员对待知识技能的学习、总结与反思。
		制胜规律把握能力	FZ2	b11—b14:教练员对项目特点的把控,以及对制胜规律的认识。
		应对未来发展能力	FZ3	b15—b16:教练员对项目发展的认知和应对。
行动力	XD	指挥决策	XD1	b17—b19:执教过程中教练员所采取的及时有效方法和手段。
		攻坚克难	XD2	b20—b21:执教过程中面对不利条件时采取的方式和方法。
		言行表率	XD3	b22—b24:执教过程中教练员的言行举动。

（续表）

主范畴	代码	范　畴	代码	范畴的内涵
平衡力	PH	教导关系	PH1	b25—b27;教练员与运动员角色的互动。
		角色担当	PH2	b28—b29;教练员与运动员角色的确立。
		团队协作	PH3	b30—b32;运动员团队之间的合作、沟通与融合。

4.3.4　信度检验

本文采用质性研究常用的一致性百分比（Percentage of Agreement）和 Kappa 系数对编码结果进行查询比较和检验。

一致性百分比基于不同编码者所选定和未选定的节点计算编合计一致性的百分比,在选定的材料中,两个人都进行了编码或者两个人都未进行编码,表明编码一致性;而当在选定的片段内是否编码观点不一致时,则表明编码不一致。编码一致和不一致的百分比总和为百分之百。通常认为一致性百分比超过 70% 为具备良好的编码可信度。为了保证研究的信度,编码由研究者本人和一位能熟练运用质性分析软件的体育科学研究者分别独立完成,最终形成两套编码体系,经语义对比和讨论后检定一致性系数78%,表明编码具有可靠的信度。

Kappa 系数（Kappa coefficient）则是考虑到随机性的一致性编码的信度检验标准,是一个相对的概念,对于任何一份材料来说都没有总的 Kappa 值,只有两个用户间进行比较才有意义,数值在 −1 和 +1 之间,在 NVIVO 12.0 Plus 软件中可以使用"编码比较查询"加以计算。通常认为在 0.4—0.75 之间是具有较好的一致性,0.75 以上是具有非常好的一致性。经对比查询,本研究的 Kappa 系数为 0.55,表明编码评估的可靠性较好。

4.3.5 理论饱和度检验

理论饱和是扎根理论研究的关键环节,理论饱和度是指所有的类属在属性、维度和形式上都得到充分的体现。理论性饱和是数据收集和分析的互动过程,通常会采用额外的数据进行编码分析,当未出现新初始概念和范畴,以及不能产生新关系时,即表示达到了研究的理论饱和,应该停止采样①(Glaser &Strauss, 1967)。实际操作中,扎根理论研究者将资料收集、比较分析和理论性抽样视为一个循环和不断完善的过程,将分析比较、理论构建反复贯穿在资料的收集过程中,达到理论性饱和度的最大化②。

杨莉萍等(2022)③综合分析了质性研究中资料收集对理论饱和度的影响,在访谈资料收集中通常会呈现渐进递减曲线,即数据收集到达一定量后,提供的新信息就会急剧下降,尽管并不能完全排除新信息出现的可能性,但可以基本判定达到编码或主题饱和。理论饱和现象并未有具体的标准,需要研究者根据现实情况自行决定,只要数据资料能够达到对概念或理论的发展和验证即可。在实际研究中能否穷尽某类研究现象所有相关属性和维度,关乎

---

① Glaser B G, Strauss A L. The Discovery of Grounded Theory: Strategies for Qualitative Research [M]. New York: Aldine Publishing Company, 1967:61—62.

② 林志义,杨海晨.扎根理论在我国体育学研究中的运用情况与问题反思[J].西安体育学院学报,2021,38(02):182—190.

③ 杨莉萍,亓立东,张博.质性研究中的资料饱和及其判定[J].心理科学进展,2022,30(03):511—521.

到全面和准确反映研究对象的现实状况,因此访谈对象的选取决定了收集信息的丰富程度。根据调查主题确定选定的第一人最为关键,第一名访谈对象最好拥有足够多信息,以确保调查"质量",在理论上存在通过一个"典型人"的访谈即可实现信息饱和;为了获取最丰富的信息,第二人依照最大信息差异原则选取,根据某些显而易见的社会特征进行选取,实现与第一名访谈对象提供信息最大差异化[①],以此类推,对第三人等进行访谈,直至信息饱和,不再产生新的信息,未能形成新的范畴,则表明理论构建完成。为了保险起见,通常还会多访问一个或多个对象,进一步检验理论饱和度达到要求。

由于本研究主题为我国雪上优势项目教练员领导力,目前我国仅有自由式滑雪空中技巧一个项目符合要求,因此决定了对数据资料的要求要有别于一般的扎根理论,更像是现象学的解释与分析,在关注优势项目教练员领导力相关主题提炼和关系演进等理论发展的同时,还要特别注重个体教练领导力的完整呈现,因此访谈数据资料仅可作为一项重要的指标,而非全部[②]。为了能够准确呈现研究主题所涉及的全部信息,研究尽可能访谈到该项目所有优秀的教练员,或对该项目有着深入认识的部分优秀运动员和管理人员,力求穷尽该领域的所有认知。

基于上述要求,研究选取 01 号教练员作为材料调研的第一

①　潘绥铭,姚星亮,黄盈盈. 论定性调查的人数问题:是"代表性"还是"代表什么"的问题——"最大差异的信息饱和法"及其方法论意义[J]. 社会科学研究,2010(04):108—115.

②　杨莉萍,亓立东,张博. 质性研究中的资料饱和及其判定[J]. 心理科学进展,2022,30(03):511—521.

人,该教练员是我国自由式滑雪空中技巧项目最为资深的教练员,带领队员在国内外赛场上取得众多优异成绩,实现了我国在该项目上的突破,至今一直活跃在训练的第一线;访谈第二人为目前自由式滑雪空中技巧国家集训队中方教练组长,运动员时期就获得一些优异的成绩,转为教练员后一直为保持我国在该项目世界领先地位作出了重大的贡献。本研究共调研 16 人,数据分析与比较始终紧跟着访谈结果进行,当调研 14 人后,发现无法获得新的信息,亦不能产生新的范畴,即判断理论饱和基本达到,使用第 15 和 16 人数据材料进行检验亦是如此,表明本研究达到理论饱和要求。至此形成了我国冬奥雪上优势项目教练员领导力概念模型,如图 4-3 所示。

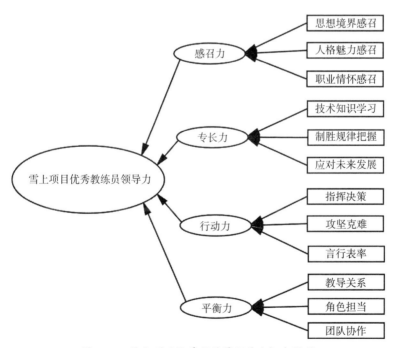

图 4-3 雪上项目优秀教练员领导力概念模型

4.4　理　论　建　构

　　质的研究中,建构理论有着重要的意义,既是社会科学研究的内在要求,也是研究结果的必然归宿①,正如美国哲学家威廉·詹姆斯(William James)所说"即使在田野里捡石头也需要理论"。通过理论建构,可以赋予事实以意义,对经验性的事实分析后产生意义,帮助人们将经验世界与理性世界相联系。质的研究中理论一般分为"形式理论"和"实质理论"两种类型,形式理论是系统的观念体系和逻辑架构,可以用来说明、论证并预测有关社会现象的规律,属于具有普适性的"大理论",而实质理论是在原始资料的基础上建立起来的、适用在特定情境中解释特定社会现象的理论,属于针对某些特殊情况的"小理论"。依照陈向明教授的观点②,结合本研究的资料充足程度和初步分析结果,首要任务就是建立"实质理论",但也不排除对"形式理论"建构的尝试。

　　(1) 实质理论的建构

　　根据经典扎根理论,笔者在研究开展之前没有任何理论假设,从大量原始资料中归纳出概念和命题,然后上升为理论。采用自

---

　　①　陈向明. 质的研究方法与社会科学研究 [M]. 北京:教育科学出版社,2000:318.注:并非所有质的研究都要求建立理论,有些研究比较重视对社会现象进行描述和"移情式"理解,其价值在于对现象本身的描述。

　　②　注:陈向明在《质的研究方法与社会科学研究》书中认为,理论一定要有资料作为根据,"我个人倾向于建立'实质'小理论,对那些泛文化的'形式'大理论表示怀疑。

下而上的方法,经过系统的资料收集,寻找反映我国冬奥雪上优势项目教练员领导力的核心概念,然后通过这些概念间的联系形成理论。始终围绕"我国冬奥雪上优势项目教练员领导力是什么,以及如何互动的",结合分析备忘录的记录,对编码所获得的 4 个核心范畴通过因果分析、部分与整体的阐述循环、直觉与想象①等思维方式进行反复比较和重组,呈现出一幅完整的"故事线"景象图。

以自由式滑雪空中技巧为代表的我国冬奥雪上优势项目在一次次的突破实现过程中,教练员起到了不可磨灭的贡献,一代又一代空中技巧人,甘于奉献、默默无闻、不计个人得失,数十年磨一剑,将"小我"融入空中技巧发展的"大我"中,时刻牢记祖国荣誉高于一切的历史使命,在日常生活、训练和比赛中,以思想境界为引领、以人格魅力为载体、以职业情怀为基础,吸引运动员主动投身于艰苦卓绝的训练和比赛(感召力);这些教练员之所以能够成为国家集训队的教练员,必然有着高超的专业知识和技能,尽管他们并非每个人都是这个项目的佼佼者,但善于学习和总结,熟知项目的特点和把握项目的制胜规律,始终保持清晰的头脑,紧跟项目发展的前沿动态,创新进取,将运动队竞技能力提升作为教练员自身成长的原动力(专长力);在运动队的实践活动中,教练员临场指挥决策是教练员执教能力的重要体现,从某种程度上来看,决定一名教练员是不是优秀教练员,关键就在于其能否实现及时、科学、有力的临场判断、果断决策,此外,教练员在长期的备战训练中敢于接受和应对各

---

① 注:在实际操作过程中,特别强调研究者对理论的敏感度,在研究的任何阶段,都应对自己现有的理论、前人的理论以及资料中呈现的理论保持警觉,时刻注意捕捉理论线索。

种困难,以个人实际行动改变队伍的某些惯习(*行动力*);长期以来,每当人们谈到运动队的发展,更多的还是从教练员或运动员单一的视角展开分析,忽略了运动员和教练员的互动同样会产生重要的影响,现如今,随着竞技体育生态环境日趋完善,运动队中的各种关系协调与处理可能会带来叠加或倍数的效应(*平衡力*)。

　　通过自由式滑雪空中技巧项目教练员领导力的发生与发展"故事线"的串联与描绘,将实质性编码所产生的"感召力""专长力""行动力"和"平衡力"4个核心范畴逐渐向"我国冬奥雪上优势项目教练员领导力"这一核心研究主题靠拢,给教练员领导力提供了更多的来源与传达路径,实现优势项目教练员领导力的塑造。本研究依照经典扎根理论研究的分析范式,围绕"领导力是什么,有哪些核心要素,以及如何生成"和"基础—开启—形成"逻辑论证思路对4个核心范畴开展探索分析,在资料与理论间进行持续反复地比较,最终形成了实质性理论"我国冬奥雪上优势项目教练员领导力概念模型",如下图4-4所示。

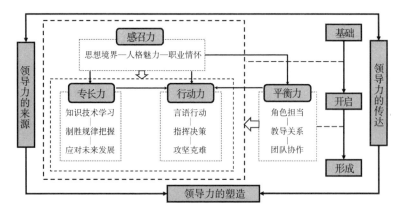

图4-4　我国冬奥雪上优势项目教练员领导力概念模型

（2）形式理论建构

采用扎根理论,基于特定社会背景下具体的实践活动所产生的实质理论,还应突破地域性局限,尝试构建具有普适性的形式理论。尽管如此,必须要指出的是,目前学界对于是否要进一步构建形式理论还是构建实质理论看法不一,尚未形成统一。就扎根理论的研究目的而言,所要建构的理论究竟是怎样的理论,应是基于分析过程的自然结果呈现,而不是确定的目标,更不能强加设定①。

在本研究的实质理论建构阶段,构建了"我国冬奥雪上优势项目教练员领导力概念模型",可以尝试将其上升为形式理论。在这个过程中,需要以大量的调研资料为基础,通过实质理论作为中介,与现有理论进行不断对话和比较,寻求获得更合理的解释和理论支持,如特质理论诠释了感召力的来源及其传达机制,知识基础理论解释了专长力为何能成为领导力的基础,行动学习理论为行动力的实现提供了分析框架,社会交换理论和社会认同理论揭示了平衡力维度中教练员(包括教练员之间)、运动员、所处环境间的互动关系。

从整体上来看,在"我国冬奥雪上优秀项目教练员领导力理论概念模型"中,感召力、专长力、行动力和平衡力既是领导力来源构成,又是其传达的重要途径,举例来说,领导力可能会源自这些优秀教练员的人格魅力,也可能借以教练员对项目的丰富经验积累、制胜规律把握或对项目发展预判得以凸显,抑或是源于教练员在

---

① 吴毅,吴刚,马颂歌.扎根理论的起源、流派与应用方法述评——基于工作场所学习的案例分析[J].远程教育杂志,2016,35(03):32—41.

训练比赛中呈现出的卓越执教水平,或是对运动队中各种人际关系的协调处理等方面的贡献,最终实现教练员领导力的塑造。受环境或对象影响,不同的教练员领导力来源有不一样的影响效果,反过来,教练员领导力的有效传达与否会促使领导力的来源产生一定的适应性改变,从而形成持续反复的领导力塑造和提升的循环体系。

从内部结构来看,在我国,感召力被视为是教练员从事高水平竞技体育活动的思想指引,即领导力的来源基础,确保教练员做正确的事;专长力和行动力是教练员领导力提升的关键,保证教练员能正确地做事以及如何正确地做事;平衡力则成为教练员领导力形成的助推器,能加快和增强教练员领导力的塑造;每一次教练员领导力的强化有助于下一阶段领导力的基础夯实与启动,形成效果更佳的领导力。需要引起重视的是,当前许多教练尚不能充分意识到平衡力的独特魅力和作用,更多的时候,是借以行动力的某些要素作为教练员执教能力高低的标准,比如在比赛的关键时刻,面对一些不利形势,能否做出准确判断和采取有效手段等。

至此,基于教练员领导力核心要素的“基础—开启—形成”生成逻辑,围绕教练员领导力的来源、传达路径和塑造,本研究形成了螺旋上升的阐释循环①。根据我国冬奥雪上优势项目教练员领导力概念模型的构建过程和诠释结果,可以认为提供了一个关于

---

① 陈向明. 质的研究方法与社会科学研究 [M]. 北京:教育科学出版社,2000: 313—314. 注:阐释循环在质的研究中常用的思维方式,通过将资料在部分与整体之间来回拉锯,运用自己的想象对资料进行逐步的螺旋式提升,关注细节描述与宏观结构间的差异,调和分析中“整体”与“深描”之间的矛盾。

研究主题的实质理论,同时,也在积极地探索其向形式理论过渡的可能性。与此同时,还应该看到,无论是实质理论还是形式理论都应体现对我国雪上优势项目教练员领导力的深入刻画和阐述。

4.5　雪上项目优秀教练员领导力概念模型核心要素阐释

4.5.1　感召力

现代管理科学之父德鲁克说,领导者唯一定义是其后面有追随者,没有追随者就没有领导者。领导者最重要的能力就是吸引被领导者,即为感召力(Inspiration)。社会心理家弗伦奇和雷文(French & Raven,1959)研究认为领导权力有五个来源,依次为法定性权力、奖赏性权力、惩罚性权力、感召性权力和专长性权力[1],其中感召和专长性权力归属于个人权力,即当领导者以追随者所认可的方式行事时就被赋予了权力,是他人给予的权力,在于他人如何看待。感召性权力是基于追随者对领导者的认同和喜好,由于个人拥有了独特智谋或品质对他人产生的影响力,通常会是因为领导者拥有的个性、品德和作风,使得人们自愿追随和服从,使他人产生倾慕和认同,对他人产生巨大的影响,他们往往具有领袖的魅力,其一举一动都可能对他人产生很大的影响,尤其是对上下级会产生直接影响。

中国科学院科技领导力研究小组(科技领导力研究课题组,

---

[1]　French J, Raven B. The bases of social power[J]. Studies in social power, 1959:150—167.

2006)研究认为,领导感召力是领导者吸引被领导者的能力,是领导者通过不断完善自身而形成的一种独特的魅力,是由个人信念、修养、知识、智慧和才能所构成的一种内在的吸引力,领导者的感召力越强,吸引的被领导者就越多①。感召力是居于领导能力的顶层,对其他能力起到统领和指引作用。感召力来源于理想和信念、人格和自信、修养和伦理、激情和挑战、智慧和阅历,有五类人群具有高感召力,分别是:圣人的远大的理想和坚定的信念、强者的独特人格魅力和超强自信、道德修养高的人身上具有的伦理修炼和超越自我道德修养、英雄对事业的激情和敢于挑战,以及智者拥有过人的智慧和丰富的阅历。借助理想和信念将人格与自信、伦理与修养、激情与挑战、智慧与阅历整合,形成一种特殊的魅力,以一种由内而外的表达提升领导者的吸引力。现代领导作用的发挥正逐渐由刚性向柔性转向,由显性向隐性转向,这种柔性、隐性化的实施需要教练员在方向设置、愿景规划、价值观营造等方面体现"不知有之"的领导。

本研究结合中西方关于感召力的研究成果,将感召力界定为教练员吸引运动员的能力,教练员通过自我完善而形成的独特魅力,是教练员通过思想境界、人格魅力和职业情怀对运动员产生的内在吸引力,其思想境界感召来源于远大理想信念的追求、个人愿景目标的设定和德行教育理念,人格魅力感召来源于品质德行、意志毅力和敬业爱业,职业情怀感召来源于对项目的成就向往和对项目的依恋程度。优秀的运动员在攀登运动顶峰和创造优异运动

---

① 中国科学院"科技领导力研究"课题组,苗建明,霍国庆,李志红.领导感召力研究[J].领导科学,2006(10):40—42.

成绩的过程中必然会展现出一定的精神风貌、情感流露和价值表达，实现竞技体育精神的自然呈现，这无疑是需要通过长期学习和引导才可达到内化而成的自觉行为，而教练员就成为这一精神动力得以实现的第一责任人。

现如今，竞技体育精神能给社会带来的巨大感召影响。习近平总书记2013年8月接见全国体育先进单位和个人时强调要总结"'为国争光、无私奉献、科学求实、遵纪守法、团结协作、顽强拼搏'的中华体育精神，来之不易，弥足珍贵，要继承创新，发扬光大"，新时代发扬这种中华体育精神有助于体育强国建设。2022年4月8日上午，习近平总书记在北京冬奥会、冬残奥会总结表彰大会中指出"北京冬奥会、冬残奥会广大参与者在冬奥申办、筹办、举办的过程中，共同创造了胸怀大局、自信开放、迎难而上、追求卓越、共创未来的北京冬奥精神"。总结与发扬这些体育精神对于指导当下的运动队训练和比赛有着重要的意义，尤其是对奥运冠军的精神挖掘，蕴含着挑战极限、使命在肩、爱国奉献、团结拼搏、创新争先、奋斗有我等内涵特征[①]。我国众多优势项目，之所以称之为优势，就是形成了巨大的精神动力的驱动；一些长期落后的项目，首要问题就是运动员和教练员的精神境界出现问题[②]。

（1）思想境界感召

竞技体育训练是一项长期、系统的训练过程，周而复始，日复一日，年复一年，工作格式化，生活单调，承受的心理压力巨大。因

---

① 杨国庆,彭国强,刘红建,胡海旭,毕晓婷,刘叶郁. 中国奥运冠军成长规律与时代启示[J].体育科学, 2021,41(05):3—12.

② 段世杰. 思考竞技体育[M]. 北京:学习出版社,2013:158—159.

此,教练员必须有为祖国体育事业献身的精神,具有把国家利益、运动员的权利和需要置于个人利益之上的思想道德素质,具有坚定的政治信仰,热爱祖国、热爱人民、热爱教练工作,具有为我国体育事业服务和献身的良好品质。

钟秉枢教授在《教练学》一书中将教练应具备的思想道德素质总结为"忠、孝、诚、信、礼、义、廉、耻"八个字,具体来说应包括忠于祖国、忠于事业,严谨公正、体贴关心,诚信待人、实事求是,遵守规则、全力以赴,以身作则、为人师表[①]。有学者对自由式滑雪空中技巧国家集训队调查发现[②],国家因素处于团队认知和学习行为的核心地位,并认为该结果具有启发性,在我国运动员教育体系中,为国争光一定是处于统领性的地位,只有具备了较高的国家和民族认同感,才更易建立个人和集体的学习行为,以及形成持续的学习惯性。一项对 7 省市 300 多名运动员和教练员调查显示[③],大多数运动员和教练员在思想政治上积极要求进步,人生态度积极向上,能将国家和集体利益放到第一位,超过80%的受调查者认为"可以为国争光"是其从事竞技体育的主要原因,多人获得过"体育道德风尚奖""劳动模范""三八红旗手"等各种荣誉称号。

我国各支国家集训队历来重视对教练员、运动员和管理辅助人员的使命感、责任感、荣誉感的培养,开展了各种形式的主题教

---

① 钟秉枢,教练学[M]. 北京:高等教育出版社,2019(9):42.

② 董传升,宋莹. 打造学习团队:中国自由式滑雪空中技巧集训队学习行为影响因素的质性分析[J].体育科研,2020,41(01):36—43.

③ 简德平等.我国优秀运动员、教练员思想道德状况调查分析[J].武汉体育学院学报,2006(07):13—18.

育活动,例如每个赛季开始前组织军训活动、前往红色基地、观看红色电影、演唱红色歌曲、团队建设等。

（2）人格魅力感召

具备高尚人格魅力的教练员会对运动员积极训练产生无形的驱动力,促进运动队团队凝聚力和战斗力的形成,是一种由内而外的精神财富。中国女排在上世纪末取得五连冠的优异成绩,袁伟民教练的人格魅力发挥了极大的激励作用。袁伟民教练用其独特的"春风化雨引导式"风格增强了对运动员的激励①,畅通了沟通机制,促进了运动员自我意识和自我满足的实现,在日常训练中就无形地培养了运动员良好的品质。教练员所展现的个性、品质、德行、毅力和作风都会使运动员产生认同和倾慕,在长期的训练和比赛中,这些精神上的元素会不断浸润到运动队各项活动中,内化到运动员的心理及行动中。

（3）职业情怀感召

竞技体育教练投入大、挑战性强、风险高、回报率低,在长期枯燥和紧张的训练比赛中极易产生倦怠、退缩等消极想法,如果没能从中得到快乐将不可能以积极乐观的心态进行日常工作。俗语"快乐的旅程总是如此短暂",训练过程中如果缺少了乐趣将只会成为苦差事,教练员主观能动性就无法最大限度地发挥,成功也就失去了重要的保证。教练员一旦具备了充足的能量、满是干劲,在训练中展现出对工作的热爱和奉献将会极大地刺激运动员,形成一股强大的推动力,点燃运动员训练热情和激情。教练员对工作

———————————

① 钟秉枢.教练学[M].北京:高等教育出版社,2019:68.

的热爱一定要发自内心,不能作假,因为虚假的热忱很容易被察觉,也极易被团队其他成员效仿。

袁伟民在《我的执教之道》中写道"追求需要入迷,一个人倘若正真迷进了一项事业,那是三套马车也无法把他拉回来"①,强烈事业心驱动产生出超人的钻研和出奇的迷劲。袁伟民认为中国女排之所以能取得辉煌的成绩和形成女排精神,一切都源于对排球的"迷劲"。在执教的八年半时间内,他更是"迷"进了教练工作,成天泡在队里,琢磨着排球、琢磨着队员。他认为对于一项运动来说,"入迷"是成功的基础,天才在于"入迷",比如在张荣芳和郑美珠的训练上,她们之所以"球感好""球性好"就是因为她们所有的兴奋点都踩在排球上,对排球的入迷程度异于常人。"热爱竞技体育"是很多人从事竞技体育的最主要原因②,他们将从事竞技体育的根本缘由归于对自我身心的改造和追求的行为或过程。实际情况下,以一种轻松的心态来面对艰苦的训练和紧张的比赛,绝非易事,想要体验到训练和比赛带来的乐趣更是难上加难,需要经过长期有效的培养才能达到,成功的教练员善于应对枯燥的训练,寻找轻松和快乐的元素。

4.5.2　专长力

在企业战略管理中,专长力(Specialty)被用以体现企业的竞争优势和实力,是一系列技术、技能和知识要素的整合,是企业间

---

① 袁伟民. 我的执教之道[M]. 北京:人民体育出版社,1988:6—9.

② 简德平等. 我国优秀运动员、教练员思想道德状况调查分析[J]. 武汉体育学院学报,2006(07):13—18.

比拼和竞争的实质,卓越的企业总会找到自己的核心能力。企业的核心专长具有价值性、稀缺性、难以模仿性、不可替代性的特征,以隐性知识为主,其显著特征为相对性、关键性和可持续性,难以学习、模仿和强化。在核心专长构建过程中,必须将"专"和"长"相结合,有了"专",才能发挥"长",组织管理中注重"扬长避短",即通过长处和优势的充分挖掘和发挥,识别成功的关键性因素①。在组织学中,通过动态学习、配置和整合的过程,实现专长体系的形成。在领导实践活动中,专长力是基于追随者对领导者能力的察觉,源于下属认同的领导者能力②。

教练员的核心竞争力打造具有重要意义,一旦形成,就会产生持续的影响力。体育教练员的核心竞争力是融合了其自身及其组织内外各种知识、资源和技能的能力,专业的理论与经验知识、技能是教练员核心竞争力的重要条件。在长期的运动训练和竞赛活动中,教练员一些经历、经验、知识和理念不断积累和沉淀,逐渐内化为教练员个体能力,在执教过程中不断地将其延伸到对运动员的指导实践中③。运动训练发展至今,已然成为多学科融合、多因素影响的复杂体系,教练员只有具备了扎实的理论与实践能力才能有所立足。长期以来,教练员能力评价多与职业素养相关,以专业知识技能为基础,随着体育强国建设的推进,我国教练员知识结

---

① 蓝海林,刘朔,黄嫚丽,曾萍.转型期中国企业核心专长构建机制研究[J].南开管理评论,2018,21(06):28—36.

② French J, Raven B. The bases of social power[J]. Studies in social power, 1959:175—187.

③ 王芹.我国体育教练员核心竞争力的培育研究[M].济南:山东大学出版社,2019:45.

构必须与国际体系相一致,挖掘符合各个项目职业能力要求特点的体系建设将成为竞技体育精准提高的关键①。

　　研究发现教练员专长力是实现教练员自我成长和运动队竞技水平提高的内在驱动力,主要体现在三个方面,分别是技术知识学习的能力、制胜规律把握的能力、应对未来发展的能力,其中技术知识学习的能力来源不断地知识学习以积极总结与反思,制胜规律把握能力来源于对项目基本规律的认识、对项目本质特性的把控、对项目制胜要点的把控和对跨界跨项选材活动的重视,应对未来发展的能力来源于对项目发展的整体认知以及应对项目发展的策略。

　　(1) 技术知识学习能力

　　诸葛亮在《诫子书》中写到"夫学须静也,才须学也,非学无以广才,非志无以成学",认识到学习是增长个人才能的基础,学习是知识获得的途径。知识是人类认识的成果,是人们根据对客观的认识而制定的能够直接付诸实施的实践观念,从知识来源来看包括经验知识和理论知识,从知识作用来看分为事实知识、原理知识、技能知识和人际知识,从知识加工和处理可分为意会知识和可编码知识②。

　　教练员的知识结构和储备是执教水平和能力的基础和保证,直接影响到训练和比赛的走向和效果,随着竞技体育比赛成绩影响因

――――――――――

　　①　钟秉枢.新发展阶段我国体育教练员面临的挑战[J].中国体育教练员,2022,30(01):4—6.

　　②　王艺兰.我国教练员知识需求、结构与培养策略研究[J].体育与科学,2010,31(06):81—84+88.

素多元化,对教练员的知识要求不断提高,认识教练员的知识结构及培养策略具有强烈的现实意义。尹军等[①](2001)通过专家咨询法研究认为,教练员的知识可分为默许性知识、陈述性知识和程序性知识,默许性知识主要来源于经验和专业知识,陈述性知识是为了解答运动训练中任何科学知识,包括运动学、生理学、心理学和社会学等基础性知识,程序性知识是解决具体问题的思路和方法,如何运用陈述性知识指导运动训练,如何实现从理论到实践的过程。

原国家体育总局副局长段世杰在备战 2008 年奥运会冬训大会上总结强调,我国许多优势项目就是通过长期研究和学习,使得项目始终处于世界领先位置[②]。一项关于我国部分项目优秀教练员知识结构调查研究显示,优秀教练员的知识可分为核心知识、相关知识和外围知识,其中核心知识起到支柱性作用,相关知识包含专项基础知识和选材知识,外围知识是由一些医疗保健知识和辅助性知识构成[③]。教练员掌握的知识也有强弱之分,逐渐形成了以专项知识为主线,以其他知识为辅的知识结构体系,呈现出一定的层次性、综合性和动态性的特征,其中专项训练和比赛经验知识、专项训练学知识、专项技战术训练知识、运动心理学知识、体育教学方法知识、专项选材经验知识较为丰富。

(2) 制胜规律把握能力

我国自古就有关于制胜的研究。《孙子兵法·虚实篇》中描写

---

① 尹军,赵军,何仲凯.教练员素质结构的研究现状与分析[J].北京体育大学学报,2001(03):397—399.

② 段世杰. 思考竞技体育[M]. 北京:学习出版社,2013:157.

③ 尹军.对我国部分项目优秀教练员知识结构的研究[J].武汉体育学院学报,2000(01):41—44.

道"人皆知我所以胜之形,而莫知吾所以制胜之形",《酌古论》中亦有"天下有奇策者,运筹于掌握之间,制胜于千里之外"。体育制胜规律是在竞赛规则的限定下,运动员用以战胜对手、争取优异成绩所必须遵循的准则,包括制胜因素和制胜因素间的联系[1]。认识制胜因素是关键性问题,从复杂性、主次性和能动性进行考虑,应从项目发展的现实情况进行客观研判,有针对性地博弈训练。刘大庆等[2](2012)将制胜规律定义为"教练员、运动员在竞赛中战胜对手、取得优异的比赛成绩所必须遵循的客观规律"。

制胜规律基础来源于对所从事项目的熟悉程度。从竞技体育发展经验来看,优秀教练员一定要有专业背景,世界范围内大多优秀教练员都有成功的运动经历,许多教练员在奥运会、世锦赛等世界大赛上取得过优异成绩,例如李富荣、蔡振华、黄玉斌、李永波、郎平等国内知名教练,以及贝肯鲍尔、安切洛蒂、瓜迪奥拉等国外教练,他们在运动员时代属于顶级水平。依照明兹伯格(Mintzberg)的主张,运动员在职业生涯结束时获得了丰富的经验性知识,非常适合教练的起点,符合教练员执教初期的情境。优秀运动员的经历可以获得更多的知识和技能经验,有助于理解队员的需求,搞好与队员的人际关系,善于从运动员的角度分析和解决问题,制定更贴近运动员需要和感受的训练计划。我国自由式滑雪空中技巧教练员绝大部分为专业空中技巧运动员出身,专项运动技术水平较高,

---

① 谢亚龙,王汝英. 中国优势竞技项目制胜规律[M]. 北京:人民体育出版社,1992:42—43.

② 刘大庆,张莉清,周爱国,樊庆敏,郑念军. 我国潜优势项目特点及制胜规律的研究[J]. 北京体育大学学报,2012,35(11):107—114.

具有丰富的运动实践经验,可以将空中技巧滑雪训练实践和理论很好地结合,利于成绩的提高;经过近些年的发展,自由式滑雪空中技巧教练员队伍方面已经形成良性循环,一批具有较高学历和科研能力的高水平运动员退役后补充到教练员队伍中担当重任。

制胜规律关键在于对项目典型性特点和制胜要点的认识和把握。根据田麦久教授提出的项群理论[①],自由式滑雪空中技巧属于技能类难美项目群,讲究动作的复杂性,对运动行为的技巧性要求较高,同时讲究动作的美观和艺术性,既看重结果又注重过程。戈炳珠(2002)将自由式滑雪空中技巧比赛的制胜因素凝练为"稳、难、准、美","稳"即强调动作的成功率,特别是着陆成功率;"难"指的是技术动作的难度系数;"准"则是建立在"稳"的前提下,对动作完成的准确性表达;"美"则是给人的美的感受,体现在动作的高质量和艺术表现力[②]。动作的难度和质量是衡量自由式滑雪空中技巧动作的标准,对高质量的着陆要求成为动作成功率判断的关键。

(3) 应对未来发展的能力

运动队能否在未来持续保持竞争力还需要注重以下几个方面的建设,首先是深化对雪上项目跨界跨项的认识,此外还要客观认识和评价运动队的发展现状、紧跟项目发展动态、保持创新发展态度、充分了解对手备战情况。此处着重介绍跨界跨项对运动队实现快速发展的重要促进作用,它是通过对有天赋的运动员进行转移和再利用,将跨项前的运动经验、生理学能力和技能转移到跨项

---

① 田麦久.运动训练学[M].北京:高等教育出版社,2017:306—310.
② 戈炳珠.空中技巧项目的特点与规律[J].沈阳体育学院学报,2002(03):11—14.

的项目,并实现在新的项目取得快速成功[①]。

我国雪上项目发展起步较晚,在 2015 年获得冬奥会举办权时,有接近 1/3 的项目在我国没有开展。为了促进我国选手在东京奥运会取得好成绩以及在北京冬奥会上全面参赛的战略目标,国家体育总局联合相关部门在 2017 年启动了"跨界跨项选材"活动,颁布了《冬季项目备战 2022 年冬奥会跨界跨项选材工作总体方案》,力图补齐冬季项目的短板,通过打破传统选材限制,以跨界和跨项的手段,科学选拔出有天赋的选手,缩短冬季项目运动员培养周期,恶补我国冬季运动人才储备的短板,实现冬季项目竞技水平跨越式发展。最终仅用时 5 年,跨界跨项计划便获得了阶段性的巨大收获,我国参加 2022 北京冬奥会的 177 名运动员中有 1/5 来自跨界跨项选材,雪上项目近一半的运动员来自跨界跨项[②],开创了冬季项目人才培养与选拔的新模式。

事实上,跨界跨项的研究和实践在国外并不稀罕。早在本世纪初,一些体育强国就开始了对跨界跨项选材和培养模式的探索,逐渐将个人行为提升到国家战略支持层面,从起初以个人兴趣为主的跨项逐渐转变成有意识的跨项,跨项目的性显著增强,形成了项目内、外、跨项、跨界和补进等五种形式的选材模式,这些计划的有效实施取得了巨大的成功[③]。

---

① 韩洪伟,戴健. 竞技体育跨项选材:规律·困境·反思[J]. 西安体育学院学报,2021,38(01):116—123.

② 张环宇,徐莹,杜雪等. 北京冬奥会对我国冬奥会项目发展的影响及展望[J]. 体育文化导刊,2022,240(06):29—35.

③ 黎涌明,陈小平,冯连世. 运动员跨项选材的国际经验和科学探索[J]. 体育科学,2018,38(08):3—13.

　　跨界跨项成功的关键在于抓住了关键性技术环节。同一项群的不同项目具有相似的竞技特点、制胜规律和相通的训练要求,以自由式滑雪空中技巧为例,与体操、艺术体操、蹦床、技巧同属于技能主导类难美性项群,通常都在青少年的早期进行专项化训练,此时进行项目跨转,会实现训练效果的累积效应,减少因生长发育带来的形态、机能和心理的显著变化。我国受早期专项化制约,导致大量运动员只能终身从事个别项目,极大地阻碍了竞技体育的可持续发展。田麦久等(2018)认为若要做好我国跨界、跨项和跨季选材活动,一定要建立复合型的专业教练培养体系①。高水平跨界选材不能盲目地"重体,不重心",应特别注重心理素质的选拔②,因此,建议一线教练员对选拔出来的高水平运动员在"身心"两方面进行个性化训练培养,围绕"身心一体化"进行科学训练,强化运动员的专项竞技应激调动能力与比赛抗压能力。

4.5.3　行动力

　　行动力(Action)是做事情的积极努力程度,是一种改变惯性的能力。英国管理学家安迪·布鲁斯(Andy Bruce)将行动力分为做好准备、及时行动、合理决策、信息处理以及从经验中学习5个方面③,做好准备包括规定期限、认清目标、采取适当有效行动、

---

　　①　田麦久,刘爱杰,易剑东.聚焦"跨项选材":我国运动员选拔培养路径的建设与反思[J].体育学研究,2018,1(05):69—77.

　　②　张忠秋.高水平竞技体育跨界选材需重视"心理关"[J].中国体育教练员,2018,26(02):14—15.

　　③　安迪·布鲁斯等著,王华敏等译.行动力[M].北京:世界图书出版公司,2010:10—15.

现在就开始行动；及时行动包括编制待办事项清单、聪明地利用时间、避免延迟、促使事情发生、让别人也参与进来；合理决策包括重视思考、理解问题症结、决策程序、采用便捷方法、付诸行动；信息处理包括收集信息、信息结构化、了解新技术、利用先进技术、帮助他人及时行动；从经验中学习包括持续改进、记录最佳案例、分享见解、均衡生活、自我能力测试。

行动力体现在教练员的言行表率、比赛训练中的指挥决策，以及带领队伍攻坚克难三个方面。其中教练员的言行表率来源于率先垂范、成为榜样和言行一致，比赛训练中的指挥决策来源于有效指挥制定与实施、及时指导与决策、对队员内在心理能力的提升，带领队伍攻坚克难分别体现在面对困难艰苦时和面对挫折失败时。

（1）临场指导决策

教练员临场指挥对于比赛的过程和结果起着决定性作用，这取决于教练员的观察、分析和决策能力，是教练员的教练技巧和经验的集中反映[1]。尽管不同运动项目特征的教练员在临场指挥方式上有所差异，但都会围绕赛前计划的布置和赛中实施两个阶段展开，体现教练员对运动员竞技表现和赛场形势的认识与把握[2]。田麦久教授认为教练员临场指导的实质是决策，要求教练员能够及时快速做出决策[3]。从心理机制来看，积极的话语使人心情愉

---

①　魏平，许昭. 运动员心理训练与调控[M]. 济南：山东大学出版社，2018：109.

②　熊焰. 教练员临场指导特征解析[J]. 中国体育教练员，2016，24(01)：6—9＋13.

③　田麦久，熊焰. 竞技参赛学[M]. 北京：高等教育出版社，2019：204—205.

悦,能够改变身体血液充分,改变脱氧核糖核酸的结构,增加机体能量,因此肯定和鼓励能够调动运动员的积极性,发挥其创造性。反之,批评、责骂严重阻碍运动员的发展。采取有效方法激发运动员的训练动机,促进其自信心形成就显得尤为关键。

对于优秀的教练员而言,能围绕比赛制定详尽的参赛战略部署,敏锐捕捉到比赛玄机,并有针对性地实施控制与调整,反观普通教练往往会行事武断、立场不坚定、过分相信个人感觉、错抓重点等表现①。教练员临场指挥水平的高低取决于其敏锐地观察、缜密地分析以及精准地决策行为,比赛愈是重要、愈是激烈,更是能体现优秀教练员将比赛指导思想的贯彻程度、比赛策略实施恰当与否以及对运动员参赛动员和调控的掌握程度。前自由式滑雪空中技巧国家队员邱森(2021)结合自身多年参赛实践经验,认为在北京冬奥会备战冲刺中,一定要建立灵活多变的赛场决策方案,并认为徐梦桃在2018平昌冬奥会决赛第二轮失利的原因就是对助滑速度的判断出现偏差,未能够对助滑速度降低带来的不利影响做出及时调整②。

作为教练需要在复杂多变的训练和比赛中做出决策、当机立断,而往往这种决策是没有任何程序而言,通常需要在短时间内从几种可能发生的情况中做出选择,其中也必然蕴含着比较和择优,但是教练清楚没有任何一项决策是完美的,都是相对的,这也就需要教练员在平时训练中准备多种方案,提高日常训练的质量,尽可

① 熊焰,王平. 竞技教练学[M]. 苏州:苏州大学出版社,2016:154—516.
② 邱森,史东林,刘伶燕,戈炳珠,邱招义.我国女子自由式滑雪空中技巧项目北京冬奥会的冲金形势与参赛策略研究[J].北京体育大学学报,2021,44(12):67—77.

能使得教练员的判断和决策更加符合比赛的要求。教练员临场指挥能力只有在长期的训练和比赛中才能得以培养,建立在教练员对比赛情景合理预测和精确观察的基础上,以及针对赛场瞬息万变情况的判断和决策上。教练员应深入分析各种可能出现的问题,遵循"预先研判-制订预案-作战实验-修订完善"的流程①,实现参赛目标的达成。

（2）言行表率

对于成功的领导者而言,成为一名行为榜样能够有力地吸引组织成员(追随者)。我国历来重视领导者的示范效应,在组织中发展领导者标杆,成员会照着样子去做。只有当领导者主动承担组织发展重任,并用实际行动来带动和引领组织成员向其靠拢,才能赢得成员更多的尊重。从领导力的发展层次来看,言行表率蕴含着组织成员(追随者)对领导者的认同,当领导者能够身体力行、以身作则,甚至于身先士卒,将给组织成员带来观念上巨大的冲击。组织成员会仔细观察并建立某种优秀领导力的认知,进而产生认同和信服,通过这种"耳濡目染"的方式产生积极的效果,引起他们主动地追随和模仿,实现领导力的"立人"目标②。追随者会以领导者为榜样。

教练员的言行表率的作用是由其身份、地位和工作性质所决定的。教练员是运动队的大脑,为运动队服务是自己的天职,若要履行职责,坐而论道显然是不可行的;竞技目标一经制定,就需要

---

① 熊焰.教练员临场指导能力及其培养[J].中国体育教练员,2015,23(03):8—11.
② 约翰·马克斯维尔著,任世杰译.领导力的五个层次[M].北京:金城出版社,2012:181.

围绕不同阶段的任务特征展开有针对性地部署和实施,如果不能带头从运动队实际情况出发,不从具体的训练和比赛中发现问题,目标就难以得到达成。有了教练员的带头,便会吸引运动员的主动观察并建立个体学习榜样,进而潜移默化地影响到自身进行调节和改变,使得外在的学习行为逐渐内化成为个人行为准则[①]。调研还发现,运动员往往会通过对优秀教练员的直接观察与模仿,建立与之相似的行为惯习,形成积极的团队学习模式,同时这也有助于队伍中一些优秀基因的传承与发扬。

(3)攻坚克难

现如今,领导环境发生了巨大改变,领导者需要面对更多、更严峻的挑战,要承受更多的压力,遭遇到更为复杂多样的逆境,如何在逆境中成长已经成为当今领导者需要应对的重要课题[②]。逆境可以让人们变得更加强大、更加聪明、更加优秀,也更加坚强,往往许多有价值的东西都隐藏于逆境中,优秀的领导者更加懂得这一观点。尽管人们无法控制这些不期而至、不受人欢迎的因素,但如何应对却成为领导力的一部分。美国管理顾问保罗·斯托茨(Paul Stoltz)将领导者处理逆境的能力称为逆境商数(逆商,Adversity Quotient,简称 AQ),在 AQ 指标上获得高分的人创造力和生产力更高,更容易收获商业上的成功[③];有学者将其称为逆境

---

① 董传升,宋莹.打造学习团队:中国自由式滑雪空中技巧集训队学习行为影响因素的质性分析[J].体育科研,2020,41(01):36—43.

② 李玉栓,郑娟.领导者逆境商数与领导的有效性[J].安徽师范大学学报(人文社会科学版),2014,42(06):770—774.

③ 保罗斯·托兹著,姜冀松译.AQ 逆境商数[M].天津:天津人民出版社,1998:25.

胜任力[①],将逆境作为契机,化逆境为顺境,摆脱逆境走向成功。因此可以将逆境应对视为领导有效性的标尺,作为评价卓越领导者的标准,如果领导者能将挑战、困难、挫折,甚至于失败控制在一定范围内,不让其影响到工作绩效,则可以认为领导是成功的。

竞技体育比赛的不确定性是其最大魅力之一,但正因为如此,增加了比赛过程不易掌控和结果难以预测,给教练员的执教活动带来了巨大的挑战。正如伍登教练所言"教练员要将重点放在那些能够掌握的事情,因为你无法掌控命运,我们所掌握的只有自己的反应"。国际上,许多伟大的教练都有着逆境中生存能力,有着非凡的毅力,承受巨大的逆境压力,以强大的心理能力、专业知识以及决绝的行动能力,破釜沉舟化腐朽为神话,创造了一个又一个经典的执教活动,与之相对的,有一大批教练员没能够正视逆境,不能勇敢面对压力,心态发生崩裂,导致失利。

4.5.4　平衡力

平衡力(Balance)源于物理学概念,表示力的平衡,当几个力共同作用在同一个物体上,物体仍然或变成处于静止状态或匀速直线运动状态,或者是合力为零则表明这几个力的作用合力为零,这几个力就处于平衡状态。平衡力反映事物内外作用力达到了均衡的状态,组织或团队一旦不平衡,发展就会受阻和不稳定,长期延续下去就有可能导致垮塌[②]。优秀领导者能将平衡当作一门领

---

① 马新建,顾阳. 塑造企业领导者的逆境胜任力[J]. 中国人力资源开发,2009,(06):50—53.

② 李志洪. 麦肯锡领导力法则[M]. 北京:台海出版社,2017:48.

导艺术,能够认清事物发展规律,很好地处理各种问题和矛盾,让组织在平衡的状态实现稳定发展。

竞技体育组织中,教练员平衡力是实现运动队各种关系合理及高效处理的能力,是实现运动队快速稳定发展的重要因素。本研究发现,教练员平衡力体现在三个方面:教练员的角色担当、教练员与运动员关系处理、团队协作能力,其中教练员的角色担当来源于教练员的角色定位和角色行为,教练员与运动员关系处理来源于教练员的主导地位体现、运动员的主体地位实现、教练员与运动员共同成长,团队协作来源于团队的沟通与相处、配合与协作、团队文化的培养。

(1) 教练员的角色担当

组织行为学研究认为工作群体具有自身属性,这些属性能够塑造群体成员的行为,其中角色最为突出[①]。威廉·莎士比亚(William Shakespeare)说道"在世界的大舞台上,每个人都是演员",因此个体既需要扮演好特定角色,还需要能够承担起多个不同角色的社会期望,一旦角色要求难以实现,就会导致一定的角色冲突,致使组织和个人遭受损失。

竞技体育教练员工作职责与属性使得他们在运动训练中扮演着多重角色,多角色思考能够让教练员从运动员的训练、比赛、生活和学习中获得更多信息,多角度对运动员的训练进行调控,发挥运动员的潜能,提高训练和比赛质量。优秀的教练员往往善于应对不同的场景,运用不同的方法和策略开展工作,例如安切洛蒂运

---

① 斯蒂芬·罗宾斯等著,孙健敏等译. 组织行为学 [M].北京:中国人民大学出版社,2016:222—225.

用平静从容而又权威的工作方法,有时表现得像大牌球员的个人训练师,高层的超级外交家,能让球星开心、能干成事、不会公开发牢骚。

（2）教练员与运动员关系处理

教练员与运动员之间有效沟通是关系处理的关键,具备良好的沟通能力才能更好地表达自己的思想和感情,获得他人的理解和支持。保持沟通非常关键,它是所有人际关系的基础,因为每个人都有自己的性格、说话的方式,有的队员需要被激励,有的喜欢得到授权,有的只想执行命令,因此教练需要聆听每一个人的想法,改变自己原有想法,按照队员特点调整。沟通能促进教练员对运动员的了解程度,理解运动员,进而信任运动员;同时,沟通也能让运动员了解、理解和信任教练员。因此,有效的沟通是教练员和运动员彼此理解、相互信任的桥梁,成为运动队和谐相处的重要标志。

杨国庆等(2021)在一项关于我国奥运冠军成长规律的调查研究中[①]发现,教练员对师徒关系的把握尺度是获取奥运冠军的重要因素。不同性别、文化程度、沟通技巧和执教能力的教练员都会影响到二者关系,教练员的鼓励、支持和科学引导往往能直接影响到奥运冠军的健康成长,也正如笔者调研中,一些冠军运动员所言"教练的功劳最大、最感谢他们的教练、没有教练就没有今天"。只有注重以教练员和运动员良性关系为基础的运动队团队建设,才能更好地强化和打造良性团队凝聚力,才有助于形成复合型团队

---

① 杨国庆,彭国强,刘红建等.中国奥运冠军成长规律与时代启示[J].体育科学,2021,41(05):3—14+52.

保障体系。

（3）团队协作能力

团队建设属于组织文化的范畴,组织文化会增强组织承诺,增加员工行为的一致性,对于组织中所有成员都非常重要,能够告诉员工应该怎样做事情和做正确的事情。团队文化不易完成,但是一旦形成,就会形成延续。相较于企业组织,竞技体育运动组织的团队文化形成和团队建设显得更加困难。新时代,教练员作用的发挥形式也产生了变化,逐渐由刚性转向柔性,由显性转向隐性,这种转变就需要运动队产生共同的价值观,形成一定的团队文化,齐心协力、劲朝一处使,共同实现目标。作为运动队的领导者,教练员要注重团队合作,彼此分享想法、信息,共担责任和任务,善于赞扬团队成员,主动接受责备。倘如在运动队中,无论教练员还是运动员,抑或是管理人员,都尽力妥善呵护和经营团队价值理念,必将为运动队发展打下坚实的基础。

优秀的教练员善于指引团队方向,建立一种特殊的环境,最大化地发挥每个运动员的能力,从而实现团队的成功。随着运动训练日趋专业化和精细化,高水平运动训练已经不再是一名教练就能完成的,亟须复合型教练团队来综合实施训练活动[①]。北京冬奥会后,我国竞技体育发展也进入了高质量发展阶段,如何成功地维护团队关系成为教练团队首要面对的问题,要学会了解并信任队伍每一个成员,学会有效沟通和接受他人不同意见,甚至是冲突[②]。

---

① 关培兰. 组织行为学[M]. 武汉:武汉大学出版社,2000:182.
② 钟秉枢,教练学[M]. 北京:高等教育出版社,2019(9):190.

4.6　本　章　小　结

　　本章以我国冬奥雪上优势项目—自由式滑雪空中技巧项目的教练员或运动员为调查对象,以深度访谈、执教心得体会、权威媒体报道或专访、观察纪要、相关个人著述等文本材料为依据,运用经典扎根理论的方法构建了"我国冬奥雪上优势项目教练员领导力概念模型",呈现我国雪上优势项目教练员领导力概念模型,主要包括四个维度:感召力、专长力、行动力和平衡力,其中,感召力是教练员吸引运动员的主动投身于艰苦卓绝的训练和比赛的能力,包括思想境界感召、人格魅力感召和职业情怀感召;专长力是教练员实现对运动队竞技水平提升的动力源头,涵盖了对技术知识的学习能力、对制胜规律的把握能力,以及应对未来发展的能力;行动力是教练员改变习惯的能力,体现在教练员的指挥决策、攻坚克难和言行表率;平衡力则是教练员合理和高效处理运动队各种内外部关系的能力,主要有角色担当、教导关系和团队协作三个方面。

　　本章还尝试构建"我国冬奥雪上优势项目教练员领导力模型",围绕教练员领导力的来源、传达路径和塑造,以各个核心要素"基础—开启—形成"的生成逻辑,构建了一个教练员领导力螺旋上升的阐释模型。通过本章有关"我国冬奥雪上优势项目教练员领导力是什么,有怎样的内涵维度"质的研究,为后续实现教练员领导力的测量提供了基础性的素材和分析框架。

5 我国冬奥雪上优势项目教练员领导力量表编制

在本文的第 4 章采用扎根理论的研究范式构建了"我国冬奥雪上优势项目教练员领导力概念模型",从理论上为教练员领导力研究奠定了基础。为了能够深入探究教练员领导力在队伍发展中起到的作用,本章遵循量化研究的规范,编制调查测量工具,以期为运动队构建基于教练员领导力传达的实践路径。

目前,大多数学者依照国外教练员领导行为的调查问卷改编后展开研究,缺少将教练员领导力作为整体进行测量研究的案例。为了进一步探讨我国冬奥雪上优势项目教练员领导力的结构维度和内涵特征,有必要编制科学合理的测量工具,同时验证质性研究中构建的我国冬奥雪上优势项目教练员领导力理论的适用范围,本章详细报告我国冬奥雪上项目优势教练员领导力调查量表(SECLS,Snow Sports Elite Coach Leadership Scale)编制的过程、方法和结果,具体编制与开发流程如图 5-1 所示。

设计了《我国冬奥雪上优势项目教练员领导力调查问卷》,分为教练员和运动员两套问卷,采用小样本和大样本调查检验理论

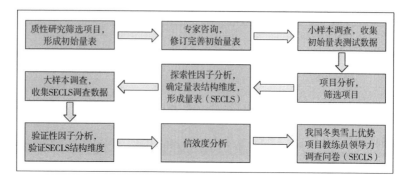

图5-1 我国雪上优势项目教练员领导力量表(SECLS)编制流程

模型的科学性和可靠性。通过小范围样本发放检验问卷内部一致性,保证具有良好的信度,采用探索性因素分析检验问卷结构效度;大样本调查后执行验证性因素分析,检验模型的拟合效果,并对模型进行修正,得到符合理论构想的理论模型,从而获得雪上优势项目教练员领导力的测量工具。

5.1 调查问卷设计的过程

5.1.1 调查问卷的设计

本研究属于探索性研究,所需调查工具无法从前人研究中直接获取,需自编问卷进行数据采集,因此有必要创编一套信效度优良的问卷,以便能够便利、快捷收集到高质量的调研数据,为实证研究提供支持。

量表测量方法是管理学、组织行为学和心理学常用的研究工具,用以揭示难以直接观察的理论变量。量表质量的好坏直接影响到研究结论的可靠性和科学性。为了确保调查量表的客观性和科学性，本研究围绕我国冬奥雪上优势项目教练员领导力的结构维度和内涵特征设计开发了调查问卷，主要有如下三个步骤。

一是明确核心变量。通过文献研究、质性分析以及自由式滑雪空中技巧队的发展历程，确定了冬奥雪上优势项目教练员领导力为研究对象，以教练员的感召力、教练员的专长力、教练员的行动力和教练员的平衡力为研究变量并对其进行清晰合理的界定。

感召力是教练员吸引运动员的能力，教练员通过自我完善而形成的独特魅力。教练员感召力体现在思想境界感召、人格魅力感召和职业情怀感召等三个方面，其中思想境界感召来源于远大理想信念的追求、个人愿景目标的设定和德行教育理念的贯彻，人格魅力感召来源于品质德行、意志毅力和敬业爱业，职业情怀感召来源于对项目的成就向往和对项目的依恋程度。

专长力是实现教练员自我成长和运动队竞技水平提高的内在驱动力。教练员发展力体现在技术知识学习、制胜规律把握、应对未来发展等三个方面的能力，其中技术知识学习的能力来源不断地知识学习以积极总结与反思，制胜规律把握能力来源于对项目基本规律的认识、对项目本质特性的把控、对项目制胜要点的把控和对跨界跨项选材的重视，应对未来发展的能力来源于对项目发展的整体认知以及应对项目发展的策略。

行动力是教练员做事情的积极努力程度，是一种改变惯性的能力。教练员行动力体现在教练员的言行表率、比赛训练中的指挥决策，以及带领队伍攻坚克难三个方面，其中教练员的言行表率来源于率先垂范、成为榜样和言行一致，比赛训练中的指挥决策来源于有效指挥制定与实施、及时指导与决策、对队员内在心理能力的提升,带领队伍攻坚克难分别体现在面对困难艰苦时和面对挫折失败时。

平衡力是实现运动队各种关系合理及高效处理的能力。教练员平衡力体现在教练员的角色担当、教练员与运动员关系处理、团队协作能力等三个方面的能力,其中教练员的角色担当来源于教练员的角色定位和角色行为,教练员与运动员关系处理来源于教练员的主导地位体现、运动员的主体地位实现、教练员与运动员共同成长,团队协作来源于团队的沟通与相处、配合与协作、团队文化的培养。

二是与现有理论进行充分对话,确定初始测试题项。本研究重点考察雪上优势项目教练员在领导力方面应具备怎样的特征。在第 4 章的质性研究中,主要从自由式滑雪空中技巧国家集训队的实践经验入手,结合访谈数据、观察和文献材料,提取出了雪上项目优秀教练员领导力的四个维度,分别是感召力、专长力、行动力和平衡力。

在本章的问卷编制过程中,与现有成熟研究进行比较,以增加调查工具的理论基础,如李宁[①](2009)博士论文《我国教练员执教行为研究》中所涉及的教练员的专业精神(责任心、实干精神、公正诚实等 12 个题项)、教练员与运动员人际关系(关心运动员、重视运动员团结、取得运动员信任等 17 个题项);吉承恕[②](2011)博士

---

① 李宁. 我国教练员执教行为研究[D]. 北京:北京体育大学博士论文,2007.

② 吉承恕. 竞技体育教练员胜任力问题的研究[D]. 天津:天津大学博士论文,2010.

论文《竞技体育教练员胜任能力问题的研究》所体现的胜任能力特征：认知、管理、个人效能、影响、成就与行动、帮助等；蔡端伟[①](2016)博士论文《教练员领导行为、激励氛围对运动员动机内化影响研究》编制的教练员领导行为量表、运动员目标导向量表、教练员激励氛围量表、群体凝聚力量表；郭宇刚[②](2016)博士论文《运动员依恋、关系维持策略与运动员-教练员关系质量的研究》编制的教练员-运动员依恋量表(回避亲密、焦虑被弃、安全)，教练员-运动员关系维持策略量表(冲突管理、动机激励、沟通策略、支持性、社交网络、保证性)；孙哲[③](2018)博士论文《我国职业篮球教练员胜任特征模型的构建与实证研究》教练员胜任能力的 4 个维度的特征：认知能力、专业技能、管理能力和个人特质能力。

三是采用专家咨询的方式完善问卷内容。目前对于某一领域探索性研究的实证部分通常会采用问卷调查的方式开展，本研究编制了《我国冬奥雪上优势项目教练员领导力调查问卷》，采用德尔菲法对初始问卷进行判断和筛选，根据专家反馈意见进行指标优化，结果多次征询和迭代形成较为集中的意见完成形成预调查问卷。

5.1.1.1 人口统计学变量测量

根据文献研究和质性分析结果，发现人口统计学变量可能会

① 蔡端伟. 教练员领导行为、激励氛围对运动员动机内化影响研究[D]. 上海：上海体育学院博士论文,2016.

② 郭宇刚. 运动员依恋、关系维持策略与运动员—教练员关系质量的研究[D]. 上海：上海体育学院博士论文,2016.

③ 孙哲. 我国职业篮球教练员胜任特征模型的构建与实证研究[D]. 北京：北京体育大学博士论文,2018.

影响调查对象对教练员领导力感知上的差异,对教练员的感召力、专长力、行动力和平衡力产生一定的影响。

根据调查对象的不同,分为教练员填答部分和运动员部分,主要体现在教练员或运动员的个人执教或运动经历方面,具体包括性别、年龄、学历,项目类别、教练等级、所在运动队类型、执教年限、参加比赛级别,以及运动员时期所从事项目、运动等级和比赛获奖等情况,如表5-1所示。

表5-1　人口统计学变量测量题项

编号	类型变量	测量题项
1	性别	A 男性　B 女性
2	年龄	A 20—29岁　B 30—39岁　C 40—49岁　D 50—59岁　E 60岁以上
3	学历	A 高中或中专及以下　B 大学　C 硕士　D 博士及以上
4	所在项目	A 自由式滑雪　B 单板滑雪　C 越野滑雪　D 高山滑雪　E 跳台滑雪　F 北欧两项　G 冬季两项　H 其他
5	教练角色	A 主教练　B 助理教练　C 其他教练
6	教练等级	A 高级　B 中级　C 初级　D 其他
7	所在运动队类型	A 国家集训队　B 省市队　C 竞技体校队　D 高校队　F 其他
8	是否一直从事当前项目执教	A 是　B 否
9	执教目前项目年限	A 5年以下　B 6—10年　C 11—20年　D 21年以上
10	执教的最高级别比赛	A 世界三大赛　B 其他国际性比赛　C 全运会　D 国内单项锦标赛　E 其他
11	运动员时从事的运动项目	A 自由式滑雪空中技巧　B 自由式滑雪雪上技巧　C 单板滑雪　D 高山滑雪　E 越野滑雪　F 体操　G 技巧　H 舞蹈　I 蹦床　J 其他
12	运动等级	A 国际健将　B 国家健将　C 国家一级　D 国家二级　E 其他
13	运动员时运动队类型	A 国家集训队　B 省市队　C 高校队　E 竞技体校队　G 其他
14	运动员时参加的最高级别比赛	A 世界三大赛　B 其他国际性比赛　C 全运会　D 国内单项锦标赛　E 其他

5.1.1.2 教练员领导力量表的构成

在本研究的第 4 章,通过扎根理论对我国冬奥雪上优势项目教练员领导力进行了深入探讨,构建出了我国冬奥雪上优势项目教练员领导力的理论模型,该模型共有 4 个维度。经过教练员和运动员的甄选,在原始语料中提取出与各维度内涵基本相近的语句,经提炼和加工形成雪上项目优秀教练员领导力的 24 个初始题项。为了确保调查后期实证检验的效果,保证每个维度测量题项不低于 3 个。

由于初始项目编制一定会涉及项目冗余的理解与处理,对于一个量表而言,必须要有一定的冗余,但又不能过多。依照理论模型进行编制的量表就是以项目冗余为基础,通过多项目的共同叠加作用,使得其他无关的内容相互抵消。一般在量表编制早期阶段,项目冗余不会构成大的影响,即使两个项目相差仅一字都值得保留,通过筛选,可以确定哪种形式更好[①]。通常初始项目池中的项目数比最终量表项目多 50% 即可,根据上述建议本研究编制的初始量表每个维度包含 6 个题项。

调查量表采用等级尺度法的原则设计问卷,利用不同的尺度来考察受试者对教练员领导力的内容要素测试条目认知情况,采用 5 点量表(极为认同、比较认同、不好确定、比较不认同、极其不认同)来表示,以选择的形式体现。问卷题项尽可能采用简洁和易懂的语言来表达,详细调查问卷见附件。

(1)感召力维度测量

本研究考察的教练员感召力是雪上项目优秀教练员通过自我

---

① 罗伯特・F 德威利斯著,席仲恩,杜珏译. 量表编制:理论与应用[M]. 重庆:重庆大学出版社,2016,10:81—84.

完善而形成的独特魅力从而影响运动员的一种能力,教练员感召力体现在思想境界、人格魅力和职业情怀等三个方面,其中思想境界感召来源于远大理想信念的追求、个人愿景目标的设定和德行教育理念的贯彻,人格魅力感召来源于品质德行、意志毅力和敬业爱业,职业情怀感召来源于对项目的成就向往和对项目的依恋程度,第 4 章质性研究对此进行了详细的分析讨论。

本章将若干量表予以综合,并结合质性研究结果,形成六个测量题项:"我认为教练员需要有着明确的奋斗目标和远大的理想信念""我认为教练员需要具备强大的祖国荣誉感""我认为教练员需要具备优良的意志品质和坚忍不拔的精神""我认为教练员需要展现出非凡的投入程度,甚至于是迷恋""我认为教练员应展现出强烈的自信心"和"我认为教练员应展现出对优异比赛成绩的向往和取得好成绩后的自豪感",如下表 5-2 所示。

表 5-2　雪上优势项目教练员感召力测量初始量表

编号	测试题项描述	题项来源	
		质性研究相关表述	成熟调查工具
1_1	我认为教练员需要有着明确的奋斗目标和远大的理想信念	1. 必须在奥运会拿金牌 ……	李宁 2009; 吉承恕 2011; 郭宇刚 2016; 蔡端伟 2016
1_2	我认为教练员需要具备强大的祖国荣誉感	1. 对祖国特殊的感情支撑着我 ……	
1_3	我认为教练员需要具备优良的意志品质和坚忍不拔的精神	1. 教练是我见过最辛苦的人; 2. 所有人都佩服他的毅力和意志,包括国外的教练……	
1_4	我认为教练员需要展现出非凡的投入程度,甚至于是迷恋	1. 若要从事竞技体育就要心无杂念、心无旁骛; 2. 几十年如一日;有了热爱就不怕苦;	

（续表）

编号	测试题项描述	题项来源	
		质性研究相关表述	成熟调查工具
1_5	我认为教练员应展现出强烈的自信心	1. 作为一个教练员要坚信自己能带领运动员走向成功……	
1_6	我认为教练员应展现出对优异比赛成绩的向往和取得好成绩后的自豪感	1. 能为我国冬奥体育事业贡献力量最令人欣慰……	

（2）专长力维度测量

本研究所考察的教练员专长力是雪上项目教练员实现自我成长和运动队竞技水平提高的内在驱动力。教练员发展力体现在技术知识学习、制胜规律把握、应对未来发展等三个方面的能力,其中技术知识学习的能力来源不断地知识学习以积极总结与反思,制胜规律把握能力来源于对项目基本规律的认识、对项目本质特性的把控、对项目制胜要点的把控和对跨界跨项选材的重视,应对未来发展的能力来源于对项目发展的整体认知以及应对项目发展的策略,第 4 章质性研究对此进行了详细的分析讨论。

本章将若干量表予以综合,并结合质性研究结果,形成六个测量题项:"我认为教练员应积极主动地学习项目发展所需知识和技能""我认为教练员应主动总结和反思,寻找不足""我认为教练员应熟知项目规律,把握项目制胜要素""我认为教练员应善于发掘和培养运动员""我认为教练员应保持创新发展的理念"和"我认为教练员应把握重点对手发展动态",如下表 5-3 所示。

表 5-3　雪上优势项目教练员专长力测量初始量表

编号	测试题项描述	题项来源	
		质性研究相关表述	成熟调查工具
2_1	我认为教练员应具备较高的运动技能水平和丰富的专业知识	1. 一定要从项目中来; 2. 参加过比赛就会对各个环节、许多问题都比较熟悉;	
2_2	我认为教练员应善于主动学习、总结和反思	1. 学习非常重要,要学习各种基础理论知识、技能训练手段和方法等 2. 当运动员失败了,教练员要能真正地查找失败的原因,总结经验; 3. 我会去反思,和最高水平比较看还缺哪些……	
2_3	我认为教练员应熟知项目规律,把握项目制胜要素	1. 如果对项目非常专业和熟悉,对了解和把握这个项目有极大帮助; 2. 有难度和稳定才能克敌制胜……	吉承恕 2011; 孙哲 2018
2_4	我认为教练员应善于发掘和培养运动员	1. 招生选材很重要,能形成良性循环……	
2_5	我认为教练员应保持创新发展的理念	1. 必须要创新动作,敢于上难新动作,不能总跟在别人后面走……	
2_6	我认为教练员应把握重点对手发展动态	1. 我了解世界上这个项目所有参加过世界杯的运动员,对他们的技术能力和比赛特点都了如指掌……	

（3）行动力维度测量

本研究所考察的教练员专长力是教练员做事情的积极努力程度,是一种改变惯性的能力。教练员行动力体现在教练员的言行表率、比赛训练中的指挥决策,以及带领队伍攻坚克难三个方面,其中教练员的言行表率来源于率先垂范、成为榜样和言行一致,比赛训练中的指挥决策来源于有效指挥制定与实施、及时指导与决策、对队员内在心理能力的提升,带领队伍攻坚克难分别体现在面对困难艰苦时和面对挫折失败时,第 4 章质性研究对此进行了详细的分析讨论。

表 5 - 4   雪上优势项目教练员行动力测量初始表

编号	测试题项描述	题项来源	
		质性研究相关表述	成熟调查工具
3_1	我认为教练员应给队员有针对性的设计训练和比赛计划	1. 由于是室外项目,不确定因素多,必须要先做时间计划和动作计划;	
3_2	我认为教练员应根据情况,及时、临时调整训练和比赛计划	1. 人是活的,因此训练计划也应该更加灵活; 2. 教练要眼观六路、耳听八方,要能够快速阅读比赛,复盘,然后去指导……	
3_3	我认为教练员应充分考虑教练组或队员的意见和想法		吉承恕 2011; 蔡端伟 2016; 孙哲 2018
3_4	我认为教练员应善于调动和调整运动员的情绪	1. 你不但可以参加奥运会,而且还能拿奖牌; 2. 在做高难度动作前,教练就得多鼓励队员; 3. 每当队员完成动作后,我都会真心地夸赞;	
3_5	我认为教练员应率先垂范、言行一致	1. 有一次风大、雪大,队员不敢滑,我什么也没说,穿上雪板,一个人滑了四五趟; 2. 一言一行影响到队员……	
3_6	我认为教练员应不惧困难和挑战,敢于承担失败的责任	1. 训练就类似于历经"九九八十一难,才能取得真经一样"……	

本章将若干量表予以综合,并结合质性研究结果,形成六个测量题项:"我认为教练员应给队员有针对性地设计训练和比赛计划""我认为教练员应根据情况,及时、临时调整训练和比赛计划""我认为教练员应充分考虑教练组或队员的意见和想法""我认为

教练员应善于调动和调整运动员的情绪""我认为教练员应率先垂范、言行一致"和"我认为教练员应不惧困难和挑战,敢于承担失败的责任",如上表5-4所示。

（4）平衡力维度测量

本研究所考察的教练员专长力是实现运动队各种关系合理及高效处理的能力。教练员平衡力体现在教练员的角色担当、教练员与运动员关系处理、团队协作能力等三个方面的能力,其中教练员的角色担当来源于教练员的角色定位和角色行为,教练员与运动员关系处理来源于教练员的主导地位体现、运动员的主体地位实现、教练员与运动员共同成长,团队协作来源于团队的沟通与相处、配合与协作、团队文化的培养。

本章将若干量表予以综合,并结合质性研究结果,形成六个测量题项:"我认为教练员应有鲜明的个性特征""我认为教练员不应该对运动员标榜权威""我认为教练员应倾听运动员的心声,以运动员为先""我认为教练员应能够协调队内各种关系""我认为教练员应能够应对各种角色的要求和可能带来的冲突"和"我认为教练员应积极参加队内集体活动",如下表5-5所示。

表5-5　雪上优势项目教练员平衡力测量初始量表

编号	测试题项描述	题项来源	
		质性研究相关表述	成熟调查工具
4_1	我认为教练员应有鲜明的个性特征	1. 优秀的教练员一定会有着自己的个性; ……	吉承恕 2011; 蔡端伟 2016; 孙哲 2018
4_2	我认为教练员不应该对运动员标榜权威	1. 过分强调极差会导致队员不说心里话和感受; ……	

（续表）

编号	测试题项描述	题项来源	
		质性研究相关表述	成熟调查工具
4_3	我认为教练员应倾听运动员的心声，以运动员为先	1. 教练员首要任务是将运动员放到第一位……	
4_4	我认为教练员应能够协调队内各种关系	1. 大家有事商量，相互尊重； 2. 教练员和运动员的关系必须是非常融洽、非常了解，要懂得队员，知道怎么相处……	
4_5	我认为教练员应能够应对各种角色的要求和可能带来的冲突	1. 要布置好场地、搞好训练，又要关注日常生活，还得关心他们的学习……	
4_6	我认为教练员应积极参加队内集体活动	1. 不仅是个单纯的竞技项目，而是一种文化； 2. 团队日常生活中能体现非常好的团结友好的行为……	

5.1.2 调查问卷量表的检验

由于目前对于雪上项目教练员领导力结构维度和内容要素测量的研究尚处于探索阶段，尚未形成较为科学且有效的测量题项。为此，为了确保调查问卷测度项的质量，提高调查问卷的信效度，问卷编制完成后，采取两种方法对调查工具进行检验。一是召集部分调查对象对问卷进行小组讨论，对一些在理解上有困难和误差的测度项进行修改；二是邀请部分调查对象进行测度项分类，进一步考查不同的调查对象对问卷测度项的认同程度。

本文采用德尔菲法对调查问卷的量表部分进行评价。德尔菲法一般要包括三个阶段，首先进行的是第一轮专家队对指标池判断和筛选，其后是根据专家反馈意见进行指标优化以便进入下一轮意见征询,最后是经过多次征询和迭代形成较为集中的意见以完成指标体系构建。匿名、反馈和迭代是德尔菲法的主要特征①,匿名填写可以确保获得专家真实的想法和意见,反馈则体现了对专家意见和分歧的进一步解释,迭代则体现了整个征询过程逐步收敛以达到问题精简的过程。德尔菲法使用中通常要进行1—5轮迭代,大多数研究集中在2—3轮,轮次的选择主要取决于专家是否达成一致性,以此确保提供足够多的信息。

初始问卷编制流程图如下:

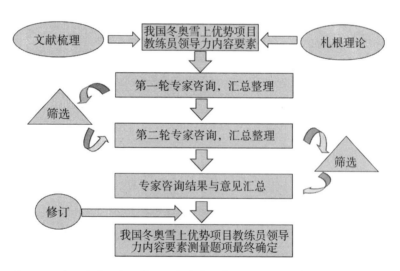

图5-2　我国冬奥雪上优势项目教练员领导力初始调查问卷编制过程示意图

5.1.2.1 咨询专家的确定

德尔菲法的应用关键在于专家对研究主题的判定,因此所选专家的权威程度决定了研究质量的高低,通常都是精通某一领域

---

① LINSTONE H A, TUROFF M, HELMER O. Advanced Book Program [M]. Addison-Wesley,2002.

人员,可以精于现象的描述与分析,也可擅长该领域理论研究或评价方法应用,目前还没有形成统一且严格的专家选取标准,但应满足"质"和"量"两个方面要求[①],在"质"的方面,专家的专业方向要与研究主题一致或较为接近,且专业知识储备较高;在"量"的方面,一般专家数量 10—30 之间较为合理,专家人数不必追求数量上的最大化,因在实际中,若干轮次迭代后专家数量的多少并不会对研究结果产生较大的影响。同质性领域应控制在 10—15 人之间,异质性领域专家人数 5—10 人即可。借此,本研究采用专家判定的方法确定雪上优势项目教练员领导力测试问卷,选取的专家由长期从事教练员研究的专家教授和我国冬奥雪上优势项目训练的教练员组成,对教练员有较为深入的研究,或对调查项目有着较为丰富的执教经验(咨询专家名单在第 1 章研究方法中已详细介绍)。

5.1.2.2 专家咨询调查表拟定

根据相关文献制定专家咨询问卷,问卷主要从专家对于指标的重要程度、判断依据和熟悉程度三个方面进行设计。其中指标体系的重要程度采用 5 点等级评价,包括"非常不重要""不太重要""一般重要""比较重要"和"非常重要"等,分别赋值 1—5 分;判断依据包括"实践经验总结""理论研究分析""国内外同行的了解"和"凭借主观直觉判断"四个维度的判断影响程度"大""中"和"小";熟悉程度包括"非常不熟悉""不太熟悉""一般熟悉""比较熟悉"和"非常熟悉",分别赋值情况如

下表5-6所示。另外,请专家在咨询问卷中对指标提出修改意见或补充建议。

表5-6　调查问卷专家权威情况判定的内容与赋值表

判断依据 Ca	赋值			熟悉程度 Cs	赋值
	大	中	小		
实践经验总结	0.5	0.4	0.3	非常熟悉	0.9
理论研究分析	0.3	0.2	0.1	比较熟悉	0.7
国内外同行的了解	0.1	0.1	0.1	一般熟悉	0.5
凭借主观直觉判断	0.1	0.1	0.1	不太熟悉	0.3
				非常不熟悉	0.1

5.1.2.3　专家评价的内容

德尔菲法进行的评判标准主要从专家的积极程度、专家意见的权威程度、意见协调程度和意见集中程度几个方面展开,张力为教授提倡采用定量的方式处理数据[①],从中心趋势、指标重要性、判断依据、熟悉程度,指标均分、满分频率、变异系数等进行设计。根据本研究需要,从专家积极程度、专家权威程度、专家协调程度等三个方面对问卷进行评价。

一、专家积极程度

主要体现专家对该研究的关心程度,是专家咨询表的回收率,用积极系数来表述,数值越大说明专家对该项目的配合程度越高。通常认为问卷回收率达到70%以上即满足要求,可展开分析。本研究专家咨询问卷第一轮共发放18份,回收17份,回收率95%;第二轮共发放17份,回收17份,回收率100%,专家

---

① 张力为,张凯.体育科学研究方法向何处去? 十个趋向与三个问题[J].体育与科学,2013,34(06):6—16.

对问卷反馈的积极性较高,并且针对第二轮指标的异议骤减(见下表5-7)。

表5-7 专家问卷的发放回收情况表

轮　　数	发放问卷	回收问卷	回收率	提出建议	占总体比重
第一轮	18	17	94.4%	9	45%
第二轮	17	17	100%	3	17.60%

二、专家意见权威程度

权威系数是表示专家的自评分,由专家打分判断依据和专家对问题的熟悉程度进行赋值。

权威系数计算公式为:权威系数 Cr=(判断依据 Ca+熟悉程度 Cs)/2,通常认为,当 Cr 值≥0.7 时,专家的权威程度达到要求。统计后可见,各专家的权威系数都符合要求,均达到要求,平均值为 0.861,最小值为 0.75,表明专家调查数据可靠、可信(见下表5-8)。

表5-8 专家权威系数统计表

轮　次	判断依据(Ca)	熟悉程度(Cs)	权威系数(Cr)
第一轮	0.926	0.795	0.861
第二轮	0.935	0.812	0.874

三、专家意见协调程度

专家意见的协调程度是反映评价者(专家)对调查对象评价的一致性程度,即评价标准是否一致。通常用两个步骤来进行分析,第一步是显著性水平分析,如果协调检验水平 p 值小于 0.05,则说明原假设(Kendall 系数为 0 不成立),证明专家的评价趋于一致,可以进行 Kendall 协调系数进行分析;第二步是从专家协调系数(Kendall 系数)的大小进一步判定一致性水平。Kendall 系数通常用 W 值表示,在 0—1 之间,数值越大说明专家对指标体现评分的协调程度越好,W＝1 表明专家对指标的评价完全一致。通常用 Kendall 协调系数来评价测量评分的一致性,＜0.2 表明一致性较差;0.2—0.4 之间表明一致性一般;0.4—0.6 之间表明一致性程度中等;0.6—0.8 之间表明一致性程度较强;0.8—1.0 之间则表明一致性非常强。当结果都通过检验,则表明专家的评分结果一致性较强。调查结果显示,第一轮专家协调系数介于 0.4—0.6 之间,表明专家一致性情况一般;第二轮专家协调系数均大于 0.6,且显著性水平小于 0.05,说明专家一致性情况较好,即可以停止意见征询。专家协调系数见表 5-9。

表 5-9　专家协调系数表

指　标	第一轮				第二轮			
	N	W	X^2	P	N	W	X^2	P
测试维度	18	0.474	15.627	0.001	17	0.618	18.218	0.000
测试题项	18	0.512	25.870	0.007	17	0.659	30.252	0.000

5.1.2.4　问卷的修正

在 2019 年 11 月—12 月间通过面对面和电子邮件的方式邀请专家对一级、二级和三级指标进行筛选,根据专家反馈结果进行部分指标调整,删减和增加了部分指标,形成新的指标体系。

专家咨询问卷指标的修正依据三个方面:一是指标的变异系数,它是指标的重要性评分标准差与均值的比值,数值越小表示专家对该指标的协调度越高,通常认为＜0.15 为非常理想,＞0.25 应予以删除,介于 0.15—0.25 之间应结合专家建议进行修订。二是专家意见集中程度,通常从平均值和满分频率来衡量,当专家对某项指标的评分算术平均值越大则表明该指标越重要,对某项指标给出满分频率越高表明该指标越重要。三是结合专家给出的意见和建议,依据实际情况对指标进行判定。为了避免证实性偏差(专家前后观点不一致,或专家不断地试图证实错误观点)出现对研究效度产生威胁,在每轮征询中特别重视专家不同的观点和意见,尽可能采取开放反馈的形式进一步听取专家意见,此外尽可能增加研究者和专家之间的互动,就某些专家提及的意见进行深入分析。

专家调查问卷效度评价结果显示,17 名专家中有 15 人认为比较合理和合理,1 人认为基本合理,见下表 5 - 10。

表 5 - 10　调查问卷内容效度评价结果一览表

评价结果	非常合理	比较合理	基本合理	不合理	非常不合理
频　次	10	5	2	0	0
百分比	58.8	29.4	11.8	0	0

根据第一轮专家对雪上优势项目教练员领导力调查问卷的评分统计结果(见表 5 - 11)和相关建议,对部分代表性较低题项进行删减和调整,对部分内涵不明确或有交叉重叠的指标进行完善(见表 5 - 12)。主要问题和建议体现在:1)问卷整体设计方面:测试维度的理论基础是否扎实;测试题项是否具有代表性,能否反映雪上项目优秀教练员的特征;测试题项是否具有唯一的隶属关系,与其他维度之间是否存在高相关性;填答者能否顺利填答,有无语意不清和表达不准确的地方。2)调查问卷的人口统计学变量方面:教练员在运动队里承担的规定角色是否要涉及;调查对象的具体比赛成绩是否要体现;教练员执教年限划分

依据。3)调查量表的测试题项:可能会与其他维度产生交叉或重复的情况。

表 5-11　第一轮专家咨询筛选结果相关系数统计一览表(N=17)

题号	指标内容	平均值	满分频率	标准差	变异系数	众数
1	感召力	4.526	0.526	0.513	0.113	5
2	专长力	4.421	0.526	0.692	0.157	5
3	行动力	4.789	0.789	0.419	0.087	5
4	平衡力	4.158	0.158	0.375	0.090	4
1_1	我认为教练员需要具备强大的祖国荣誉感	4.579	0.579	0.507	0.111	5
1_2	我认为教练员需要有着明确的奋斗目标和远大的理想信念	4.211	0.368	0.713	0.169	4
1_3	我认为教练员需要具备优良的意志品质和坚忍不拔的精神	4.158	0.263	0.602	0.145	4
1_4	我认为教练员需要展现出非凡的投入程度,甚至是迷恋	4.421	0.474	0.607	0.137	4
1_5	我认为教练员应展现出对优异比赛成绩的向往和取得好成绩后的自豪感	3.789	0.158	0.787	0.208	4
1_6	我认为教练员应展现出强烈的自信心	4.053	0.158	0.524	0.129	4
2_1	我认为教练员应具备较高的运动技能水平和丰富的专业知识	4.474	0.526	0.612	0.137	5
2_2	我认为教练员应善于主动学习、总结和反思	4.526	0.632	0.697	0.154	5
2_3	我认为教练员应熟知项目规律,把握项目制胜要素	4.105	0.316	0.737	0.18	4
2_4	我认为教练员应善于发掘和培养运动员	4	0.158	0.577	0.144	4

（续表）

题号	指标内容	平均值	满分频率	标准差	变异系数	众数
2_5	我认为教练员应保持创新发展的理念	4.263	0.368	0.653	0.153	4
2_6	我认为教练员应把握重点对手发展动态	4.105	0.263	0.658	0.16	4
3_1	我认为教练员应给队员有针对性地设计训练和比赛计划	4.579	0.579	0.507	0.111	5
3_2	我认为教练员应充分考虑教练组或队员的意见和想法	3.684	0.158	0.82	0.223	4
3_3	我认为教练员应根据情况，及时、临时调整训练和比赛计划	4	0.211	0.667	0.167	4
3_4	我认为教练员应善于调动和调整运动员的情绪	4.421	0.474	0.607	0.137	4
3_5	我认为教练员应率先垂范、言行一致	4.632	0.632	0.496	0.107	5
3_6	我认为教练员应不惧困难和挑战，敢于承担失败的责任	4.632	0.684	0.597	0.129	5
4_1	我认为教练员应有鲜明的个性特征	2.579	0.053	0.902	0.35	2
4_2	我认为教练员不应该对运动员标榜权威	4.316	0.421	0.671	0.155	4
4_3	我认为教练员应倾听运动员的心声，以运动员为先	4.368	0.474	0.684	0.157	5
4_4	我认为教练员应能够协调队内各种关系	4.105	0.263	0.658	0.16	4
4_5	我认为教练员应能够应对各种角色的要求和可能带来的冲突	4.368	0.421	0.597	0.137	4
4_6	我认为教练员应积极参加队内集体活动	4.526	0.526	0.513	0.113	5

第一轮专家咨询修订情况如下表 5-12：

表 5－12　第一轮专家建议修订情况（N＝17）

序号	专家提出的主要问题	修订情况	备注
1	各个维度的理论基础是否扎实	在维度释义时补充所用理论来源	关于整体问卷设计
2	测试题项是否反映雪上项目特征	重新检查并予以修订，用项目语言呈现	
3	测试题项表述是否精敲细推	重新检查并予以修订，并请人批判性阅读	
4	是否要体现出教练员或运动员里承担具体的规定的角色	目前我国雪上项目教练员组织体系中，分别由领队管理、主教练负责制、教练组负责制和分管教练负责的几种不同情况，但在实际训练和比赛中教练员都会最大程度发挥自己作用，不会因角色不同而存在巨大差异	关于人口统计学测量题项
5	是否要体现出教练员或运动员比赛具体成绩	由于研究会根据不同层次水平进行分析，而比赛名次具有一定的偶然性，因此参加过某一类型的比赛就会有一定的代表性	
6	执教年限划分有何依据	质性研究发现，不同执教年限的教练员会存在一定的行为和认知差异，10 年以下成长较快，之后呈现出稳定的执教风格	
7	题项 1_5 中教练员对取得优异成绩的向在和自豪感与 1_1 存在交叉，且且不太能体现教练员的感召	予以删除	关于调查量表测试题项

（续表）

序号	专家提出的主要问题	修订情况	备注
8	题项 3_3"应充分考虑教练或队员的意见和想法"与平衡力的内涵较为相似	予以删除	
9	题项 4_1"教练员应有鲜明的个性特征"体现的是某种人格魅力，置于感召力较为贴切	将该题项重新编制，调整到感召力维度	
10	题项 2_6 不大能完全反映出对项目发展动态的把握	将该题项调整为"我认为教练员应关注国际发展动态以及重视对手情报工作"	
11	题项 3_2 仅反映出了教练员的临场应变能力，但表述还不准确	将该题项调整为"我认为教练员应能快速决策，及时调整训练和比赛方案"	
12	题项 3_5 只应体现一种教练员行为，不应将言行一致纳入其中	将该题项调整为"我认为教练员应能以身作则率先垂范"	

第一轮专家咨询后,对指标进行了修改,拟定第二轮专家咨询问卷,于 2020 年 1 月份通过电子邮件对专家进行第二次问卷发放。第二轮调研专家数量为 17 名,减少 1 名对问卷熟悉程度为"一般"的专家(第一轮未返回问卷的专家),问卷回收率为 100%。

表5-13　第二轮专家咨询结果相关系数统计一览表

编号	测试题项描述	平均值	满分频数	标准差	变异系数
1	感召力	4.706	0.706	0.470	0.100
2	专长力	4.647	0.647	0.493	0.106
3	行动力	4.765	0.765	0.437	0.092
4	平衡力	4.529	0.529	0.514	0.114
1_1	我认为教练员需要具备强大的祖国荣誉感	4.647	0.647	0.493	0.106
1_2	我认为教练员需要有着明确的奋斗目标和远大的理想信念	4.647	0.647	0.493	0.106
1_3	我认为教练员需要具备优良的意志品质和坚忍不拔的精神	4.647	0.647	0.493	0.106
1_4	我认为教练员需要展现出非凡的投入程度,甚至于是迷恋	4.588	0.588	0.507	0.111
1_5	我认为教练员应展现出强烈的自信心	4.647	0.647	0.493	0.106
1_6	我认为教练员应有鲜明的个性特征	4.059	0.176	0.556	0.137
2_1	我认为教练员应积极主动地学习项目发展所需知识和技能	4.765	0.765	0.437	0.092
2_2	我认为教练员应主动总结和反思,寻找不足	4.706	0.706	0.470	0.100
2_3	我认为教练员应熟知项目规律,把握项目制胜要素	4.471	0.471	0.514	0.115
2_4	我认为教练员应善于发掘和培养运动员	4.412	0.412	0.507	0.115
2_5	我认为教练员应保持创新发展的理念	4.588	0.588	0.507	0.111

（续表）

编号	测试题项描述	平均值	满分频数	标准差	变异系数
2_6	我认为教练员应关注国际发展动态以及重视对手情报工作	4.588	0.588	0.507	0.111
3_1	我认为教练员应给队员有针对性地设计训练和比赛计划	4.706	0.706	0.470	0.100
3_2	我认为教练员应能快速决策，及时调整训练和比赛方案	4.706	0.706	0.470	0.100
3_3	我认为教练员应善于调动和调整运动员的情绪	4.471	0.471	0.514	0.115
3_4	我认为教练员应能以身作则率先垂范	4.765	0.765	0.437	0.092
3_5	我认为教练员应不惧困难和挑战，敢于承担失败的责任	4.706	0.706	0.470	0.100
4_1	我认为教练员不应该对运动员标榜权威	4.588	0.588	0.507	0.111
4_2	我认为教练员应倾听运动员的心声，以运动员为先	4.471	0.471	0.514	0.115
4_3	我认为教练员应能够协调队内各种关系	4.529	0.529	0.514	0.114
4_4	我认为教练员应能够应对各种角色的要求和可能带来的冲突	4.647	0.647	0.493	0.106
4_5	我认为教练员应积极参加队内集体活动	4.529	0.529	0.514	0.114

　　第二轮专家咨询后，所有指标"重要性"均值在4分以上，标准差小于0.7，指标变异系数小于0.15（见表5-13）。有专家对个别指标存有疑问，认为题项1_5"我认为教练员应有鲜明的个性特征"是否可以调整或删除，根据与教练员的访谈，大多数教练员表示在高水平竞技活动中，教练员一定要具备鲜明的个性特征；根据理解，此处所指的个性特征并非通常所理解的"特立独行""与他人

不和"等具有负面效应的特征,而是执教过程中所要形成自己鲜明的执教风格。因此,为了避免可能会出现的误导,将该题项表述调整为"我认为教练员应有鲜明的执教风格"。专家咨询统计结果表明,经过筛选后雪上优势项目教练员领导力内容要素指标体系具有较好的专家一致性,可以作为雪上优势项目教练员领导力的评价指标,该指标包括 4 个测试维度的 22 个测试题项。

具体框架内容如下表 5 - 14。

表 5 - 14　雪上优势项目教练员领导力调查问卷基本框架

编号	测试题项描述
1	感召力
2	专长力
3	行动力
4	平衡力
1_1	我认为教练员需要具备强大的祖国荣誉感
1_2	我认为教练员需要有着明确的奋斗目标和远大的理想信念
1_3	我认为教练员需要具备优良的意志品质和坚忍不拔的精神
1_4	我认为教练员需要展现出非凡的投入程度,甚至于是迷恋
1_5	我认为教练员应展现出强烈的自信心
1_6	我认为教练员应有鲜明的执教风格
2_1	我认为教练员应积极主动地学习项目发展所需知识和技能
2_2	我认为教练员应主动总结和反思,寻找不足
2_3	我认为教练员应熟知项目规律,把握项目制胜要素
2_4	我认为教练员应善于发掘和培养运动员
2_5	我认为教练员应保持创新发展的理念
2_6	我认为教练员应关注国际发展动态以及重视对手情报工作
3_1	我认为教练员应给队员有针对性地设计训练和比赛计划
3_2	我认为教练员应能快速决策,及时调整训练和比赛方案

(续表)

编号	测试题项描述
3_3	我认为教练员应善于调动和调整运动员的情绪
3_4	我认为教练员应能以身作则率先垂范
3_5	我认为教练员应不惧困难和挑战,敢于承担失败的责任
4_1	我认为教练员不应该对运动员标榜权威
4_2	我认为教练员应倾听运动员的心声,以运动员为先
4_3	我认为教练员应能够协调队内各种关系
4_4	我认为教练员应能够应对各种角色的要求和可能带来的冲突
4_5	我认为教练员应积极参加队内集体活动

经过专家咨询修订的初始调查问卷分为两个部分:第一部分是人口统计学变量,包括受调查者的性别、年龄、教育程度、运动等级和执教履历等,共 14 个题项,其中教练员填答 14 个题项,运动员填答 10 个题项;第二部分是教练员领导力测量题项,共涉及 4 个维度,22 个题项。完整问卷共 36 个题项。问卷第二部分采用李克特 5 级评分法,具体为"完全不认同""比较不认同""中立""比较认同"和"完全认同"五个选项,分别赋值 1—5。

5.2 调查的实施过程

5.2.1 预试样本采集与描述

预试研究是量化实证研究的重要步骤,通过问卷的预试研究,可以分析与评估调查问卷的质量,从而为改进问卷提供重要依据。通过对预试样本的项目分析,检验编制的问卷的切实和可靠程度①。预试调查对象可以是正式调查,亦可以选取与正式调查对象不同的群体②。根据学者 Oksenberg 等(1991)建议,预试样本数必须达到 25—75 个,才能保证研究的准确,又能最大程度上保证成本时间③。

表 5-15　预调查人口统计学信息表(n=172)

类　别		教练员(n=105)		运动员(n=67)	
		数量	百分比	数量	百分比
性别	男性	70	66.67	30	44.78
	女性	35	33.33	37	55.22
项目	自由式滑雪	28	26.67	8	11.94
	单板滑雪	16	15.24	19	28.36
	越野滑雪	11	10.48	19	28.36
	高山滑雪	22	20.95	15	22.39
	跳台滑雪	4	3.81	6	8.96
	北欧两项	10	9.52	0	0
	冬季两项	14	13.33	0	0
所在运动队类型	国家集训队	6	5.71	13	19.40
	省队	19	18.10	54	80.60
	地市队	32	30.48	—	—
	竞技体校队	33	31.43	—	—
	高校队	15	14.29	0	0
是否一直从事当前项目	是	85	80.95	47	70.15
	否	20	19.05	20	29.85

---

①　吴明隆.问卷统计分析实务[M].重庆:重庆大学出版社,2017:158.

②　陈钢华,赵丽君.旅游领域量表开发研究进展——基于国内外六本旅游学术刊物的分析[J].旅游导刊,2017,1(06):66—85+109.

③　Oksenberg,L. Cannell, C. & Kalton, G. New strategies for pretesting survey questions. [J] Journal of official statistics, 1991,7(3):349.

（续表）

类　别		教练员（n＝105）		运动员（n＝67）	
		数量	百分比	数量	百分比
执教当前项目年限	21 年以上	18	17.14	—	—
	11—20 年	25	23.81	—	—
	6—10 年	27	25.71	—	—
	5 年及以下	35	33.33	—	—
执教最高等级赛事	世界三大赛	37	35.24	—	—
	其他国际性比赛	12	11.43	—	—
	全运会	11	10.48	—	—
	国内单项锦标赛	21	20.00	—	—
	其他	24	22.86	—	—
作为运动员参与最高级别比赛	世界三大赛	12	11.43	0	0
	其他国际性比赛	18	17.14	16	23.88
	全运会	24	22.86	10	14.93
	国内单项锦标赛	14	13.33	12	17.91
	其他	37	35.24	29	43.28

在本研究中，预试于 2021 年 1 月上旬开展，在国家体育总局冬季项目管理中心、辽宁省体育局和沈阳体育学院的大力协助下，给正在备战北京 2022 冬奥会的国家集训队及其后备队伍（自由式滑雪空中技巧、单板滑雪、高山滑雪、越野滑雪和跳台滑雪等项目）通过问卷星进行网络调查。共发放问卷 172 份，回收有效问卷 172 份，人口统计学信息情况见表 5 - 15。

5.2.2　正式样本采集与描述

经过预试检验的调查问卷，于 2021 年 12 月通过网络发放，采用方便抽样的形式。以本人作为北京冬奥会国内技术官员培训的便利，在国家体育总局冬季项目管理中心工作人员以及各省区体育局竞训处或冬管中心负责人的帮助下，对辽宁、黑龙江、吉林、山西、新疆、河南、浙江①在编的雪上项目教练员和运动员进行调查，涵盖了高山滑雪、越野滑雪、自由式滑雪、单板滑雪、冬季两项、北欧两项、跳台滑雪等七个项目，共发放问卷370份，对于明显胡乱填答、连续勾选多个相同的选项、有规律勾选的问卷判定为无效问卷，最终得到322份，有效回收率为87%，见表5-16。

表5-16　正式调查人口统计学信息表(n=322)

类　别		教练员(n=202)		运动员(n=120)	
		数量	百分比	数量	百分比
性别	男性	131	64.85	50	41.67
	女性	71	35.15	70	58.33
项目	自由式滑雪	50	24.75	20	16.67
	单板滑雪	29	14.36	23	19.17
	越野滑雪	23	11.39	31	25.83
	高山滑雪	15	7.43	34	28.33
	跳台滑雪	18	8.91	12	10.00
	北欧两项	10	4.95	0	0
	冬季两项	14	6.93	0	0
所在运动队类型	国家集训队	17	8.42	25	20.83
	省队	42	20.79	95	79.17
	地市队	58	28.71	0	0
	竞技体校队	59	29.21	0	0
	高校队	26	12.87	0	0
是否一直从事当前项目	是	163	80.69	76	63.33
	否	39	19.31	44	36.67

① 注：选取黑龙江、吉林、辽宁、新疆、山西、河南以及浙江等7个省区，东北三省是我国雪上项目发展和起步都较早的省份；新疆是自然雪条件最好的省区，且承办了全国第十三届冬季运动会；山西由于承办全国二青会使得冬季项目发展加快；河南省则是冬季项目跨界跨项选材的重点省份；浙江是很多项目创新组队的先行地。

（续表）

类　别		教练员（n＝202）		运动员（n＝120）	
		数量	百分比	数量	百分比
当前项目执教 或训练年限	21年以上	35	17.33	2	1.67
	11—20年	49	24.26	1	0.83
	6—10年	51	25.25	17	14.17
	5年及以下	67	33.17	100	83.33
执教运动员 参加最高级 别赛事	世界三大赛	68	33.66	—	—
	其他国际性比赛	31	15.35	—	—
	全运会	24	11.88	—	—
	国内单项锦标赛	45	22.28	—	—
	其他	34	16.83	—	—
作为运动员 参与最高级 别比赛	世界三大赛	26	12.87	18	15.00
	其他国际性比赛	37	18.32	34	28.33
	全运会	47	23.27	18	15.00
	国内单项锦标赛	25	12.38	23	19.17
	其他	67	33.17	27	22.50

上表显示，从性别上来看，男性181人，女性141人；从项目上来看，自由式滑雪70人，单板滑雪52人，越野滑雪54人，高山滑雪49人，跳台滑雪30人，北欧两项10人，冬季两项14人；从教练员所在运动队类型来看，国家集训队17人，省队42人，地市队58人，竞技体校队59人，高校队26人；从执教年限上来看，21年以上35人，11—20年49人，6—10年51人，5年及以下67人；从执教过的运动员参加最高级别比赛来看，参加过世界三大赛68人，其他国际性比赛31人，全运会24人，其他全国性比赛45人，其他

类型比赛 34 人;教练在运动员时期参加世界三大赛 26 人,其他国际性比赛 37 人,全运会 47 人,国内单项锦标赛 25 人,其他比赛 67 人。统计结果全面地反映了调查对象的相关特征,符合样本整体情况,具有代表性。

5.3　研究结果与分析

5.3.1　项目分析

"项目分析的主要目的在于检验编制的量表或测验个别题项的适切与可靠程度,通过探究高低分的受试者在每个题项的差异或进行题项间同质性检验,项目分析的结果可作为个别题项筛选或修改的依据。"[①]

步骤一:高低分组的临界比(求决断值)

将调查所获的 172 个有效样本数据进行加总,得出受试者在量表上的总分,并按照先递增后递减的顺序排序。根据决断值计算建议,确定前 27% 为高分组,后 27% 为低分组[②]。经计算处于第 46 位(计算公式为:总分 * 27%＝172 * 27%＝46.44,取整数位 46)的数值为临界点位。经查看,将处于前 46 位次数值 127 以上的样本编为高分组,后 46 位

---

① 吴明隆,问卷统计分析实务——SPSS 操作与应用[M]. 重庆:重庆大学出版社,2017:158.

② 吴明隆,问卷统计分析实务——SPSS 操作与应用[M]. 重庆:重庆大学出版社,2017:158.

次数值 92 以下的样本编为低分组,并分别赋值 1、2,如下图
所示。

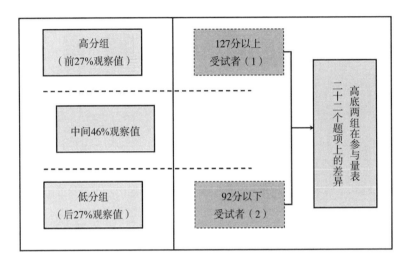

图 5-3 高低分组的比较差异示意图

步骤二:独立样本 t 检验

执行独立性样本 t 检验考察高低分组之间的差异性是否具
有显著性,以此完成对问卷的鉴别度进行检验。根据平均数的差
异显著性,删除未达标题项。当 Levene 检验 P 值小于 0.05 的显
著性水平,则应拒绝虚无假设,接受对立假设,此时应看假定方
差不相等时 T 检验结果;当 Levene 检验 P 值未达到 0.05 的显
著性水平,即大于 0.05,则应接受虚无假设,此时应看假定方差
相等时 T 检验结果。表 5-17 结果显示,全部 172 个变量的高低
分组 T 检验显著性水平均小于 0.05,且 t 值均大于 3 的标准值,
达到显著性要求。由此表明调查量表题目的鉴别度高,全部题项
均得以保留。

表 5 - 17　独立样本的 t 检验（N=172）

题　目		Levene 检验		T 检验					95% Confidence Interval of the Difference	
		F	Sig.	t	df	Sig（双尾）	Mean Difference	Std. Error Difference	Lower	Upper
Q1_1	假定等方差	37.914	0.000	11.676	92.000	0.000	3.403	0.291	2.824	3.982
	不假定等方差			11.509	61.586	0.000	3.403	0.296	2.812	3.994
Q1_2	假定等方差	22.804	0.000	14.963	92.000	0.000	3.861	0.258	3.348	4.373
	不假定等方差			14.780	67.221	0.000	3.861	0.261	3.339	4.382
Q1_3	假定等方差	30.137	0.000	11.816	92.000	0.000	3.469	0.294	2.886	4.052
	不假定等方差			11.647	61.572	0.000	3.469	0.298	2.874	4.065
Q1_4	假定等方差	30.834	0.000	14.152	92.000	0.000	3.534	0.250	3.038	4.029
	不假定等方差			13.934	58.689	0.000	3.534	0.254	3.026	4.041
Q1_5	假定等方差	87.972	0.000	13.251	92.000	0.000	3.596	0.271	3.057	4.135
	不假定等方差			13.022	54.106	0.000	3.596	0.276	3.042	4.150

（续表）

题 目		Levene 检验		T 检验					95% Confidence Interval of the Difference	
		F	Sig.	t	df	Sig（双尾）	Mean Difference	Std. Error Difference	Lower	Upper
Q1_6	假定等方差	26.990	0.000	13.620	92.000	0.000	3.774	0.277	3.224	4.325
	不假定等方差			13.472	70.993	0.000	3.774	0.280	3.216	4.333
Q2_1	假定等方差	26.960	0.000	13.174	92.000	0.000	3.450	0.262	2.930	3.970
	不假定等方差			12.992	62.748	0.000	3.450	0.266	2.919	3.981
Q2_2	假定等方差	53.381	0.000	16.032	92.000	0.000	3.903	0.243	3.420	4.387
	不假定等方差			15.769	56.211	0.000	3.903	0.248	3.407	4.399
Q2_3	假定等方差	44.738	0.000	13.176	92.000	0.000	3.248	0.247	2.759	3.738
	不假定等方差			12.944	53.191	0.000	3.248	0.251	2.745	3.751
Q2_4	假定等方差	68.391	0.000	14.613	92.000	0.000	3.506	0.240	3.030	3.983
	不假定等方差			14.340	50.645	0.000	3.506	0.245	3.015	3.997

（续表）

题　目		Levene 检验		T 检验						95% Confidence Interval of the Difference	
		F	Sig.	t	df	Sig（双尾）	Mean Difference	Std. Error Difference		Lower	Upper
Q2_5	假定等方差	62.542	0.000	10.957	92.000	0.000	3.075	0.281		2.518	3.633
	不假定等方差			10.762	52.638	0.000	3.075	0.286		2.502	3.648
Q2_6	假定等方差	0.002	0.969	7.293	92.000	0.000	2.569	0.352		1.869	3.268
	不假定等方差			7.299	91.994	0.000	2.569	0.352		1.870	3.268
Q3_1	假定等方差	1.960	0.165	8.080	92.000	0.000	2.643	0.327		1.993	3.293
	不假定等方差			8.050	87.879	0.000	2.643	0.328		1.991	3.296
Q3_2	假定等方差	1.195	0.277	8.794	92.000	0.000	3.084	0.351		2.388	3.781
	不假定等方差			8.779	90.578	0.000	3.084	0.351		2.386	3.782
Q3_3	假定等方差	3.436	0.067	7.949	92.000	0.000	2.552	0.321		1.914	3.189
	不假定等方差			7.901	83.349	0.000	2.552	0.323		1.909	3.194
Q3_4	假定等方差	0.765	0.384	7.225	92.000	0.000	2.389	0.331		1.733	3.046
	不假定等方差			7.208	89.946	0.000	2.389	0.331		1.731	3.048

（续表）

题　目		Levene 检验		T 检验					95% Confidence Interval of the Difference	
		F	Sig.	t	df	Sig（双尾）	Mean Difference	Std. Error Difference	Lower	Upper
Q3_5	假定等方差	0.975	0.326	6.497	92.000	0.000	2.037	0.314	1.414	2.660
	不假定等方差			6.473	87.885	0.000	2.037	0.315	1.412	2.663
Q4_1	假定等方差	4.906	0.029	8.718	92.000	0.000	2.924	0.335	2.258	3.590
	不假定等方差			8.658	81.385	0.000	2.924	0.338	2.252	3.596
Q4_2	假定等方差	0.007	0.935	5.152	92.000	0.000	2.168	0.421	1.332	3.003
	不假定等方差			5.152	91.813	0.000	2.168	0.421	1.332	3.003
Q4_3	假定等方差	4.496	0.037	7.823	92.000	0.000	2.640	0.338	1.970	3.311
	不假定等方差			7.774	82.754	0.000	2.640	0.340	1.965	3.316
Q4_4	假定等方差	8.230	0.005	8.085	92.000	0.000	2.774	0.343	2.093	3.456
	不假定等方差			8.025	79.903	0.000	2.774	0.346	2.086	3.463
Q4_5	假定等方差	11.488	0.001	9.364	92.000	0.000	3.149	0.336	2.481	3.817
	不假定等方差			9.279	75.845	0.000	3.149	0.339	2.473	3.825

步骤三:同质性检验

同质性检验通常采用两种方法,一是量表的内部一致性检验,二是题项的共同因素负荷量检验。

(1)一致性检验

Cronbach 内部一致性检验的方法,旨在通过检视题项删除后整体问卷或量表的信度变化情况,量表测量的行为特质愈接近,其内部一致性系数会愈高。一份理想的调查问卷或量表,其 Cronbach Alpha 系数一般要求达到 0.8 以上,且题项删除后量表或问卷整体信度系数要低于原系数,否则的话,则表明问卷或量表信度存在问题,需要进行删除题项或重新编制调查工具。表 5-18 检验结果表明,Cronbach Alpha 系数为 0.935,表明调查量表内部一致性和可靠性较强,可以进一步检验以净化题项。根据修正项目与总相关性的要求,当数值大于 0.4 时,删除该题项后的 Cronbach Alpha 系数会大于整体一致性数值,表明该题项与其余题项同质性不高,可以考虑删除。结果显示,题项"Q4_2:我认为教练员应倾听运动员的心声,以运动员为先"修正后的项与总计相关性为 0.354,小于 0.4 的建议值,删除后的 Cronbach Alpha 系数为 0.936,表明该题项与共同因素关系不密切,应予以删除,分析后剩余 21 个题项。如表 5-18 所示。

表 5-18　预调查项目整体可靠性统计分析表(N=172)

序号	测量题项	删除项后的标度平均值	删除项后的标度方差	修正后的项与总相关性	删除项后的克隆巴赫 Alpha	总克隆巴赫 Alpha
Q1_1	我认为教练员需要具备强大的祖国荣誉感	103.8372	701.318	.674	.931	.935

（续表）

序号	测量题项	删除项后的标度平均值	删除项后的标度方差	修正后的项与总计相关性	删除项后的克隆巴赫 Alpha	总克隆巴赫 Alpha
Q1_2	我认为教练员需要有着明确的奋斗目标和远大的理想信念	104.0581	692.476	.739	.929	
Q1_3	我认为教练员需要具备优良的意志品质和坚忍不拔的精神	103.8314	705.018	.650	.931	
Q1_4	我认为教练员需要展现出非凡的投入程度，甚至于是迷恋	103.9244	699.895	.729	.930	
Q1_5	我认为教练员应展现出强烈的自信心	103.9070	698.038	.710	.930	
Q1_6	我认为教练员应有鲜明的执教风格	104.0233	695.251	.706	.930	
Q2_1	我认为教练员应积极主动的学习项目发展所需知识和技能	104.1163	699.846	.715	.930	
Q2_2	我认为教练员应主动总结和反思，寻找不足	104.1744	693.502	.707	.930	
Q2_3	我认为教练员应熟知项目规律，把握项目制胜要素	103.8663	704.678	.691	.930	
Q2_4	我认为教练员应善于发掘和培养运动员	103.9651	700.291	.722	.930	
Q2_5	我认为教练员应保持创新发展的理念	103.8721	707.715	.670	.931	
Q2_6	我认为教练员应关注国际发展动态以及重视对手情报工作	104.8140	718.796	.468	.934	

（续表）

序号	测量题项	删除项后的标度平均值	删除项后的标度方差	修正后的项与总计相关性	删除项后的克隆巴赫 Alpha	总克隆巴赫 Alpha
Q3_1	我认为教练员应给队员有针对性的设计训练和比赛计划	103.9535	716.290	.563	.932	
Q3_2	我认为教练员应能快速决策,及时调整训练和比赛方案	104.4186	711.251	.548	.933	
Q3_3	我认为教练员应善于调动和调整运动员的情绪	104.1105	718.578	.521	.933	
Q3_4	我认为教练员应能以身作则率先垂范	103.9942	720.871	.533	.933	
Q3_5	我认为教练员应不惧困难和挑战,敢于承担失败的责任	103.8140	726.679	.514	.933	
Q4_1	我认为教练员不应该对运动员标榜权威	104.2093	710.108	.591	.932	
Q4_2	我认为教练员应倾听运动员的心声,以运动员为先	104.6860	729.316	.354	.936	
Q4_3	我认为教练员应能够协调队内各种关系	104.0930	719.605	.509	.933	
Q4_4	我认为教练员应能够应对各种角色的要求和可能带来的冲突	104.2733	716.200	.514	.933	
Q4_5	我认为教练员应积极参加队内集体活动	104.5233	707.561	.567	.932	

（2）共同性检验

采用共同性检验是通过测量题项的共同性程度检验来判

定,题项共同性愈高,能测量到内容愈高,反之则亦然。通常同质性检验中要求共同性大于 0.2,即表示共同因素能够解释个别题项的变异不能低于 20%,否则共同因素不能有效反映每个题项,可以考虑删除该题项。当共同性大于 0.2 时,其因素负荷大于 0.45,表明题项与共同因素关系较为密切。表 5-19 显示,题项 Q4_2"我认为教练员应倾听运动员的心声,以运动员为先"共同性为 0.126<0.2,因素负荷量为 0.355<0.45,可以考虑删除。

表 5-19　成分矩阵(N=172)

	初始	提取	因素负荷量		初始	提取	因素负荷量
Q1_1	1.000	.560	0.748	Q2_6	1.000	.252	0.502
Q1_2	1.000	.645	0.803	Q3_1	1.000	.357	0.597
Q1_3	1.000	.530	0.728	Q3_2	1.000	.328	0.573
Q1_4	1.000	.637	0.798	Q3_3	1.000	.287	0.536
Q1_5	1.000	.618	0.786	Q3_4	1.000	.308	0.555
Q1_6	1.000	.615	0.784	Q3_5	1.000	.286	0.535
Q2_1	1.000	.583	0.763	Q4_1	1.000	.352	0.593
Q2_2	1.000	.581	0.762	Q4_2	1.000	.126	0.355
Q2_3	1.000	.563	0.75	Q4_3	1.000	.262	0.512
Q2_4	1.000	.598	0.774	Q4_4	1.000	.266	0.516
Q2_5	1.000	.521	0.721	Q4_5	1.000	.322	0.567

提取方法:主成分分析法

根据分析结果删除 Q4_2,保留 21 个题项,重新执行项目临界决断值独立样本 t 检验和同质性检验,结果显示均达到建议指标值,应保留全部题项(修正后的项目分析摘要见表 5-20)。最终形成包含基本信息(10 个题项)、领导力调查(21 个题项)

的正式问卷。

表 5-20 修正后项目分析摘要汇总表（N=172）

题项	极端组比较		题项与总分相关性		同质性检验			未达标指标数	结论
	决断值	显著性	题项与总分相关	修正后的项与总计相关性	删除项后的克隆巴赫Alpha	共同性	因素负荷量		
Q1_1	13.040	.000	.729**	.692	.932	.574	.757	0	保留
Q1_2	17.143	.000	.785**	.754	.931	.657	.811	0	保留
Q1_3	11.329	.000	.700**	.661	.933	.539	.734	0	保留
Q1_4	14.037	.000	.771**	.741	.931	.647	.804	0	保留
Q1_5	13.173	.000	.757**	.723	.932	.630	.793	0	保留
Q1_6	14.540	.000	.756**	.721	.932	.628	.792	0	保留
Q2_1	11.872	.000	.754**	.721	.932	.585	.765	0	保留
Q2_2	15.825	.000	.753**	.716	.932	.586	.766	0	保留
Q2_3	12.577	.000	.731**	.697	.932	.567	.753	0	保留
Q2_4	13.528	.000	.759**	.727	.932	.601	.775	0	保留
Q2_5	9.642	.000	.709**	.673	.933	.521	.722	0	保留
Q2_6	7.384	.000	.522**	.463	.936	.248	.498	0	保留
Q3_1	9.518	.000	.618**	.572	.934	.361	.601	0	保留
Q3_2	8.914	.000	.606**	.554	.935	.330	.575	0	保留
Q3_3	8.057	.000	.572**	.521	.935	.285	.534	0	保留
Q3_4	6.800	.000	.580**	.533	.935	.307	.554	0	保留
Q3_5	6.742	.000	.564**	.520	.935	.288	.536	0	保留
Q4_1	8.182	.000	.612**	.564	.934	.333	.577	0	保留
Q4_2	6.795	.000	.535**	.481	.936	.245	.495	0	保留
Q4_3	6.719	.000	.538**	.482	.936	.247	.497	0	保留
Q4_4	8.263	.000	.594**	.540	.935	.304	.551	0	保留
判定标准	>3.000	<.001	≥.400	≥.400	≤.936	≥.200	≥.450		

注：** 表示<0.01

5.3.2 探索性因素分析

项目分析后,为了进一步检验量表的建构效度,通常会先采用探索性因素分析(EFA，Exploratory Factor Analysis)找出量表潜在的结构,属于一项用来找到多元观测变量的本质结构并进行降维处理的技术,是建构理论的常用方法。以变量间线性相关为基础,从观测变量间的相关系数矩阵或协方差矩阵入手,把大部分变异归结为少数几个公因子。通常在此操作前不清楚问卷会有几个因子,且包含哪些题项,通过对结果的分析,减少题项数目,确定因子数量,使之成为一组较少而彼此具有较大相关的变量。本研究主要采用以下几个步骤。

步骤一:KMO 和 Bartlett 球形检验

构造相关矩阵,因子分析适合度判断,根据相关矩阵可以确定是否适合进行因子分析。通过 KMO 和 Bartlett 球形检验显著性水平确定因子间是否存在相关性,KMO 用于检验变量的偏相关大小,Bartlett 则用于检验相关矩阵是否为单位矩阵,只有两者都达到判定标准才可进行因子分析。KMO 值越接近 1,变量间的相互关系越强,越适合执行因子分析。通常认为 0.5 以下较差,0.7 以上则可以接受;Bartlett 球形检验如果显著性水平高于 0.05 说明变量间为单位矩阵,各题项之间相互独立,表明母群体不具有共同因素,则原变量不适合做因子分析。

对 172 份预调查问卷的 21 个测量题项检验结果显示,KMO

值为 0.900,大于 0.7,Bartlett 球形检验卡方为 3163.213,自由度
为 210,显著性概率为 0.000,小于 0.05,说明该调查问卷适合做
因子分析,如表 5-21 所示。

表 5-21　KMO 和巴特利特检验

KMO 取样适切性量数		.900
巴特利特球形度检验	近似卡方	3163.213
	自由度	210
	显著性	.000**

注:* 表示 P<0.05,** 表示 P<0.01

步骤二:主成分分析法

采用主成分分析法(Principal Component Analysis)执行探
索性因子后得到因子的数量、各因子的方差解释率和总方差解
释率。假若不是事先确定因子个数,通常会依照特征值、碎石图
和因子累积贡献率等三种方法的一种或多种组合形式加以确
定,选取特征根大于 1、碎石图陡坡变化情况或者因子累计贡献
率大于 60%等具体指标。通常认为因子分析中因子特征值应大
于 1 可作为公因子提取,且累计方差贡献率大于 60%。表 5-
22 显示,有 4 个成分的特征值大于 1,4 个成分的解释方差贡献
率分别达到了 45.161%,12.926%,10.828%,6.952%,累积解
释方差为 75.867%。从 5-4 碎石图更能直观反映出因子变化
情况,从陡坡处和缓坡的临界点可以明显看到 4 个特征点,即有
提取 4 个较大的因子具备较强的稳健性,其他共同因素可以
删除。

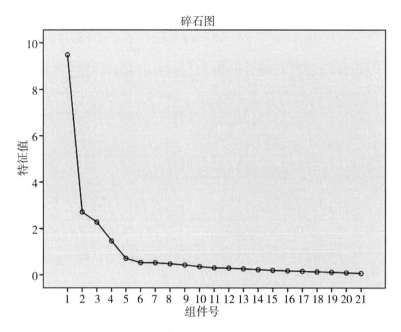

图 5 - 4　碎石图

表 5 - 22　总方差解释

成分	初始特征值			提取载荷平方和			旋转载荷平方和		
	总计	方差百分比	累积%	总计	方差百分比	累积%	总计	方差百分比	累积%
1	9.484	45.161	45.161	9.484	45.161	45.161	5.167	24.603	24.603
2	2.714	12.926	58.087	2.714	12.926	58.087	4.035	19.213	43.816
3	2.274	10.828	68.915	2.274	10.828	68.915	3.820	18.189	62.005
4	1.460	6.952	75.867	1.460	6.952	75.867	2.911	13.861	75.867
5	.711	3.384	79.251						
6	.529	2.519	81.770						
7	.523	2.489	84.260						
8	.476	2.267	86.527						
9	.427	2.035	88.562						
10	.358	1.704	90.266						
11	.306	1.455	91.721						

（续表）

成分	初始特征值			提取载荷平方和			旋转载荷平方和		
	总计	方差百分比	累积%	总计	方差百分比	累积%	总计	方差百分比	累积%
12	.295	1.406	93.127						
13	.265	1.260	94.387						
14	.228	1.088	95.475						
15	.201	.959	96.434						
16	.175	.835	97.269						
17	.159	.758	98.026						
18	.133	.633	98.660						
19	.120	.571	99.231						
20	.093	.443	99.674						
21	.068	.326	100.000						

提取方法：主成分分析法。

步骤三：方差最大正交旋转法

公因子数量确定后，各公因子仍不够明确，采用最大方差正交旋转法（Varimax）对因子进行进一步筛选，使得因子呈现两极分化，更易于观察和分析。从表5-23可以看出，经过旋转后的成分载荷矩阵更为清晰，见表5-24。研究选取载荷量0.5以上的题项进行分析，见表5-24。

表5-23　旋转后的成分矩阵（N=172）

	成　　分			
	1	2	3	4
Q1_1	.853	.181	.183	.121
Q1_2	.850	.226	.222	.160
Q1_3	.867	.166	.137	.106
Q1_4	.846	.287	.160	.127
Q1_5	.858	.301	.139	.078

（续表）

	成　　分			
	1	2	3	4
Q1_6	.852	.307	.113	.108
Q2_1	.358	.693	.203	.211
Q2_2	.347	.772	.096	.236
Q2_3	.353	.826	.078	.128
Q2_4	.337	.812	.150	.154
Q2_5	.290	.763	.146	.167
Q2_6	−.010	.624	.199	.225
Q3_1	.284	.126	.806	.039
Q3_2	.185	.098	.829	.158
Q3_3	.067	.150	.805	.202
Q3_4	.120	.183	.835	.077
Q3_5	.125	.117	.845	.108
Q4_1	.173	.179	.310	.682
Q4_2	.118	.167	.117	.795
Q4_3	.128	.165	.058	.856
Q4_4	.088	.289	.107	.831

提取方法：主成分分析法；旋转方法：凯撒正态化最大方差法；旋转在 6 次迭代后已收敛

表 5-24　雪上优势项目教练员领导力因子负荷矩阵（N＝172）

项　　目	感召力	专长力	行动力	平衡力
Q1_1 我认为教练员需要具备强大的祖国荣誉感	.853			
Q1_2 我认为教练员需要有着明确的奋斗目标和远大的理想信念	.850			
Q1_3 我认为教练员需要具备优良的意志品质和坚忍不拔的精神	.867			
Q1_4 我认为教练员需要展现出非凡的投入程度，甚至于是迷恋	.846			

（续表）

项　目	感召力	专长力	行动力	平衡力
Q1_5 我认为教练员应展现出强烈的自信心	.858			
Q1_6 我认为教练员应有鲜明的执教风格	.852			
Q2_1 我认为教练员应积极主动地学习项目发展所需知识和技能		.693		
Q2_2 我认为教练员应主动总结和反思，寻找不足		.772		
Q2_3 我认为教练员应熟知项目规律，把握项目制胜要素		.826		
Q2_4 我认为教练员应善于发掘和培养运动员		.812		
Q2_5 我认为教练员应保持创新发展的理念		.763		
Q2_6 我认为教练员应关注国际发展动态以及重视对手情报工作		.624		
Q3_1 我认为教练员应给队员有针对性地设计训练和比赛计划			.806	
Q3_2 我认为教练员应能快速决策，及时调整训练和比赛方案			.829	
Q3_3 我认为教练员应善于调动和调整运动员的情绪			.805	
Q3_4 我认为教练员应能以身作则率先垂范			.835	
Q3_5 我认为教练员应不惧困难和挑战，敢于承担失败的责任			.845	
Q4_1 我认为教练员不应该对运动员标榜权威				.682
Q4_2 我认为教练员应能够协调队内各种关系				.795

（续表）

项　　目	感召力	专长力	行动力	平衡力
Q4_3 我认为教练员应能够应对各种角色的要求和可能带来的冲突				.856
Q4_4 我认为教练员应积极参加队内集体活动				.831
特征根值	9.484	2.714	2.274	1.460
累积解释方差	45.161	58.087	68.915	75.867

注:为清晰起见,未呈现因子载荷小于 0.5 的数值

步骤四:因子命名

旋转后成分矩阵显示调查量表可以归为 4 个维度,与质性研究结果完全吻合,各具体测量题项分属在各个维度下,说明该部分调查量表设计较为合理。根据各维度包含的测量题项及命名情况如下:

维度一包括 6 个题项,分别为:我认为教练员需要具备强大的祖国荣誉感;我认为教练员需要有着明确的奋斗目标和远大的理想信念;我认为教练员需要具备优良的意志品质和坚忍不拔的精神;我认为教练员需要展现出非凡的投入程度,甚至于是迷恋;我认为教练员应展现出强烈的自信心;我认为教练员应有鲜明的执教风格,主要描述教练员具备的吸引运动员的能力,主要体现在教练员的独特魅力,命名为感召力。

维度二包括 6 个题项,分别为:我认为教练员应积极主动地学习项目发展所需知识和技能;我认为教练员应主动总结和反思,寻找不足;我认为教练员应熟知项目规律,把握项目制胜要素;我认为教练员应善于发掘和培养运动员;我认为教练员应保持创新发展的理念;我认为教练员应关注国际发展动态以及重视对手情报

工作,主要描述教练员为实现自我成长和运动队竞技水平提高的内在驱动力,命名为专长力。

维度三包括 5 个题项,分别为:我认为教练员应给队员有针对性地设计训练和比赛计划;我认为教练员应能快速决策,及时调整训练和比赛方案;我认为教练员应善于调动和调整运动员的情绪;我认为教练员应能以身作则率先垂范;我认为教练员应不惧困难和挑战,敢于承担失败的责任,主要描述为教练员做事情的积极努力程度,是一种改变惯性的能力,命名为行动力。

维度四包括 4 个题项,分别为:我认为教练员不应该对运动员标榜权威;我认为教练员应能够协调队内各种关系;我认为教练员应能够应对各种角色的要求和可能带来的冲突;我认为教练员应积极参加队内集体活动,主要描述为教练员是实现运动队各种关系合理及高效处理的能力,命名为平衡力。

5.3.3　验证性因素分析

验证性因素分析(CFA,Confirmatory Factor Analysis),是测试一个因子与相对应的测度项之间的关系是否符合研究者所设计的理论关系,主要目的是判断潜在构面上的测量指标是否真能反映该构面的特性,即确定假设模型变量之间的关系与样本变量之间关系的相似程度[①]。验证性因素分析属于验证理论,将收集到的数据带入已经架构的因子理论模型中,加以检验,看其是否符

---

① 张伟豪,徐茂洲,苏荣海. 与结构方程模型共舞[M]. 厦门:厦门大学出版社,2020,9:202.

合要求。

将正式调查收集的 322 个样本数据用于检验探索性因素分析构建的理论模型,主要有以下几个步骤:

步骤一:相关矩阵

获得相关系数矩阵或者变量协方差阵。

步骤二:拟合模型

选用最大似然法估计自由变化的因子载荷,如图 5 - 5。

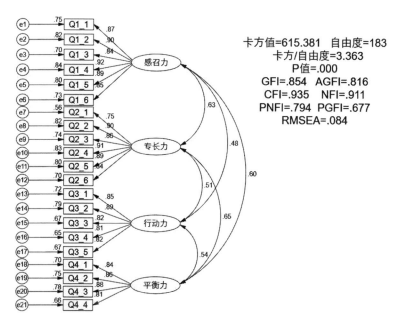

图 5 - 5 冬奥雪上优势项目教练员领导力模型示意图

步骤三:评价模型

当因子模型能够拟合数据时,因子载荷的选择要使模型暗含的相关矩阵与实际观测矩阵之间的差异最小。拟合统计参数包含绝对拟合指数(X^2、X^2/DF、GEI、AGFI、SRMR、RMSEA 等)、增量拟合指数（CFI、NFI、NNFI、IFI 等）和简单拟合指数（PN-FI、PGFI、RMR），一般会选用其中 2 个指数进行评价。

表 5-25 显示，模型拟合结果为：X^2/DF 为 3.363，小于 5，略大于 3，达到建议标准；RMSEA 值为 0.084，约等于 0.08，符合小于 0.1 宽松要求标准；SRMR 值为 0.038，小于 0.05；GFI 和 AGFI 分别为 0.854、0.816，均大于 0.8；CFI 和 NFI 分别为 0.935、0.911，均大于 0.9；PNFI 和 PGFI 分别为 0.794、0.677，均大于 0.5；结果表明适配度在允许的范围内，模型总体拟合情况尚可。

表 5-25　冬奥雪上项目优秀教练员领导力 CFA 模型拟合指数（N=322）

适配度	主要指标	建议标准值	模型修正前	模型修正后	结果
	χ^2	越小越好	615.381 (P=0.000)	377.192 (P=0.000)	符合要求
	df	越大越好	183	176	符合要求
绝对适配度	χ^2/df	<3（严谨）<5（宽松）	3.363	2.143	良好
	GFI	大于 0.9（良好）>0.8（可接受）	0.854	0.905	良好
	AGFI	大于 0.9（良好）>0.8（可接受）	0.816	0.875	合理范围
	RMSEAR	<0.05（良好）<0.08（合理范围）	0.084	0.059	良好
	SRMR	<0.05	0.038	0.35	良好
增值适配度	CFI	>0.9	0.935	0.97	良好
	NFI	>0.9	0.911	0.945	良好
简约适配度	PNFI	>0.5	0.794	0.792	良好
	PGFI	>0.5	0.677	0.689	良好

由于该模型未达到最优,还可进一步修正,学者们会采用建议的 M. I. 值逐一寻找和修正[①],通过将部分残差建立相关降低卡方值,提升模型拟合度。本研究中,经过几次运行,逐一建立 e1 和 e2、e5 和 e6、e8 和 e9、e9 和 e12、e10 和 e12、e16 和 e17、e20 和 e21 的共变关系(见下图 5 - 6),模型卡方值得到大幅度降低,各指标得到了优化,达到良好(见表 5 - 26)。从数据上来看,修正后的模型优于修正前模型。

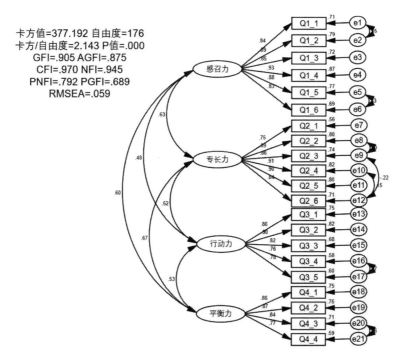

图 5 - 6　冬奥雪上优势项目教练员领导力模型修正示意图

---

① Chin,W. W. Commentary Issues and Opinion on Structural Equation Modeling [J]. MIS Quarterly, 1998,22(1):vii—xvi.

步骤四:效度检验

由表5-26显示,一阶各路径系数均达到显著性水平建议值
(P<0.001);各题项载荷因子均为正值,介于0.749—0.917之
间,均大于0.7,具有较高的代表性;R^2值介于0.561—0.841之
间,均大于0.45,具有较高的可靠性;组成信度CR值均大于0.9
(大于0.19为较小,大于0.33为中等,大于0.67为较大);平均方
差抽取AVE值均大于0.7,远大于0.5的建议值;结果表明,结构
模型具备理想的收敛效度。

表5-26   一阶CFA参数估计值(收敛效度表)

参 数			非标准化估计值	标准误(S.E.)	Z值	P	标准化估计值	SMC(R^2)	组成信度CR	平均方差抽取AVE
Q1_1	←	感召力	1				0.866	0.750	0.953	0.772
Q1_2	←	感召力	1.025	0.043	23.624	***	0.904	0.817		
Q1_3	←	感召力	0.913	0.045	20.269	***	0.837	0.701		
Q1_4	←	感召力	1.002	0.041	24.329	***	0.917	0.841		
Q1_5	←	感召力	0.984	0.043	23.064	***	0.894	0.799		
Q1_6	←	感召力	0.95	0.045	20.988	***	0.852	0.726		
Q2_1	←	专长力	1				0.749	0.561	0.945	0.743
Q2_2	←	专长力	1.179	0.067	17.62	***	0.904	0.817		
Q2_3	←	专长力	1.134	0.068	16.66	***	0.862	0.743		
Q2_4	←	专长力	1.216	0.068	17.798	***	0.912	0.832		

（续表）

参　数			非标准化估计值	标准误（S.E.）	Z值	P	标准化估计值	SMC（R²）	组成信度CR	平均方差抽取AVE
Q2_5	←	专长力	1.18	0.068	17.364	＊＊＊	0.893	0.797		
Q2_6	←	专长力	1.102	0.068	16.15	＊＊＊	0.84	0.706		
Q3_1	←	行动力	1				0.848	0.719	0.921	0.700
Q3_2	←	行动力	1.052	0.05	20.843	＊＊＊	0.887	0.787		
Q3_3	←	行动力	0.985	0.054	18.256	＊＊＊	0.818	0.669		
Q3_4	←	行动力	1	0.056	17.852	＊＊＊	0.807	0.651		
Q3_5	←	行动力	1.054	0.057	18.38	＊＊＊	0.822	0.676		
Q4_1	←	平衡力	1				0.838	0.702	0.912	0.722
Q4_2	←	平衡力	1.002	0.052	19.359	＊＊＊	0.864	0.746		
Q4_3	←	平衡力	1.066	0.053	19.943	＊＊＊	0.881	0.776		
Q4_4	←	平衡力	0.99	0.056	17.684	＊＊＊	0.814	0.663		
标准						小于0.001		大于0.3	大于0.7	大于0.5

注：＊＊＊代表 p＜0.001

步骤五：二阶模型检验

当一阶或低阶验证性因子分析模型数据拟合情况较好时，出于模型简化的考虑，会进行高一阶因子分析去解释缔结因子间的相关性，即用高阶模型替代低阶模型，通常会采用将全部测量项目归属于一个单因子模型,以此来判定多因子模型的可靠性[①]。由图 5-5 可知,一阶模型构面之间具有较高的相关,则可以考虑进一步执行二阶模型。下图 5-8 显示模型适配度和拟合值均未发生大的变化,表明二阶模型拟合较为理想。

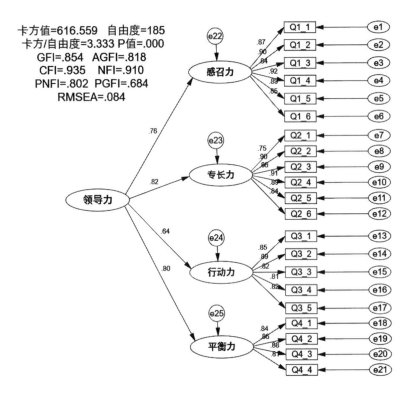

图 5-8　我国冬奥雪上优势项目教练员领导力的
CFA 二阶模型结果示意图

由于该模型未达到最优,还需对模型进行修正以优化模型拟合值。修正后(见下图 5-9),模型指标得到了较好的优化。

---

① 妥艳娟,白长虹,王琳.旅游者幸福感:概念化及其量表开发[J].南开管理评论,2020,23(06):166—178.

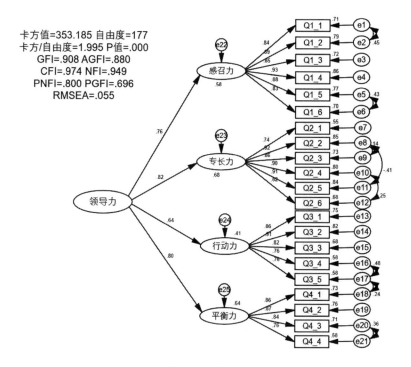

图5-9 我国冬奥雪上优势项目教练员领导力的
CFA 二阶模型修正后示意图

由表 5-27 可知,路径的相关系数、标准化估计值、R^2、SMC
和 AVE 均达到建议标准,具有较好的收敛效度。

表 5-27 二阶 CFA 拟合值

适配度	主要指标	建议标准值	拟合值	拟合结果
	χ^2	越小越好	616.559	
	df	越大越好	185	
	χ^2/df	<5	3.333	良好
	GFI	>0.8	0.854	合理范围
绝对适配度	AGFI	>0.8	0.818	合理范围
	RMSEAR	<0.08	0.084	良好
	SRMR	<0.05	0.038	良好

（续表）

适配度	主要指标	建议标准值	拟合值	拟合结果
增值适配度	CFI	＞0.9	0.935	良好
	NFI	＞0.9	0.91	良好
简约适配度	PNFI	＞0.5	0.802	良好
	PGFI	＞0.5	0.684	良好

表 5-28 二阶 CFA 参赛估计值显示，各路径系数均达到显著性水平建议值（$P<0.001$）；各题项载荷因子值均为正值，介于 0.642—0.917 之间，仅一项小于 0.7，均高于 0.5；R^2 值介于 0.561—0.841 之间，未发生变化，均大于 0.45。结果表明，测量题项具有较高的质量。4 个因子的组成信度 CR 值介于 0.843—0.953 之间，均大于 0.67，说明调查工具具有较高的稳定性。平均方差抽取 AVE 值介于 0.574—0.772 之间，均大于 0.5 的建议值，表明本研究中各维度间的收敛效度得到进一步验证。

表 5-28　二阶 CFA 参数估计值

参　数			非标准化估计值	标准误（S. E.）	Z 值	P	标准化估计值	SMC（R^2）	组成信度 CR	平均方差抽取 AVE
感召力	←	领导力	1				0.762	0.581	0.843	0.574
专长力	←	领导力	0.871	0.085	10.28	***	0.817	0.667		
行动力	←	领导力	0.746	0.08	9.304	***	0.642	0.412		
平衡力	←	领导力	0.982	0.091	10.773	***	0.798	0.637		
Q1_1	←	感召力	1				0.866	0.750	0.953	0.772
Q1_2	←	感召力	1.025	0.043	23.635	***	0.904	0.817		
Q1_3	←	感召力	0.913	0.045	20.274	***	0.837	0.701		

（续表）

参 数			非标准化估计值	标准误(S. E.)	Z 值	P	标准化估计值	SMC(R²)	组成信度CR	平均方差抽取AVE
Q1_4	←	感召力	1.002	0.041	24.338	***	0.917	0.841		
Q1_5	←	感召力	0.984	0.043	23.074	***	0.894	0.799		
Q1_6	←	感召力	0.95	0.045	20.996	***	0.852	0.726		
Q2_1	←	专长力	1				0.749	0.561	0.945	0.743
Q2_2	←	专长力	1.178	0.067	17.626	***	0.904	0.817		
Q2_3	←	专长力	1.134	0.068	16.668	***	0.862	0.743		
Q2_4	←	专长力	1.216	0.068	17.803	***	0.912	0.832		
Q2_5	←	专长力	1.18	0.068	17.372	***	0.893	0.797		
Q2_6	←	专长力	1.102	0.068	16.156	***	0.84	0.706		
Q3_1	←	行动力	1				0.848	0.719	0.921	0.700
Q3_2	←	行动力	1.053	0.05	20.916	***	0.889	0.790		
Q3_3	←	行动力	0.984	0.054	18.263	***	0.818	0.669		
Q3_4	←	行动力	0.998	0.056	17.834	***	0.806	0.650		
Q3_5	←	行动力	1.052	0.057	18.354	***	0.82	0.672		
Q4_1	←	平衡力	1				0.837	0.701	0.912	0.722
Q4_2	←	平衡力	1.003	0.052	19.376	***	0.865	0.748		
Q4_3	←	平衡力	1.066	0.054	19.91	***	0.881	0.776		
Q4_4	←	平衡力	0.99	0.056	17.674	***	0.814	0.663		
标准						小于0.001		大于0.3	大于0.7	大于0.5

为了进一步验证各构面间的差异程度,进行判别效度检验,通过 AVE 的平方根和各潜变量的相关关系的绝对值大小进行判定。表 5-29 左侧为各维度收敛效度(AVE),对角线

为 AVE 的算术平方根,下三角为各维度相关系数。结果显示,各维度 AVE 算术平方根均大于与其他维度的相关系数,表明量表具有较好的判别效度。以"行动力"维度为例,其 AVE 算术平方根是 0.837,均大于"行动力"与任何三个维度的相关系数值。

表5-29　区别效度表

	AVE	行动力	专长力	感召力	平衡力
行动力	0.700	**0.837**			
专长力	0.743	0.409	**0.862**		
感召力	0.772	0.426	0.668	**0.879**	
平衡力	0.722	0.363	0.528	0.368	**0.850**

注:对角线粗体字为 AVE 的算术平方根;下三角为构面皮尔森相关系数估计值

步骤六:二因子模型检验

为了进一步验证编制量表测量题项与探索性因素分析所发现的 4 个特定因子(感召力、专长力、行动力和平衡力)以及整体共同因子教练员领导力之间的关系,必须分析各测量题项是否同时解释特定因子和共同因子,如果特定因子对测量题项的回归系数显著高于共同因子对测量题项回归系数,则表明二因子模型成立。下图 5-10 显示,4 个特定因子对测量题项的回归系数并非显著大于共同因子对测量题项的回归系数,其中特定因子感召力和专长力对测量题项的回归系数明显小于领导力对测量题项的回归系数,表明我国冬奥雪上优势项目教练员领导力量表的二因子模型不成立,所编制量表的测量题项必须通过特定因子才能解释共同因子,即教练员领导力。

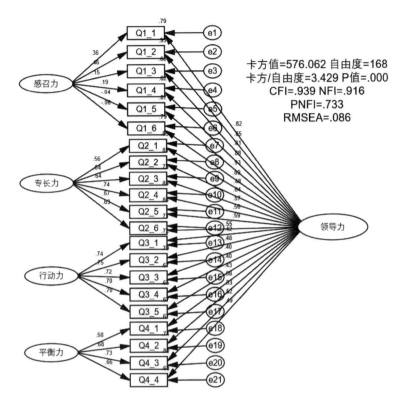

图 5-10 我国冬奥雪上优势项目教练员领导力的二因子模型示意图

5.6 本 章 小 结

本章编制了《我国冬奥雪上优势项目教练员领导力调查问卷》（SECLS），采用探索性因素分析和验证性因素分析的方法，对预调查样本和正式调查样本进行统计分析，验证和分析所编制调查工具的可靠性和科学性。

根据第 4 章扎根理论所构建的我国冬奥雪上优势项目教练员

领导力概念模型,以质性研究与成熟理论研究相结合,编制了《我国冬奥雪上优势项目教练员领导力调查问卷》初始问卷,包括人口统计学测量题项 14,教练员领导力测量量表题项 24 个。采用德尔菲法邀请 18 位专家对初始问卷进行判定,进行两轮问卷调查与咨询,形成预调查问卷,包括两部分内容,一部分是 13 个题项的人口统计学测量题项,另一部分是 22 题项的教练员领导力测量题项,包含 22 个题项,采用李克特 5 点评分法。

通过网络发放得到 172 个预试样本调查,经过项目分析(高低分组的临界比、独立样本 t 检验、同质性检验),形成正式调查问卷,包含基本信息 7 个题项、教练员领导力调查量表 21 个题项。采用探索性因素分析(EFA)对预试样本进行结构维度探索。KMO 和 Bartlett 球形检验显示调查量表适合做因子分析;主成分分析后拟提取 4 个成分特征值大于 1 的公因子,累积方差解释量 75.867%;采用最大方差正交旋转法,经过 6 次迭代后收敛,形成 4 个因子负荷矩阵;结合题项内涵分别命名为感召力、专长力、行动力和平衡力,此结果与第 4 章质性研究结果吻合,说明调查量表设计合理。

采用验证性因素分析(CFA)对正式调查得到的 322 个有效样本进行分析,进一步验证构建的理论模型。运用最大似然法估计因子载荷,结果显示模型的绝对适配度、增值适配度、简约适配度都在合理范围,表明模型总体拟合情况良好。经一阶 CFA 效度检验,具备较为理想的收敛效度;执行高阶(二阶)模型检验,显示仍然具备良好的模型拟合、收敛效度和区别效度,量表的效度得到进一步验证;执行二因子模型显示并不成立,维持二阶模型。

本章的量化分析表明,设计的《我国冬奥雪上优势项目教练员领导力调查问卷》(SECLS)合理科学,具有较为可靠的信效度,可以作为相关研究的工具使用。

6 我国雪上优势项目教练员领导力模型实证研究

理论研究既要来源于实践,又要能回到实践中去。本研究第4章通过扎根理论构建了我国冬奥雪上优势项目教练员领导力模型,厘清了我国冬奥优势项目教练员领导力的整体框架和核心变量,在此基础上,第5章编制了调查工具,为实证检验奠定了基础和支撑。本章采用定量和定性两种方法来检验理论模型的实践应用。一是探讨理论模型的内部关系,研究对感召力、专长力、平衡力和行动力的内在关系进行机制探索,为运动队优化教练员领导力提供科学依据。二是采用行动研究,以观察、宣讲和讨论的形式开展行动实践,获得一手的管理经验和启示,为指导我国冬奥雪上更多项目发展提供依据。

6.1 实证研究一：教练员领导力
内部结构关系探索

6.1.1 教练员领导力各维度间关系假设提出

新时代的教练员领导力传达路径更加多元，领导者的特征、行为、认知和情感均成为其有效传达的重要途径，但目前学界依然热衷于对领导行为研究，借以教练员领导行为的测量与评价，认为教练员的领导行为可直接影响到团队凝聚力的产生和团队绩效的提升，同时也能有效改善运动员比赛焦虑等心理状况，提升运动员自我效能[①]。由于教练员领导行为测量工具沿用西方所惯用的 5 种行为方式（训练与指导、民主、专制、社会支持、积极反馈），很难同时在同一教练身上体现出来，仅可能凸显其中一种或少数几种行为[②]，导致研究结果难以真正地指导教练员的实际工作。如前文所述，中国运动员和教练员长期在一起生活、训练和比赛，有着强烈的相互依赖、支持和信任需求，只有从运动队的实际出发，才能深入挖掘中国运动队特有的实践经验。基于本文第 3 章和第 4 章研究发现，在我国冬奥雪上唯一的优势项目——自由式滑雪空中技巧项目的发展中，教练员领导力起到了重要作用，教练员领导力的各个维度之间呈现出相互作用、相互依存的状态。

---

① 曹大伟，曹连众. 我国教练员领导力研究的域外经验、本土实践和未来展望——基于领导力来源与传达路径[J]. 沈阳体育学院学报，2021，40(01)：94—101＋124.

② 朱东，徐炜泰，周子文. 我国高校篮球高水平运动队教练员领导行为与团队效能关系研究[J]. 成都体育学院学报，2017，43(05)：108—114.

特质理论认为特质是决定个体行为的前提①,拥有某种特质的教练员会赢得运动员的赞美和配合。有研究表明,一些优秀的中国教练员在训练和比赛中重视"以德为先","仁慈"和"德行"领导等家长式领导的核心要义,不仅可以促进运动员个人的主动性②③,还能强化组织绩效和运动队团队氛围的产生④,因此决定了教练员在执教活动中应体现"传道授业和解惑"的思想,构建符合中国人的行为文化,这也正迎合了现代领导行为的突出特点,即由刚性转向柔性,由显性转向隐性。通过柔性化、隐性化的教练员领导方案实施,为队伍带来明确的方向、团队文化、积极的价值观和目标追求,在所有成员共同努力下,实现竞技愿景⑤⑥。

与此同时,在质性研究中,受访教练员认为必须坚持"以运动员为中心,以德治队"。教练员一旦"有了'德',才会遇到坎坷和挫折时,容易战胜它;有了这种'德',就能认识到和承认自己的不足,努力钻研以弥补自身的短板,否则的话,训练中会很卡壳、很艰苦,道路会更曲折"。只有当教练员心怀梦想和远大目标时,组织训练中才会带着"自己当教练后就一定要带领运动员参加奥运会,整日

————————

①　诺斯豪斯著,吴爱明等译,领导学:理论与实践[M].北京:中国人民大学出版社,2012:11—25.

②　于少勇,卢晓春,侯鹏.球类集体项目教练员家长式领导行为与团队信任的关系[J].武汉体育学院学报,2018(08):73—77.

③　杜七一,柳莹娜.教练员家长式领导对运动员个人主动性的影响——基于自我效能感的中介作用[J].武汉体育学院学报,2016,50(12):83—89.

④　刘国梁,完好,陈驰茵.教练员领导风格对乒乓球运动员绩效的影响[J].上海体育学院学报,2015,39(02):63—67.

⑤　钟秉枢,教练学[M].北京:高等教育出版社,2019:73.

⑥　曹连众,王前.竞技体育人才隐性知识与比赛能力关系研究[J].山西大学学报(哲学社会科学版),2010,33(05):129—135.

朝思暮想、茶不思饭不想,就是希望让自己变得非常积极"的思想。"由于连续丢世锦赛、世界杯,需要有人担当,去实现中国女子空中技巧几代人的奥运金牌梦想,有这个责任后,每一步都踏踏实实地走,心态稳、状态稳、动作稳,就一定会成功","身教胜于言教,由于我自己是率先垂范以身作则,队员长期耳濡目染潜移默化,已经将吃苦耐劳、艰苦奋斗的精神薪火相传",造就了一些优势项目长盛不衰。可以看出,许多教练和运动员深切地意识到以思想品德和意志力为主要表现形式的感召力,深深地刻入了他们的脑海中,流入他们的血液中,并用其指导自己各方面行为。基于此,提出以下假设:

H1:教练员感召力对专长力有直接正向影响;

H2:教练员感召力对行动力有直接正向影响;

H3:教练员感召力对平衡力有直接正向影响;

知识基础理论研究表明,组织成功与否取决于所掌握知识的"专、精、深"[1],具备符合要求的知识成为衡量教练员胜任能力的标准。质性研究中,教练员认为"指点的东西到位,队员就会打心眼里佩服你,愿意跟着你好好练",表明了教练员专业知识与传授会对运动员的心理预期和实际训练行为产生积极影响。"现在队员的成长周期非常快,只有自己不断提高,才不会延缓运动员的进步,任何一个环节不能坚持,都会直接影响螺旋式上升循环"。当前全球竞技体育项目发展极为迅速,"空中技巧一定要把握项目规律,熟悉场地变化,懂得裁判法和规则的变化,以及技术动作的发

---

① 盛小平,曾翠.知识管理的理论基础[J].中国图书馆学报,2010,36(05):14—22.

展和演变趋势,重视国外主要对手的情况,只有这样做到知己知彼才能不打无准备之仗,才能在训练中有针对性地进行调整,结合自身情况对重点队员进行谋划布局",造就了许多教练员对待知识的获取渠道异常开明,认为"批评往往就是动力。如果是同行的批评,我会去反思,和最高水平进行比较,还欠缺哪些。认识到这是保持创新的手段,能让你照镜子正衣冠"。基于此,提出以下假设:

H4:教练员专长力对行动力有直接正向影响;

H5:教练员专长力对平衡力有直接正向影响;

H6:教练员专长力在教练员感召力与行动力之间起到中介作用。

教练员—运动员关系是一种动态的社会情境,由教练员和运动员彼此之间人际关系思想、情感和行为交互作用而形成[①],可以对部分教练员领导行为与运动员运动投入产生影响,即通过教练员—运动员关系的纽带和黏合剂作用影响运动员场上表现和日常训练投入积极性。质性研究表明,教练员往往要承担多个队伍角色,尤其是在一些队伍创建初期,由于队员年纪尚小、竞技水平不高、社会关注度低,使得在队伍建设的各个方面存在较大的不足,不仅要依赖于教练员对训练场上表现的关注,还要格外注意场外因素的协调与调动,只有当这些队员心无旁骛地投身到训练中,训练成效才能得以体现。

质性研究发现"只有关系比较融洽、心理距离比较近的时候,教练员才容易了解运动员的心理状态和动作感受,有助于指导的

① 高圆媛,李垚,曹大伟,曹连众. 教练员领导行为对运动员运动投入的影响研究——教练员—运动员关系的中介效应[J]. 沈阳体育学院学报,2021,40(05):98—106.

准确与深入,效果也会更好",通常情况下"优秀教练员有比较强的协调、沟通和融合能力,也更善于倾听运动员的心声,从中找到理顺运动员出现问题的原因"。像自由式滑雪空中技巧等一些独特的项目,更加需要团队无障碍、高效地沟通,"这个项目需要教练员和运动员之间沟通的特别多,围绕着动作技术的方方面面,只有在比较友好的状态下,运动员才愿意跟教练说心里话、说感受,如果教练员过分体现上下级差,强求运动员必须要怎样做,时间长了,运动员就不容易说心里话和感受,教练也就无从准确获知运动员的竞技状态和水平"。因此构建相互信任的关系对于运动队十分重要,"在运动员试跳时,都是看教练的手势,教练判断说可以跳了,才能开始",逐渐形成了教练员与运动员平等相处,有事大家商量,相互尊重。基于此,提出以下假设:

H7:教练员平衡力对行动力有直接正向影响;

H8:教练员平衡力在感召力与行动力的关系中存在中介作用;

H9:教练员专长力和平衡力在教练员感召力与行动力之间起到链式中介作用。

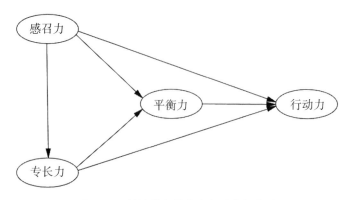

图 6-1　教练员领导力内部结构概念图

6.1.2 结构方程模型检验

采用正式调查的样本数据进行假设检验,通过结构方程拟合值检验假设模型适配度(如图6-2,表6-1)。模型拟合结果为:X^2/DF 为3.363,小于5,略大于3,达到建议标准;RMSEA值为0.084,约等于0.08;SRMR值为0.038,小于0.05;GFI和AGFI分别为0.854、0.816,均大于0.8;CFI和NFI分别为0.935、0.911,均大于0.9;PNFI和PGFI分别为0.794、0.677,均大于0.5;结果表明适配度在允许的范围内,模型总体拟合情况尚可。

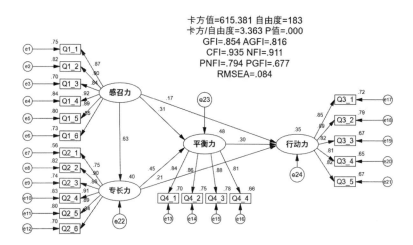

图6-2 教练员领导力内部关系结构图

继续采用 M. I. 寻找可建立相关关系的残差项,并进行逐一修正,以降低卡方值,提升模型拟合度。先后建立 e1 和 e2、e5 和 e6、e8 和 e9、e9 和 e12、e11 和 e12、e16 和 e17、e19 和 e21、e20 和 e21 的共变关系(见下图6-3),模型卡方值得到大幅度降低,各指标得到了优化,大部分指标处于良好等次(见表6-1)。从数据上来看,修正后的模型优于修正前模型。

表 6-1 教练员领导力内部关系模型拟合值

适配度	主要指标	建议标准值	模型修正前	模型修正后	结果
	χ^2	越小越好	615.381 (P=0.000)	365.894 (P=0.000)	符合要求
	df	越大越好	183	175	符合要求
绝对适配度	χ^2/df	<3(严谨) <5(宽松)	3.363	2.091	良好
	GFI	大于 0.9(良好) >0.8(可接受)	0.854	0.908	良好
	AGFI	大于 0.9(良好) >0.8(可接受)	0.816	0.879	合理范围
	RMSEAR	<0.05(良好) <0.08(合理范围)	0.084	0.057	良好
	SRMR	<0.05	0.038	0.33	良好
增值适配度	CFI	>0.9	0.935	0.971	良好
	NFI	>0.9	0.911	0.947	良好
简约适配度	PNFI	>0.5	0.794	0.789	良好
	PGFI	>0.5	0.677	0.688	良好

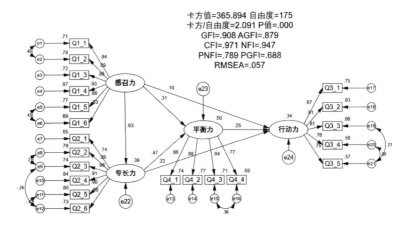

卡方值=365.894 自由度=175
卡方/自由度=2.091 P值=.000
GFI=.908 AGFI=.879
CFI=.971 NFI=.947
PNFI=.789 PGFI=.688
RMSEA=.057

图 6-3 教练员领导力内部结构修正图

6.1.3 路径系数检验

由表 6-2 可知,在结构方程研究模型中的 6 条路径的 P 值均小于 0.05,表明 6 条路径均通过显著性检验。(1)感召力对专长力的影响系数为 0.627,P<0.001,表明感召力对专长力具有正向影响作用。(2)感召力对平衡力的影响系数为 0.307,P<0.001,表明感召力对平衡力具有正向影响作用。(3)专长力对平衡力的影响系数为 0.470,P<0.001,表明专长力对平衡力具有正向影响作用。(4)平衡力对行动力的影响系数为 0.254,P<0.001,表明平衡力对行动力具有正向影响作用。(5)感召力对行动力的影响系数为 0.189,P=0.007,表明感召力对行动力具有(统计意义)上的正向影响作用。(6)专长力对行动力的影响系数为 0.225,P=0.003,表明专长力对行动力具有正向影响作用。

至此,假设 H1—H5、H7 得到验证,均得以成立。

表 6-2 结构方程模型路径系数结果

路　径			Unstd.	S. E.	C. R.	P	Std.	R^2
专长力	←	感召力	0.522	0.050	10.486	***	0.627	0.394
平衡力	←	感召力	0.306	0.061	5.024	***	0.307	0.496
平衡力	←	专长力	0.563	0.078	7.222	***	0.470	
行动力	←	平衡力	0.238	0.072	3.325	***	0.254	0.338
行动力	←	感召力	0.176	0.065	2.699	0.007	0.189	
行动力	←	专长力	0.252	0.085	2.964	0.003	0.225	

注:*** 为 P<0.001

6.1.4　中介效应检验

中介效应检验采用 Bootstrap 非参数百分位检验,重复取样 1000 次,计算 95％的置信区间,若 95％的置信区间不包括 0,则表明中介效应显著[①]。

表 6-3　中介效应检验结果

路　径	效应值	系数乘积		Bias-corrected 95%CL			Percentile 95%CL		
		SE	Z-value	Lower	Upper	P	Lower	Upper	P
路径一:感召力→平衡力→行动力	0.073	0.036	2.028	0.017	0.163	0.004	0.014	0.153	0.007
路径二:感召力→专长力→行动力	0.132	0.054	2.444	0.036	0.247	0.005	0.033	0.241	0.006
路径三:感召力→专长力→平衡力→行动力	0.070	0.032	2.188	0.018	0.154	0.004	0.015	0.143	0.007
直接效应	0.176	0.069	2.551	0.044	0.313	0.006	0.040	0.304	0.007
总效应	0.450	0.059	7.627	0.337	0.562	0.002	0.339	0.566	0.002
diff1	−0.059	0.077	−0.766	−0.207	0.094	0.414	−0.202	0.097	0.434
diff2	0.003	0.031	0.097	−0.062	0.072	0.884	−0.063	0.071	0.903
diff3	0.062	0.073	0.849	−0.089	0.198	0.417	−0.086	0.199	0.392

表 6-3 数据显示,路径一"感召力→平衡力→行动力",教练员感召力通过平衡力为中介,共同影响教练员行动力,效应值为

---

① 温忠麟.张雷,侯杰泰,刘红云.中介效应检验程序及其应用[J].心理学报,2004(05):614—620.

0.073,95％的置信区间不包括 0,表明教练员平衡力在教练员感召力与行动力之间存在完全中介作用,假设 H8 得到支持;路径二"感召力→专长力→行动力",教练员感召力通过专长力为中介,共同影响教练员行动力,效应值为 0.132,95％的置信区间不包括0,表明教练员专长力在教练员感召力与行动力之间存在完全中介作用,假设 H6 得到支持;路径三"感召力→专长力→平衡力→行动力",教练员感召力通过专长力和平衡力为中介,共同影响教练员行动力,效应值为 0.070,95％的置信区间不包括 0,表明教练员专长力和平衡力在教练员感召力与行动力之间存在完全链式中介作用,假设 H9 得到支持。

进一步对比各中介路径差异后发现,路径一和路径二之间为 -0.059,表明路径二要优于路径一;路径一和路径三之间为 0.003,表明路径一和路径三相差不大,仅有细微差异;路径二和路径三之间为 0.062,表明路径二要优于三。因此根据结果显示,路径二,即通过教练员专长力影响教练员感召力对行动力产生作用的最重要路径。

6.1.5 讨论与分析

本文研究结果显示,在教练员领导力的各维度之间关系中,教练员感召力对专长力、平衡力和行动力具有显著的正向影响,教练员专长力对平衡力具有显著的正向影响,教练员平衡力对行动力具有显著的正向影响。由此可见,教练员感召力可以直接预测教练员领导力的其专长力、平衡力和行动力维度,也可通过另外三条含有中介变量的路径实现对教练员行动力的影响。

　　体育运动领域,对于教练员领导的研究起源于教练员人格特征和个人魅力,这些异于普通人的领导元素被认为是促进运动员个人动机和成就的重要因素[1][2],这与本研究中的教练员感召力内涵有许多重叠,教练员感召力会通过教练员的思想境界、人格魅力和职业情怀对教练员本人或运动员产生某种内在吸引力,在长期的学习和引导中逐渐内化为运动员的自觉行为,进而促进他们产生无形的驱动力,促进运动队竞技能力提升。中国女排之所以长盛不衰,皆源于形成了特有的女排精神,女排亲历者对事业和对祖国荣誉的追求成为她们为之奋斗一生的重要原因[3]。有学者研究发现,以自由式滑雪空中技巧为代表的我国优秀竞技代表队极为重视为国争光等国家和集体因素摄入[4],不断地在日常训练活动中融入国家使命感和荣誉感培养,归根到底就是延续和发扬国家荣誉和民族认同,将其作为推动运动队发展的无形力量。本研究发现,教练员感召力能够成为正向预测专长力、平衡力和行动力的重要因素,因此教练员感召力可以成为实现运动队培养的先决条件。

　　过往的研究中,教练员领导行为一直都是国内外学者认识和探索运动队团队绩效和个人效能的出发点,极少有研究关注

　　① 冯琰,刘晓茹.教练员领导问题的研究进展[J].沈阳体育学院学报,2005(03):8—10+14.

　　② Riemer H A,Chelladurai P. Leadership and Satisfaction in Athletics[J]. Journal of Sport & Exercise Psychology,1995,17(3):276.

　　③ 简德平等.我国优秀运动员、教练员思想道德状况调查分析[J].武汉体育学院学报,2006(07):13—18.

　　④ 董传升,宋莹.打造学习团队:中国自由式滑雪空中技巧集训队学习行为影响因素的质性分析[J].体育科研,2020,41(01):36—43.

教练员领导力相关行为的前因变量。本章的实证检验中,将教练员行动力作为结果变量,以其临场指挥决策、言行表率和攻坚克难相关描述作为主要观测指标,回应了当前教练员必须要将命运掌握在自己的行动中[①],而不是比赛的结果。本研究创新性地探讨了教练员感召力、专长力和平衡力与教练员行动力之间的关系,以及可能存在的路径关系,发现教练员的专长力和平衡力可以成为影响教练员感召力和行动力之间关系的中介变量。而事实上,作为教练员平衡力的重要组成部分,教练员与运动员之间的关系愈发地引起运动实践领域重视,教练员和运动员之间的关系不仅能增强运动员个人训练动机、提升团队凝聚力,还能降低团队冲突等消极因素[②]。在运动训练中,若要实现训练效果提升,就必须要重视运动员投入等现实问题。许多运动队在制定训练计划和参赛策略时,难以完全考虑运动员的个体需求,尤其是运动员情绪和压力方面的因素,久而久之,容易导致教练员不能全面、准确地把握和诊断运动员参训投入,影响训练计划有效实施。本研究结果显示,如果将教练员平衡力介入到运动队的实践活动中,将能进一步提升运动队的行动力。正如社会交换理论所言,高质量的领导-成员交换关系有助于员工在互动中得到更多的信息、指导和激励[③],因此,对于运动队

---

①　约翰·伍登等著,杨斌译. 教导:伍登教练是怎样带队伍的[M]. 北京:清华大学出版社,2020:258.

②　高圆媛,李垚,曹大伟,曹连众. 教练员领导行为对运动员运动投入的影响研究——教练员-运动员关系的中介效应[J]. 沈阳体育学院学报,2021,40(05):98—106.

③　美Miles,J.F著,徐世勇,李超平译. 管理与组织必读的40个理论[M]. 北京:北京大学出版社,2017:242—248.

来说,建立教练员-运动员之间的信任关系将是实现教练员和运动员互惠的前提,这种关系一旦建立,就会给运动员带来较大的回馈,如科学训练指导等,还会进一步增强了运动员对教练员的支持和忠诚。本文的调研还发现,在实际的优秀体育组织中,教练员平衡力往往率先体现在教练员的角色定位和角色担当上,教练员如若能够承担多个不同的社会角色,就能够从容有效地开展训练工作,否则的话,就会带来角色冲突,导致组织和个人遭受损失和不利。此外,团队协作能力也是新时代竞技体育组织必须要引起重视的一种能力,同属于教练员平衡力范畴,优秀的教练员善于指引团队方向,建立融洽的团队氛围,让每一个成员都能够在共同的价值观指引下,齐心协力,共同实现竞技目标。

一直以来,教练员的专业知识和技能都是教练员胜任能力的静态呈现,本文研究发现,围绕着教练员应具备的专项技术知识能力的学习、反思和把控,逐渐形成了一种动态能力,在运动项目的发展中,审时度势、纵览国内外动态,深刻把握项目的本质,以精益求精的态度推进教练员专长力发展[①]。对于优势项目而言,就是通过长期不断地研究和学习,逐渐形成了具有领先意义的专业化知识[②],并在训练和比赛中,不断地丰富和修正,形成具有核心竞争力的知识体系。数据分析发现,教练员专长力和平衡力的链式中介模型,可以有效地提升教练员感召力对行动力的影

---

① 钟秉枢.新发展阶段我国体育教练员面临的挑战[J].中国体育教练员,2022,30(01):4—6.

② 段世杰.思考竞技体育[M].北京:学习出版社,2013:157.

响效果,借此,给一线的竞技体育人才培养提供了更多的思路借鉴,即充分挖掘一些思想道德过硬、职业情怀深、追求卓越上进、专业素养高、学习能力出众、善于思考,受队员拥护和爱戴的教练员。

6.2　实证研究二:基于自由式滑雪空中技巧后备组的行动研究

实证研究一检验了前文构建的教练员领导力理论模型和编制量表的信效度,厘清了教练员领导力的内部结构间的关系,证实本研究理论框架的可靠性,倘若能在运动队自然情境下应用,将进一步提升教练员领导力的有效性。基于此,采用行动研究尝试进行制度或行为上的改变①。本节以自由式滑雪空中技巧后备组为行动研究对象,在国家体育总局冬季项目管理中心和沈阳体育学院竞技体校的支持下,开始了为期 3 年(2019 年 1 月至 2022 年 1 月)的教练员领导力提升行动管理,依照"计划-行动-考察-反思"具体步骤②,设计了本节行动研究的基本思路(如图 6-4 所示)。

---

① 注:尽管有许多学者认为行动研究不够正规和缺少科学的严密性,但其具备良好的适应性和灵活性,简便易行,实验条件控制相对平缓,且可以及时反馈和持续评价,能够提升方案的实践性、诊断性、和总结性。

② 郑金洲.行动研究:一种日益受到关注的研究方法[J].上海高教研究,1997(01):27—31.

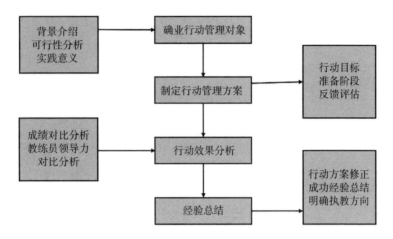

图 6-4 行动研究的基本思路

6.2.1 行动研究对象的确立依据和基本情况

为了实现"全项目"参赛的目标,北京冬奥周期备战以来,许多地方都组建了冰雪运动队,一些传统优势项目的组织架构也逐渐健全和完善,以自由式滑雪空中技巧为例,分别为后备组、发展组和跨项组三种类型(如下图 6-5 所示),分别对应国家集训队二线队、青年队和跨项组(成立于 2017 年 5 月)。根据研究需要,选取自由式滑雪空中技巧后备组为行动实施对象。

如前文所述,以沈阳体育学院竞技体校年轻队员为班底的二线队伍成立于 1995 年,在 20 多年的发展历程中,尽管教练员几经更迭,但运动队始终保持着良好的发展势头,给国家集训队培养和输送了大量优秀人才。目前主教练郭××曾参加 3 届冬奥会,获得温哥华冬奥会女子项目铜牌,运动员时期长期拥有世界最高难度动作,2010 年退役后就开始负责二队的训练,指导的最早一批队员 2012 年已经进入国家一线队。因此选取这支队伍作为行动

图 6-5 自由式滑雪空中技巧国家集训队组队框架
（注：数据来源于空中技巧国家队）

研究的对象，一方面可以深入、系统梳理和总结该队长期以来形成的年轻队员培养的经验，提炼和加工形成具有实践基础的理论成果；二是从项目发展态势来看，有助于继续保持和发扬优势队伍的特点，探索符合时代需要的教练员组织管理和训练比赛模式，稳固和强化在自由式滑雪空中技巧项目的领先地位，促进我国自由式滑雪空中技巧后备人才的高质量培养。

行动研究的顺利实施还得益于一定的现实基础。一，沈阳体育学院竞技体校队是我国自由式滑雪空中技巧的"冠军摇篮"，得到了国家体育总局冬季项目管理中心和沈阳体育学院的支持与关心，有足够的政策支持；二，该队经过多年潜心育人，形成了"精神引领—知识过硬—行动有力—团队协调"良好的组织发展环境；三，笔者多次跟随该队观摩训练、比赛以及日常生活,具备一定的行动参与基础;四,现任主教练郭××有着较为出色的运动成绩和执教经历,有着良好的教育背景,具备配合完成行动管理的能力素质。

6.2.2　行动研究方案制定与实施

本研究于 2018 年 12 月着手进入沈阳体育学院竞技体校开展实证研究。在充分了解和掌握该二队组织训练和团队文化建设基本情况的基础上,对该队教练员执教风格、执教手段和方式进行调研,了解运动员技术能力与心理特点,通过与队伍主管和教练员沟通协商,确定了自由式滑雪空中技巧后备组教练员领导力行动管理实施方案,具体步骤如下图 6 - 6 所示。

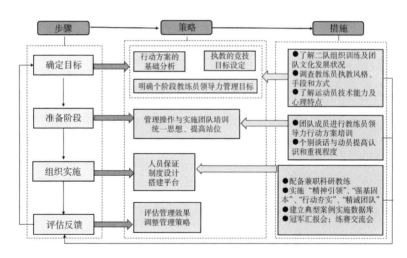

图 6 - 6　自由式滑雪空中技巧后备组教练员领导力提升实施方案

（1）确定管理目标

本研究的行动管理总体目标:一是围绕 2022 北京冬奥会参赛实施纲要制定的"全面参赛、全面突破、全面带动"竞技总目标(见

表 6-4),立足于教练员、运动员的动员与激励,采取跨越式、超常规的措施,完成全项目参赛、升国旗、奏国歌的壮举,实现以高水平冰雪竞技项目带来的冰雪参与热情;二是严格遵照国家二队的目标定位,为国家集训队选拔和储备优秀竞技体育人才,对现行的组织架构、文化传承、管理措施、训练手段、比赛策略,以及各参与主体的特点进行全面调研,以确保建立符合二队发展实际情况和满足国家集训队长远规划的竞赛目标。

在相关部门的支持下,将构建我国冬奥雪上优势项目教练员领导力理论模型融入行动管理方案中,为国家集训队后备力量搭建起领导力的获取、传达、共享和共治的平台,加快我国冬奥雪上优势项目教练员领导力水平提高,促进运动队整体竞技能力提升和可持续发展的管理目标。

表 6-4 自由式滑雪空中技巧国家集训队北京冬奥周期阶段任务与目标

阶 段	任务与目标
第一阶段 (2018—2019 年度)	构建框架,落实位置,夯实基础。根据 2022 年最终参赛目标,我国重点运动员及主要对手的情况、规则变化、重大赛事安排等,将训练、参赛、信息、管理、科技、保障等工作的各个要素进行科学地、有机地整合,制定出整个队伍和每一个个体的备战周期训练参赛计划,制定出重点运动员最终冲击金牌的详细备战计划。
第二阶段 (2019—2020 年度)	备战工作的关键年度。做好运动员难新动作在训练中的熟练和巩固,争取相关动作在比赛当中的应用,加快科研攻关力量对重点方向的研究和攻关,建立健全队伍备战制度和机制,充分磨合训练工作团队和参赛指挥体系团队。
第三阶段 (2020—2022 两个年度)	备战中的冲刺。重点做好提高难度动作在比赛中的成功率,次难度动作在比赛中的质量和成功率,做好运动员伤病预防及治疗恢复的各项工作,在训练和参赛中提高阅读掌握动作及比赛的能力,加强心理建设和训练,进一步提高整体团队的战斗力。

注:根据国家队计划自绘

（2）准备阶段

准备阶段主要任务：一是提高行动对象全体成员对教练员领导力的认识，领悟到良好的教练员领导力对运动队竞技能力提升的重要性，分别体现在管理者、教练员和运动员三个层面，以成功案例分享、焦点对话和集体动员大会等形式，统一运动队的思想认识、提高站位，加强对实施方案的沟通与磋商；二是对行动对象进行教练员领导力的培训，以专题报告与辅导相结合的方式，对领队、教练员和部分运动员进行培训，使其掌握相关的教练员领导力提升的理论知识与实操方法，具备运用教练员领导力进行管理的能力。

（3）组织实施

组织实施是行动方案的核心，具体包括 3 个步骤：人员保证、制度设计和搭建平台，具体如下：

① 人员保证与安排

为了确保行动管理的顺利实施，经自由式滑雪空中技巧沈阳体育学院竞技体校队反复商讨同意，确定实施方案，并报国家体育总局冬季项目管理中心雪上二部备案，由笔者和其他工作人员在 2019 年 1 月作为兼职科研人员进入二队采集数据和实施方案；采取多轮次进驻式与阶段深化相结合的形式介入，即在整个长达三年的周期内，多次进入训练和比赛现场（如表 6-5 所示），调研不同时期该二队教练员领导力特征的变化，及时、完整地记录教练员领导力的数据资料。

表 6-5　年度日程安排列举表（2019—2020 年度）

时　　间	地　点	内　　容	人　　员
6 月至 9 月	秦皇岛	水池专项训练	国家队二线
8 月	瑞　士	水池专项比赛	国家队二线

（续表）

时　　间	地　　点	内　　容	人　　员
10 月	秦皇岛	体能训练	国家队二线
11 月至 12 月	崇　礼	雪上专项训练	国家队二线
1 月至 3 月	沈　阳	赛季和专项训练	国家队一、二线

注:根据国家队计划自绘

② 制度设计与方案确定

行动管理方案紧紧围绕队伍备战的目标任务进行设计,牢牢把握训练和参赛两个核心任务,具体包括 1)固点阶段,科学组建队伍;2)加强队伍管理和思想文化建设;3)创新项目发展的活力和动力;4)认识和准确把握项目制胜规律,充分发挥科技助力的作用;5)落实好训练监控和场地保障;6)充分利用竞赛杠杆作用[①]。

表 6-6　教练员领导力行动管理方案纲要

方案名称	目标设定	对照条目
精神引领	体现运动队正确的价值观和人生观,教练员以独特魅力起到精神引领作用,吸引运动员发自内心地投身到训练和比赛中。	具备强大的祖国荣誉感
		有明确的奋斗目标和远大的理想信念
		具备优良的意志品质和坚忍不拔的精神
		展现出非凡的投入程度,甚至于是迷恋
		展现出强烈的自信心
		具备鲜明的执教风格
强基固本	体现教练员"做正确的事"的知识基础,实现教练员自我成长和运动队竞技水平提高的内在驱动力,以此取得运动员的信服和实现运动员最为专业的知识和技能积累。	积极主动地学习项目发展所需知识和技能
		主动总结和反思,寻找不足
		熟知项目规律,把握项目制胜要素
		善于发掘和培养运动员
		保持创新发展的理念
		积极主动地关注国际发展动态以及重视对手情报工作

---

① 注:该目标和任务来源于国家队年度计划安排。

（续表）

方案名称	目标设定	对照条目
行动夯实	体现教练员"正确的做事"的行动支撑,以实际行动呈现教练员执教活动的效果。	有针对性地设计训练和比赛计划
		能快速决策,及时调整训练和比赛方案
		善于调动和调整运动员的情绪
		能以身作则率先垂范
		不惧困难和挑战,敢于承担失败的责任
精诚团队	构建运动队发展的环境保障,创建良好团队氛围,加快运动队各种关系的高效处理。	不对运动员标榜权威
		能够协调队内各种关系
		能够应对各种角色的要求和可能带来的冲突
		积极参加队内集体活动

注:根据国家队实施方案自绘

　　研究充分听取和采纳队伍管理人员建议,以前文构建的我国冬奥雪上优势项目教练员领导力理论模型和测量工具为蓝本,设计4个具体方案。以第4项任务"认识和准确把握项目制胜规律,充分发挥科技助力的作用"为例,笔者将该任务分解到方案二"强基固本"中。具体行动管理方案如上表6-6所示。

　　首先是建立并实施"精神引领"方略,打造以自由式滑雪空中技巧项目精神引领的驱动机制。紧密结合队伍思想政治和爱国主义教育活动,强调运动员一定要在家门口展现中国体育精神。通过"入队第一课""向国旗致敬"、参观博物馆、纪念馆等先进思想教育活动,以及通过教练员动情讲述个人在备战几次重大赛事前后真实的内心活动,诠释何为"国",如何做到心中有"国",如何在国家精神引领下,实现与个人意志相协调统一的过程;受干预运动员以各自心中的榜样描绘自由式滑雪空中技巧精神,坦诚表达与之差距,找到努力和奋斗的方向,以此强化价值层面的认识,着力打造以增强使命感、责任感、荣誉感,作风优良的国家队。

其次是建立并实施了"强基固本"计划,强化教练员对项目专业知识的积累与提升的认识。深刻认识到自由式滑雪空中技巧的项目特征和竞技比赛制胜规律,并结合自由式滑雪空中技巧项目发展趋势,以干预教练员所特有的技能优势给队员传递"以难制胜""稳中取胜""一切皆有可能"的内涵真谛,鼓励队员在个人"专长"上寻求突破,为实现"练到家、练到位,练得够、练得准"和"赛必赢"的竞技目标奠定基础。

其三是建立并实施"行动夯实"计划,强化教练员对日常训练和比赛的掌控能力。打造队伍"行动出真知"的理念,以教练员在训练和比赛中的典型表现为切入点,引发队员思考与讨论,促使教练员采用更为积极的言行、更合理的指挥决策。比如,随着"以赛代练"的模式推行,运动队需要应对时差困扰、气候变化,不同雪质、雪温、雪速导致好奇、紧张和失误,学会接受、克服和掌握其中的变化,这就要求教练员对形成这些不利客观因素的快速反应的能力。

最后是实施并打造"精诚团队",重视队伍各方面因素的平衡,合理及高效处理好各种问题和矛盾。强化教练员在运动队组织发展中的主导地位,在各种角色互动中实现成功切换,尤其是重视新形势下教练员与运动员关系的发展。

③ 教练员领导力提升平台搭建

畅通运动队交流渠道,建立教练员-运动员联系机制,人员包括现任教练员、运动员、历任教练员和退役优秀运动员;定期开展练赛交流会、冠军汇报会、训练成果展示汇报、比赛训练心得体会,积极搭建教练员领导力的传达与共享的平台,发挥高水平竞技运动队中所特有的隐性管理作用,通过强化教练员或运动员对教练员领导力内涵结构的理解,营造积极的教练员领导力认知、传达、共享和共治的组织环境,为实现教练员领导力的转移和提升提供载体支撑和保障。

（4）评估反馈

行动管理效果的好坏很大程度上取决于对方案的科学评价与反馈,因此评估反馈必须要贯穿于整个方案。在运动队的实际发展中会出现各种各样意想不到的问题,如伤病、训练或比赛调整①,因此在二队的实施过程中,要充分考虑到这些不利因素,不断调整和完善,逐渐形成螺旋上升的闭合方案优化路径。

6.2.3　行动管理前后对比分析

（1）实施前教练员领导力表现

① 教练员自我认知

对行动管理实施对象的深入了解有助于认识和解读其执教活动。郭××原是辽宁省技巧队运动员,12 岁被杨尔绮选入沈阳体育学院自由式滑雪空中技巧队,开朗大方、性格耿直、训练刻苦、果敢顽强,是我国第一个上三周跳台的女子运动员。笔者在行动方案实施前对郭××的教练员领导力认知做了详细的调查和记录,根据访谈结果,梳理如下。

在专业知识技能学习和指导方面,郭××认为教练员一定要具备高水平的运动经历,只有自己亲身体验过在不同的动作发展

---

① 注:由于疫情影响,参加国内外比赛机会锐减,导致难以通过比赛检验训练成效,减少了在比赛真实场景中展现教练员领导力的机会。

阶段,自己是怎样经历的,是怎么跳的,那么当运动员遇到类似问题后才能知道如何解决;其中包括失败的经历,都会对眼下的执教起到借鉴作用。比如说对助滑速度、起跳时机、空中翻转和着陆时的平衡的判断,如果不是项目中走出来的教练员①,就难以给运动员以现身说法,可能难以让运动员信服,但至于如何才能将自己的经验迁移给运动员,郭××强调要以队员的体悟为主。此外,郭××还认为竞技比赛有时比的就是胆量,以自己 2006 年都灵冬奥会场景来说②,如果换做自己当教练决定队员决赛的最后一跳动作,依然会选择高难度动作,她不会太关注对手的情况,只会专注于自己的表现。

目前自由式滑雪空中技巧比赛以个人比赛的展示或者是团队几名队员分别比赛两种形式,因此自由式滑雪空中技巧项目既是个人项目,又像双人项目,又有着集体项目的身影,这也决定了项目发展中必须要处理好几组关系。郭××认为教练员和运动员的关系是基础,由于教练员需要给每名队员设计精细化的训练方案,在日常训练中教练员只会指导少数几名队员,决定了对每名队员都是无微不至的指导;从项目的竞技规律来看,强调"稳、准、难、美",其中难度动作最为重要,训练中若不能严格要求,那么在比赛中就很难有高质量的发挥,因此教练员的指导活动应该体现严厉的主基调,"要让队员有怕头"。自由式滑雪空中技巧的每一跳都

---

① 注:指的是非自由式滑雪空中技巧退役运动员。
② 注:2006 年都灵冬奥会,预赛中郭××以两跳难度分别是 3.8 和 4.05 的动作位居第二名进入决赛,其 4.05 第二跳落地不稳,仅得到 99.42 分;决赛时教练员认为她应该降低难度,保证稳定性,但她仍冒险选择之前预赛同样动作,由于落地不稳仅获第 6 名。

需要团队的密切配合,运动员必须得到出发教练的指令后才开始下滑,在空中做动作时教练有时还会大声地强调动作要点,但一直以来缺少对二者或三者之间①的深入研究。

② 运动员感知

运动员对教练员领导力的感知直接会影响到参与训练的动机和效果,尽管受调查队员均未成年,但仍可以窥见教练员领导力在运动队中的原始样态。调研发现,运动员基本上都能看见和感受到教练员做人和做事的态度,也对教练员不畏艰辛、全情投入的意志品质表示赞叹,言语中也表达出要向他们学习和训练的强烈意愿,但在问及为何要训练? 怎样训练? 比赛能得到什么? 以及自己的是否担当某种使命任务? 很难形成有逻辑的回答,显得非常跳跃和浅显。

受调查小队员普遍比较惧怕自己的教练,同时他们也认为教练员就应该是严厉的,只有"严师出高徒"。在训练中,都是严格按照教练要求去做,很少有队员去思考为什么要这样练? 这样练有怎样的优点? 还可以怎样练? 由于队员年龄较小,参加的比赛少,对于教练员的临场指挥决策还没有深入的认识,但每次比赛后都会召开总结会,有时比赛后训练内容和方式会发生一定的改变。此外,小队员表示队伍的氛围较为和谐,教练员除了较为严厉,其他方面都较好,队员之间相处也极为融洽,训练时交流较多、文化课学习时也会互相帮助,也会一起做团建活动,如唱歌比赛、舞蹈

---

① 注:自由式滑雪空中技巧比赛中,通常有一名教练位于运动员下滑点附近,帮助队员调整出发位置,确定出发时间;另外一名教练位于跳台挡板外,负责必要的动作提醒。

比赛或者游戏比拼。

（2）实施后教练员领导力表现

① 取得的成就

国家二队主要目标就是向国家队集训队输送优秀人才。郭××主要负责沈阳体育学院竞技体校上来的小运动员,共有 6 人,已经有4 名队员进入国家队,分别是李伯颜、杨龙啸、杨仁龙、邵琪①,其中邵琪和杨龙啸还成功入选 2022 年北京冬奥会中国代表团。在郭××看来,经过 7—8 年训练的运动员,都会有比较大的进步。现如今,我国的自由式滑雪空中技巧项目中,没有一个队员是从雪上项目转过来的"白兵"②,以前都是练技巧或体操,经郭××指导的队员,最快仅需要半年就可以进行雪上跳台练习,但要是想在奥运会的舞台上拿到好成绩,至少需要十多年的时间。

② 教练员自我评价

郭××2010 年退役后转为教练员其实就是割舍不了对自由式滑雪空中技巧的感情,选择成为一名后备队伍教练员就是出于这种考虑,想凭借自己多年来积累的经验给处于发展关键时期的

---

① 注:运动员参赛获奖情况。①邵琪,获 2017—18 年度全国冠军赛女子成年组冠军,2018—19 赛季最佳新人奖;2019 年 1 月 19 日世界杯美国普莱西德湖站银牌;2019 年 2 月 23 日世界杯白俄罗斯明斯克站铜牌;2019 年 7 月被授予国际级运动健将称号;2021 年 12 月世界杯芬兰卢卡站女子组冠军;入选 2022 年北京冬季奥运会中国体育代表团运动员名单,位列第 17 名;②2019 年 3 月 3 日世界杯长春站混合团体赛,徐思存、杨龙啸、吴树迪搭档的中国二队获得亚军,贾丽亚、李伯颜、杨仁龙组成中国三队收获季军;③2019 年 3 月 7 日第二届全国青年运动会李伯颜获得银牌;④2019 年 3 月 7 日第二届全国青年运动会杨龙啸夺得金牌;2021—22 赛季世界杯加拿大站比赛杨龙啸获得亚军,入选 2022 年北京冬季奥运会中国体育代表团运动员名单;⑤2017 年 3 月 25 日,2016—17 年度全国冠军赛阿尔山西站,杨仁龙获得青年男子组冠军。

② 注:"白兵"一词是教练对没有任何空中翻腾训练基础运动员一种形象化的称呼。

队伍贡献力量。从这个角度来讲，将对项目的爱与国家的需要相结合，以自己的特长来帮助队伍培养优秀后备人才。

对于一些特别小的队员，根本理解不了什么是国家，"连自己早晨刷牙洗脸都记不住"，跟他们讲祖国荣誉、为祖国奉献，根本不切合实际，郭××认为与其讲大道理，不如多关注他们、多鼓励、多给"小甜头"，这样才能促使他们愿意好好训练，等逐渐成熟了再去谈国家利益。

随着郭××执教能力的不断提升，行动管理后的郭××在许多方面都有了改变，比如做细致周密的训练计划、比赛方案，训练比赛后及时观看录像审视指导过程，做好技能反思和赛后总结，发现问题及时自我纠错。郭××认为尽管教练员的运动经历非常关键，对于分析、研判和解决运动员训练比赛中出现的问题有着不可替代的作用，随着自由式滑雪空中技巧的难度不断增大，肯定会出现许多超出教练认知范畴的技术动作，往往很难找到以往的参照，因此要抛弃固化的思想，以创新发展的眼光来面对项目的发展。郭××坦言在给小队员指导时，就不能只顾强调动作的对与错，还需要引导队员慢慢建立分析技术动作的能力，提升队员自我应变的能力，否则的话，大部分运动员只能按照教练设计的思路去实践，难以做到综合能力的提升。在一些重大比赛的关键轮次，不会依照自己之前的做法，会根据对手情况、场地气候条件和自身竞技状态，做出适当调整，以一种更为合理的方式做出决断。

经过行动管理，郭××对运动队的团队管理有了新的认识。从以往强调教练"说一不二"的地位，而如今则慢慢呈现出"亦师亦友"的状态，考虑到队员年龄跨度较大，从十二三岁到十八九岁不等,应对不同年龄段的队员采取差异化的管理手段,给少年小队员更多家人般的关怀,以"严慈相济"的方式来管理青年队员。通过搭建各种交流平台,如恳谈会、"今日之星"心得分享会等形式,不但升华了教练员和运动员之间的融洽关系,也促进队员间的和谐相处、鼓励了合理竞争。由于目前二队组织建设还不健全,一名教练员同时担当多个角色,缺少多名教练员间配合交流的机会,即便如此,仍营造了一个团结互助、信任可靠的团队氛围。

6.2.4 行动实施方案的总结与修订

国家集训队后备组教练员领导力行动研究顺利实施有助于检验我国优势项目教练员领导力理论的实践指导价值,同时有助于识别运动队中教练员领导方面存在的问题,以便有针对性地调整执教方式和内容,为形成具有实践基础和推广价值的组织管理模式提供依据。根据研究者的观察、调查量表条目对照描述,以及教练员自述和运动员评价,对方案进行了经验总结和修订。

（1）方案总结

整体上来看,行动管理对运动队的组织管理、团队建设和比赛训练起到了一定的作用。受干预的教练员和运动员意识到教练员领导力对运动队发展的许多方面都起到支撑引领作用,重视教练员领导力的培养和提升,并逐渐将其视为运动队发展不可或缺的组成部分,同时也认识到针对不同的队伍类型、发展阶段和竞技目标,应采取差异化的教练员领导力渗透方式。

从各维度管理结果来看,许多策略和措施值得推广,一些方案还有待进一步调整和深化。在教练员精神感召维度上,通过对教练员精神层面的要素干预,使得教练员能够意识到"为什么要做事",强调个人思想境界、人格魅力和职业情怀的重要性,但如何将这些自身已有的品质展现出来,传递给队员,内化成他们训练和比赛的原动力,值得进一步挖掘。对于教练员而言,尤其是指导一些年龄偏小的队员时,如何在纷繁复杂、物欲横流的时代,使其依然能够耐住寂寞、禁得起磨炼,如何将一些成功者的故事变成鞭策他们前行的精神力量,这些都是影响到这些小队员成才高度的基础。譬如可以经常和小队员交流,愿意成为怎样的运动员(和榜样运动员相比),想达到什么样的竞技高度?正如托马斯·爱迪生所说"成功,只属于那些在期待成功的过程中有所作为的人",即成功属于渴望成功的人。

在教练员专长维度,行动管理体现了教练员"做正确的事"的知识基础。行动管理后教练员更加深刻认识到了"练得多不如练得准",认识到"准"的前提就是对规则变化的把握,因为这些变化直接影响到训练目标的设定和技术动作变化的储备,只有全方位地掌握规则变化趋势,做到未雨绸缪、心中有数,才去努力做到练到位、练得准。自由式滑雪空中技巧发展已经进入空前的"高难度、高稳定性、高空中姿态、高艺术表现"时代,任何一个指标不到位都会影响到最终成绩的取得。对于教练员而言,不能故步自封、唯我独尊,要始终以发展的眼光来认识自己、队员、对手和项目,敢于尝试和创新高效训练的方式和方法,包括技术或体能训练方法手段、分解训练和周期安排等具体方面的研究和创新,如利用蹦床蹦极训练来辅助专项训练。

在教练员行动策略维度,教练员愈发地重视如何才能"正确的做事",并将其作为执教活动的外显体现。我国老一辈教练员推崇的言行表率具有重要的现实意义,对于二线队员而言,过多的言语未必是最好的选择,相反的是,教练员的身先士卒会给他们带来巨大的感官上的冲击,久而久之,会产生强烈的认同和信任,吸引他们追随和模仿,不仅有助于技术动作学习,还能产生良好的团队气氛,提高教练员和运动员共渡难关的几率。此外,要重视引入一些科学手段支撑,增加训练和比赛指导的针对性,提升关键时刻决策的及时和准确性。

在运动队团队建设方面,行动管理后教练员逐渐重视以"平衡"为原则处理各种关系。其中识别教练员在队伍发展中的主导地位,对于教练员较少的自由式滑雪空中技巧二线队伍尤为重要,教练员需要承担队员的训练、生活、学习等多个场景的工作任务,任何角色扮演得好坏都会影响到其他场景的发展。例如在新的内容学习、比赛分析时,进行更多的知识信息交流;比赛中遇到困难或发生训练冲突时,则应该将情感交流置于首位。还要重视激励的使用,不仅是在训练和比赛中口头鼓励和赞许,还可以考虑训练之外,通过其他形式进行信息反馈,甚至是小的奖赏。此外,从实践来看,对于我国的一些青少年运动队,构建家庭式的运动队文化有助于他们尽快融入团队中,形成互相帮助、互相理解、沟通畅达的团队文化,有助于青少年队员的快速成长。

（2）方案修订

总的来说,国家集训队后备组教练员领导力行动研究方案有效,但由于首次在运动队中实施,受到参与主体（教练员）、客体（运动员）和其他环境因素的影响,使得方案仍然暴露出许多亟待调整的地方。在准备阶段,应进一步提升所有参与人员对教练员领导力的认识,加大教练员领导力对运动队发展促进的案例涉入;与参与主客体充分沟通方案内容和实施形式,提高管理实施的效果。在实施管理上,如果条件允许,补充工作人员数量,提前进入行动现场,与教练员、运动员等参与主客体建立更多联系和沟通;在方案正式实施后,采取多种手段观察、记录调研数据。在方案实施上,优化教练员领导力的 4 个维度支撑方案,将其融入到一些具体的执教活动、学习活动和团队建设中,使得方案的可操作性进一步增强。在评价与反馈上,优化评价方案,将各方对教练员领导力量表的测量体现到评价中,对比分析参与主客体在不同维度上的差异,诊断其产生原因,为建立教练员领导力的应用数据库和典型案例提供支撑。

6.3　本　章　小　结

本章是构建的我国冬奥雪上优势项目教练员领导模型的运用,是相关理论研究成果的实证检验。经过教练员领导力理论模型的假设检验,教练员感召力和行动力应成为教练员领导力开发与培养的出发点和落脚点,在运动实践中,如果能够充分考虑教练员感召力和专长力等变量因素,将会进一步提升临场指挥决策和攻坚克难等教练员的关键能力。

本章还采用行动研究方案的设计对自由式滑雪空中技巧国家后备队进行调查,以检验理论模型和测量工具在实际情境中作用。

通过对自由式滑雪空中技巧沈阳体育学院竞技体校队郭××教练及其队伍为期3年的行动管理发现,在组织目标实现中融入教练员领导力方案后,运动队的组织管理、团队建设和比赛训练等方面有了一定的提升,但由于该方案首次在真实环境下应用,还存在一定的不足,还需进一步调整和优化,以便能够形成螺旋上升的运动队领导力自治体系。

7 研究结论、创新、局限与展望

本研究以北京冬奥会雪上优势项目成功经验总结的历史契机与米兰冬奥会新备战周期发展的现实需要为出发点,以探索我国雪上优势项目教练员形成规律的客观需要为抓手,以实现我国竞技体育均衡发展为重要支撑的竞技体育强国目标为引领,采用扎根理论探索我国冬奥雪上优势项目教练员领导力的内涵特征、结构维度和构建理论模型,揭示部分雪上优势项目教练员领导力形成和演化历程,在此基础上,编制了我国冬奥雪上优势项目教练员领导力调查问卷,并通过实证检验,进一步探讨了教练员领导力内部结构关系以及在实际情境中进行实施和优化。

7.1 研究结论

本研究围绕教练员领导力在我国冬奥雪上优势项目中的发生和发展的逻辑主线,以我国冬奥雪上优势项目教练员领导力"是什么?""为什么重要?""如何测量?"和"实践中应用如何?"等具体问题展开研究,得到了以下几个主要结论。

(1) 教练员领导力在我国冬奥雪上优势项目(自由式滑雪空中技巧项目)的发展脉络和演变特征,划分为 4 个发展阶段,在队伍初创期(1987—1998 年),以"外行式"的队伍构成不断探索"内涵式"教练实践探索;曲折成长期(1999—2006 年),队伍整体实力猛增,教练员科学执教素养得到提升;砥砺前行期(2007—2018 年),队伍团队竞争力和凝聚力不断攀升,教练员的执教特点开始绽放;继往开来期(2019 年至今),运动队成绩达到顶峰,教练员执教魅力得到了广泛认可。呈现出 4 个阶段特征,国家精神和个人意志的协调统一、专业知识和实践经验的丰富提高、现场执教和反馈调整的巩固强化,以及团队凝聚和个人成长的良性互动。

(2) 我国冬奥雪上优势项目教练员领导力概念模型由感召力、专长力、行动力和平衡力 4 个核心范畴构成,围绕教练员"领导力的来源—领导力的传达路径—领导力的塑造",以各个核心范畴的"基础—启动—形成"为支撑,构建了一个教练员领导力螺旋上升的阐释理论模型。

(3) 编制的我国冬奥雪上优势项目教练员领导力调查工具,运用德尔菲法、项目分析、探索性因素分析和验证性因素分析的方法,通过预调查和正式调查,最终形成包含 7 个基本信息题项、21 个教练员领导力测量题项的《我国冬奥雪上优势项目教练员领导力调查问卷》(SECLS),具有较为可靠的信效度。

(4) 经实证检验的我国冬奥雪上项目教练员领导力模型及其

测量工具,探索了理论模型的内部结构关系,发现教练员感召力和行动力应成为教练员领导力开发与培养的出发点和落脚点,而专长力和平衡力等变量引入将提升教练员感召力对行动力的影响效应。通过行动研究的设计,对自然情景中自由式滑雪空中技巧后备队的实证检验中,发现教练员领导力对运动队发展的许多方面都起到促进作用,针对运动队的不同类型、发展阶段和竞技目标,可采取差异化的教练员领导力渗透方式。

7.2 研究创新

(1) 研究视角上

以本土化视角探索我国竞技体育活动中的教练员领导力,以自由式滑雪空中技巧项目教练员领导力在不同历史发展阶段的形式和动力为脉络主旨,揭示我国冬奥雪上优势项目教练员领导力的内涵特征、结构维度以及形成测量工具。本着"顶天立地"的目的,汲取西方领导力经典研究成果的营养,立足于我国体育领域教练员在领导实践中的独特性,既避免了盲目地崇洋媚外,又超越了民族主义的狭隘观,实现中西方教练员领导力研究互通互融,为探索研究我国体育实践活动提供可借鉴的视角。

(2) 研究内容上

以整体化的教练员领导力体系研究为目标,跳出学者所习惯的特质研究、行为研究或胜任能力研究等单一切入点,对教练员领导力的多个维度进行探索,深入考察教练员的感召力、专长力、行动力和平衡力的内涵特征,使其在多维的、动态的历史过程中得以全面呈现,构建出完整、客观和科学的我国冬奥雪上优势项目教练员领导力理论模型,充分考虑到教练员领导力维度间并非线性可叠加的效应,改变人们对教练员领导力认识的模糊性和片面性,为全面理解、评价和应用教练员领导力提供证据。

(3) 研究方法运用上

本文综合运用多种研究方法,以质性研究与量化研究相结合,以我国冬奥雪上优势项目教练员领导力的理论构建、测量工具编制和实证检验为目的;基于丰富的史实资料,以质的研究自下而上地演绎剥离出教练员领导力的内涵维度,采用专家咨询对所设计的调查工具进行评价,通过项目分析和因素分析进行验证,以内部结构关系探索和国家二队的行动研究进行实证检验,实现了研究方法与研究内容的统一,提升了研究的可靠性和科学性。

7.3 研究局限

高水平竞技体育活动影响因素众多,教练员领导力仅作为一个重要的研究视角逐渐受到学者的关注。笔者试图解构我国冬奥雪上优势项目成功之道,尽可能科学地设计研究、全面收集相关资料数据,通过严谨的论证链条,形成客观合理的研究结论,并在相关部门的支持下进行了实证研究,形成了一些可借鉴和推广的成功经验,但受个人综合能力以及研究时间、经费、资源等客观因素的限制,使得本研究还存在一定的局限。

(1) 调研项目选定

在本研究中的质性研究和行动管理中分别选取了我国雪上唯一的优势项目自由式滑雪空中技巧国家集训队和二队进行分析,为深入诠释我国冬奥雪上优势项目教练员领导力的内涵特征、结构维度和作用机理提供了数据支撑,但缺少其他潜优势项目或待发展项目的数据来源,无法实现与其他项目的直接对比,使得构建的优势项目教练员领导力缺少必要的参照;尽管在量表编制阶段将调研范围扩大到整个雪上项目,但仍可能导致理论模型适用范围存在相应的局限。

(2) 研究方法选择

教练员领导力是一个源于西方的理论概念,长期以来我国学者们习惯于用西方所推崇的量化研究范式展开研究,而本研究中却另辟蹊径,尝试以质的研究思路,总结和提炼我国冬奥雪上优势项目发展经验,可借鉴的成熟研究较少,难免会存在一定的经验不足。另外,本研究的核心章节选用扎根理论的方法,要求研究者不带任何理论预设和主观态度进入研究现场,但由于长期与这些教练和运动员相处,形成了较为和谐融洽的互动关系,加之笔者一直以来对优秀教练员和运动员的崇敬,可能导致在资料分析时融入一些个人情感。

(3) 行动研究方案设计

行动研究极为依赖研究者对所从事社会实践活动的理性认识,行动者要用科学的方法来验证有关理论假设,并结合自己的实践进行问题研究。由于是在自然情境下实施，难以严密地控制条件，导致研究结果在准确性和可靠性方面受到威胁。此外，受行动管理对象年龄偏小的缘由，没有过多倾听这些小队员对教练员领导力的认识，仅以开放式对话了解部分相关内容，可能会使得行动管理结果存在一定的片面性。

7.4 研究展望

目前我国冬季项目已经进入 2026 米兰冬奥备战周期，继续保持部分雪上优势项目的竞争力，并将一些成功经验扩散到更多的雪上项目将成为重要支撑。在此基础上，对我国冬奥雪上优势项目教练员领导力的理论探讨及其实践应用可作为积极备战的形式之一，就该主题而言，未来仍需要在广度和深度上得到进一步延展。

（1）深度阐释我国冬奥雪上优势项目教练员领导力测评方面。对个体教练员领导力测评是教练员领导力研究的难点。在本研究中运用德尔菲法和因子分析编制了我国冬奥雪上优势项目教练员领导力测量工具，可以作为评价教练员领导力的工具使用，但个体教练员领导力是否赋分、分值高低及其差距有何具体含义仍需要进一步探索，未来将探索运用综合模糊测评和偏序集评价的方法对个体教练员领导力展开测评。

（2）探索不同人口统计学变量因素对雪上项目教练员领导力的影响方面。本研究将我国冬奥雪上优势项目作为一个整体进行研究,并未对所选项目人口统计学变量与教练员领导力之间进行深入分析,未来研究中,将着重探索不同年龄阶段、项目来源、训练水平、比赛成绩、竞赛环境等变量对教练员领导力的影响,提升研究结果的实践指导作用。

参 考 文 献

一、中文文献

（一）专著

[1] 曹连众. 竞技体育人才隐性知识管理研究[M]. 沈阳:辽宁人民出版社,2011:136—154.

[2] 曹连众. 隐性知识管理视角下中国雪上项目优秀运动员培养理论及机制创新研究[M]. 北京:中国社会科学出版社,2016:2—16.

[3] 陈向明. 质的研究方法与社会科学研究 [M]. 北京:教育科学出版社，2000:313—333.

[4] 段世杰. 思考竞技体育[M]. 北京:学习出版社,2013:157—159.

[5] 戈炳珠. 自由式滑雪空中技巧探究[M]. 北京:人民体育出版社,2003:18.

[6] 戈炳珠. 空中技巧论百篇[M]. 沈阳:辽宁人民出版社,2013:144—145.

[7] 关培兰. 组织行为学[M]. 武汉:武汉大学出版社,2000:182.

[8] 李宁. 教练员执教行为研究[M]. 北京:北京体育大学出版社,2015:9—10＋96＋242.

[9] 李志洪. 麦肯锡领导力法则[M]. 北京:台海出版社,2017:48.

[10] 刘兵. 执教之道[M]. 上海:上海人民出版社,2017:43—52.

[11] 田麦久,熊焰. 竞技参赛学[M]. 北京:高等教育出版社,2019: 204—205.

[12] 田麦久,运动训练学[M]. 北京:高等教育出版社,2006:462.

[13] 田麦久. 体育发展战略研究与学科建设[M]. 北京:北京体育大学出版社,2003:28.

[14] 田麦久. 运动训练学[M]. 北京:高等教育出版社,2017:306—310.

[15] 王芹. 我国体育教练员核心竞争力的培育研究[M]. 济南:山东大学出版社,2019:45.

[16] 魏平,许昭. 运动员心理训练与调控[M]. 济南:山东大学出版社, 2018:109.

[17] 吴明隆. 问卷统计分析实务——SPSS 操作与应用[M]. 重庆:重庆大学出版社,2010:158.

[18] 谢亚龙,王汝英. 中国优势竞技项目制胜规律[M]. 北京:人民体育出版社,1992:42—43.

[19] 熊焰,王平. 竞技教练学[M]. 苏州:苏州大学出版社,2016: 154—516.

[20] 袁伟民. 我的执教之道[M]. 北京:人民体育出版社,1988:6—9.

[21] 张力为,任未多. 体育运动心理学研究进展[M]. 北京:高等教育出版社,2005:49—152.

[22] 张伟豪,徐茂洲,苏荣海. 与结构方程模型共舞[M]. 厦门:厦门大学出版社,2020,9:202.

[23] 钟秉枢. 教练学[M]. 北京:高等教育出版社,2019:42+68+190.

（二）译著

[1] 安迪·布鲁斯等著,王华敏等译. 行动力[M]. 北京:世界图书出版

公司，2010:10—15.

　　[2] 保罗斯·托兹著，姜冀松译. AQ逆境商数[M]. 天津:天津人民出版社,1998:25.

　　[3] 卡尔洛·安切洛蒂(意),克里斯·布雷迪(美),迈克·福德(英)著. 刘洋(译)[M]. 安切洛蒂自传:寂静的领导力北京:台海出版社，2017,xii.

　　[4] 罗伯特·F德威利斯著,席仲恩,杜珏译. 量表编制:理论与应用[M]. 重庆:重庆大学出版社，2016，10:81—84.

　　[5] 美 Antonakis J, Cianciolo A T, Sternberg R J 编. 柏学翥,刘宁,吴宝金译. 领导力的本质[M]. 上海:上海人民出版社，2007.

　　[6] 美 Banard C I. 著，王永贵 译. The Functions of the Executive[M]. 北京:机械出版社,2013:159—171.

　　[7] 美 Miles J F 著，徐世勇,李超平译. 管理与组织必读的40个理论[M]. 北京:北京大学出版社,2017:242—248.

　　[8] 诺斯豪斯著,吴爱明等译,领导学:理论与实践[M].北京:中国人民大学出版社，2012:131—312.

　　[9] 斯蒂芬·罗宾斯等著,孙健敏等译. 组织行为学 [M].北京:中国人民大学出版社，2016:222—225.

　　[10] 约翰.伍登,史蒂夫.贾米森著. 杨斌译. 教导:伍登教练是怎样带队伍的 [M].北京:清华大学出版社,2020.5:1—4.

　　[11] 约翰·马克斯维尔著,任世杰译. 领导力的五个层次[M]. 北京:金城出版社,2012:181.

　　[12] 张力为,任未多.体育运动心理学研究进展[M].北京:高等教育出版社，2005:49—152.

　　(三) 学位论文

　　[1] 蔡端伟. 教练员领导行为、激励氛围对运动员动机内化影响研究[D].上海:上海体育学院博士论文,2016.

[2] 陈维亚. 变革型领导对企业创新能力影响之研究[D]. 上海:东华大学博士论文,2011.

[3] 郭宇刚. 运动员依恋、关系维持策略与运动员—教练员关系质量的研究[D]. 上海:上海体育学院博士论文,2016.

[4] 吉承恕. 竞技体育教练员胜任力问题的研究[D]. 天津:天津大学博士论文,2010.

[5] 李宁. 我国教练员执教行为研究[D]. 北京:北京体育大学博士论文,2007.

[6] 李文超. 我国优势项目复合型教练团队的运行机制研究[D]. 北京:北京体育大学博士论文,2013.

[7] 林昭妍. 共享领导行为对团队效能影响之研究[D]. 上海:上海体育学院博士论文,2022.

[8] 石岩. 我国优势项目高水平运动员参赛风险的识别、评估与应对[D]. 北京:北京体育大学博士论文,2004.

[9] 孙哲. 我国职业篮球教练员胜任特征模型的构建与实证研究[D]. 北京:北京体育大学博士论文,2018.

[10] 吴治国. 变革型领导、组织创新气氛与创新绩效关联模型研究[D]. 上海:上海交通大学博士论文,2008.

[11] 杨勐. 我国冬奥会优势项目与弱势项目的发展现状调查与分析[D]. 长春:东北师范大学硕士论文,2013.

[12] 赵杨. 优势运动项目国家对异地优秀竞技人才的磁吸现象[D]. 北京:北京体育大学硕士论文,2013.

（四）期刊论文

[1] 柏学翥,姜海山. 中西领导力比较与文化探源[J]. 中国浦东干部学院学报,2009,3(02):64—69.

[2] 柏学翥. 道中有术、术中有道:中西领导力殊途同归[J]. 理论探讨,

2010(06):148—151.

[3] 鲍明晓,邱雪,吴卅等.关于加快推进体育强国建设的几个基本理论问题——基于党的十九大报告提出体育发展全局的战略性问题[J].北京体育大学学报,2018,41(02):1—6+16.

[4] 蔡端伟,吴贻刚.教练员领导行为、激励氛围与运动员激励内化——来自全国361°排球锦标赛球队的实证分析[J].天津体育学院学报,2014,29(02):142—146.

[5] 蔡端伟,吴贻刚.排球教练员领导行为激励内化效应实证研究——基于自我决定理论视角[J].河南师范大学学报(自然科学版),2014,42(04):159—164.

[6] 蔡振华.教练员是运动队的领导核心[J].中国体育教练员,1999(03):5—6.

[7] 曹大伟,曹连众.我国教练员领导力研究的域外经验、本土实践和未来展望——基于领导力来源与传达路径[J].沈阳体育学院学报,2021,40(01):94—101+124.

[8] 曹景伟.第24~26届奥运会各竞技强国优势竞技运动项目研究[J].体育科学,2001(01):39—43.

[9] 曹连众,王前.竞技体育人才隐性知识与比赛能力关系研究[J].山西大学学报(哲学社会科学版),2010,33(05):129—135.

[10] 曹连众.竞技体育人才隐性知识获取机理研究——基于"练中学"与"赛中学"视角[J].沈阳体育学院学报,2014,33(03):68—70.

[11] 曹仰锋,李平.中国领导力本土化发展研究:现状分析与建议[J].管理学报,2010,7(11):1704—1709.

[12] 陈宝海.东北三省冰雪运动项目教练员现状及后备人才培养的关键因素分析[J].冰雪运动,2005(04):67—70.

[13] 陈钢华,赵丽君.旅游领域量表开发研究进展——基于国内外六本

旅游学术刊物的分析[J].旅游导刊,2017,1(06):66—85+109.

　　[14]陈亮,田麦久.第24—30届奥运会田径项目区域竞技优势特征及转移态势研究[J].体育科学,2012,32(11):40—49.

　　[15]程宏宇,王进,胡桂英.教练员领导行为与运动员竞赛焦虑:运动自信的中介效应和认知风格的调节效应[J].体育科学,2013,33(12):29—38.

　　[16]池建,苗向军.2008年奥运会我国奥运优势项目、潜优势项目备战策略[J].北京体育大学学报,2006(08):1009—1012.

　　[17]初少玲.高校高水平运动队教练员魅力领导行为和团队凝聚力关系研究[J].沈阳体育学院学报,2013,32(02):55—58+98.

　　[18]崔立根.高校高水平运动队教练领导行为与团队凝聚力模型构建[J].山东体育学院学报,2010,26(04):30—33.

　　[19]邓君瑜,熊欢.国外体育行动研究的萌发、践行及启示[J].北京体育大学学报,2018,41(10):46—54.

　　[20]翟群.多维领导模式理论在体育领域中的应用[J].广州体育学院学报,2000(01):51—57.

　　[21]翟群.运动领导心理研究发展综述[J].广州体育学院学报,1999(03):52—58.

　　[22]董传升,宋莹.打造学习团队:中国自由式滑雪空中技巧集训队学习行为影响因素的质性分析[J].体育科研,2020,41(01):36—43.

　　[23]董欣,李兴汉,曹猛.冬奥会竞技体育强国优势项目的比较研究[J].沈阳体育学院学报,2011,30(04):20—23.

　　[24]董欣,朱佳滨,朱红.我国优势潜优势冬季奥运项目可持续发展研究[J].体育文化导刊,2011,(03):66—69.

　　[25]杜七一,柳莹娜.教练员家长式领导对运动员个人主动性的影响——基于自我效能感的中介作用[J].武汉体育学院学报,2016,50(12):83—89.

[26] 樊力平,邹本旭.不同特征的我国甲级男排运动员期望教练员领导行为模式上的认知差异性[J].上海体育学院学报,2003(05):83—86.

[27] 费小冬.扎根理论研究方法论:要素、研究程序和评判标准[J].公共行政评论,2008(03):23—43＋197.

[28] 封子奇,王雪,金盛华,杨金花,彭芸爽.领导力的社会认同理论:主要内容及研究进展[J].心理学探新,2014,34(02):166—171.

[29] 冯琰,刘晓茹.教练员领导问题的研究进展[J].沈阳体育学院学报,2005(03):8—10＋14.

[30] 冯琰,周成林.辽宁省部分优势竞技项目教练员的领导行为特征[J].武汉体育学院学报,2007(10):41—46.

[31] 高健,王选艳.论优秀运动队教练员所应具备的综合素质[J].沈阳体育学院学报,2001(01):33—35.

[32] 高亮,孙宇.冬奥会我国参赛成绩分析[J].体育文化导刊,2012,(05):50—55.

[33] 高圆媛,李垚,曹大伟,曹连众.教练员领导行为对运动员运动投入的影响研究——教练员—运动员关系的中介效应[J].沈阳体育学院学报,2021,40(05):98—106.

[34] 戈炳珠,杨尔绮,王萍.试论技巧运动介入自由式滑雪空中技巧的可行性[J].沈阳体育学院学报,1995(03):20—22.

[35] 戈炳珠,杨尔绮.近两届冬奥会女子自由式滑雪空中技巧比较研究[J].中国体育科技,2002(10):51—53.

[36] 戈炳珠.空中技巧项目的特点与规律[J].沈阳体育学院学报,2002(03):11—14.

[37] 顾春雨,汪作朋,颜世琦.我国竞技体育优势项目形成与发展的动力驱动研究[J].体育文化导刊,2017,(01):105—110.

[38] 关涛.教练员领导行为与集体效能的关系研究[J].浙江体育科学,

2015,37(05):85—88.

[39] 郭权,虞重干,柴全义.中、美、俄、德、澳 5 国优势项目的比较研究[J].北京体育大学学报,2004,(08):1122—1124.

[40] 郭修金,胡守钧.我国教练员与运动员社会共生关系的演化研究[J].成都体育学院学报,2011,37(12):34—37.

[41] 郭亦农,王石安.抓住机遇,推进自由式滑雪空中技巧项目的开展[J].沈阳体育学院学报,1994(04):11—12.

[42] 韩洪伟,戴健.竞技体育跨项选材:规律·困境·反思[J].西安体育学院学报,2021,38(01):116—123.

[43] 蒿坡,陈琇霖,龙立荣.领导力涌现研究综述与未来展望[J].外国经济与管理,2017,39(09):47—58.

[44] 郝海涛.CUBA 男子运动员对教练员领导行为满意度的研究[J].浙江体育科学,2008(04):54—58.

[45] 郝晓岑.我国运动队教练员领导模式的组织行为学研究现状及探讨[J].广州体育学院学报,2009,29(02):48—52.

[46] 何俊,钟秉枢.拟制宗族与优势项目成绩获得:一个社会学的解释[J].体育与科学,2017,38(02):54—60.

[47] 黄莉.中华体育精神的弥足珍贵与独特优势探究[J].武汉体育学院学报,2022,56(09):21—29.

[48] 黄莉.中华体育精神的文化内涵与思想来源[J].中国体育科技,2007,(05):3—17.

[49] 季浏,兰续璋.少体校教练员的领导作风初探[J].浙江体育科学,1987(03):6—10.

[50] 季浏.国外教练员领导心理和行为的研究现状[J].山东体育学院学报,1995(03):38—43.

[51] 季浏.领导理论与教练员的心理及行为[J].贵州体育科技,1986

(04):1—5.

　[52] 简德平等.我国优秀运动员、教练员思想道德状况调查分析[J].武汉体育学院学报,2006(07):13—18.

　[53] 蒋志学.备战 2008 年奥运会我国体育科技面临的机遇与挑战[J].武汉体育学院学报,2007,(01):1—5.

　[54] 解欣.我国"教练员—运动员关系"结构演化及其再造策略[J].武汉体育学院学报,2018,52(06):90—95+100.

　[55] 兰徐民.领导力的构成及其形成规律[J].领导科学,2007(22):34—35.

　[56] 蓝海林,刘朔,黄嫚丽,曾萍.转型期中国企业核心专长构建机制研究[J].南开管理评论,2018,21(06):28—36.

　[57] 黎涌明,陈小平,冯连世.运动员跨项选材的国际经验和科学探索[J].体育科学,2018,38(08):3—13.

　[58] 李博,任晨儿,刘阳.辩证与厘清:体育科学研究中"德尔菲法"应用存在的问题及程序规范[J].体育科学,2021,41(01):89—97.

　[59] 李红军.我国青年男子篮球队教练员的领导行为与球队凝聚力的关系[J].今日科苑,2008(24):290.

　[60] 李佳薇,鲁长芬,罗小兵.高校教练员领导行为对竞赛表现的影响研究:群体凝聚力与训练比赛满意感的链式中介效应[J].体育与科学,2017,38(06):87—96+109.

　[61] 李林,童新洪.基于项目绩效的领导力模型[J].现代管理科学,2005(09):65—67.

　[62] 李牧,刘巍.冰雪运动教练员应具备的素质、能力及其培养[J].冰雪运动,2008(03):49—52.

　[63] 李拓.领导力内涵浅析[J].领导科学,2007(17):42—43.

　[64] 李玉栓,郑娟.领导者逆境商数与领导的有效性[J].安徽师范大学

学报(人文社会科学版),2014,42(06):770—774.

[65] 林新奇,丁贺.人力资源管理强度对员工创新行为影响机制研究——一个被中介的调节模型[J].软科学,2017,31(12):60—64.

[66] 林志义,杨海晨.扎根理论在我国体育学研究中的运用情况与问题反思[J].西安体育学院学报,2021,38(02):182—190.

[67] 刘兵.我国冰雪运动教练员培养路径与冰雪运动教育[J].中国体育教练员,2017,25(03):3—5.

[68] 刘大庆,张莉清,周爱国,樊庆敏,郑念军.我国潜优势项目特点及制胜规律的研究[J].北京体育大学学报,2012,35(11):107—114.

[69] 刘国梁,完好,陈驰茵.教练员领导风格对乒乓球运动员绩效的影响[J].上海体育学院学报,2015,39(02):63—67.

[70] 刘继亮,孔克勤.人格特质研究的新进展[J].心理科学,2001(03):294—296+289—382.

[71] 刘伟强.教练员领导行为与运动员自我效能关系的研究——以广西高校 41 支业余排球队为例[J].安徽体育科技,2014,35(01):41—44+63.

[72] 刘伟强.运动员对教练员领导行为的认知差异性研究——以广西高校 41 支业余排球队为例[J].湖北体育科技,2014,33(03):192—195.

[73] 陆璐.中国国家级教练员知识形成途径研究[J].天津体育学院学报,2006(05):407—409.

[74] 吕万刚,顾家明.试论竞技体操创新型教练员的知识、能力及培养[J].武汉体育学院学报,2003(04):152—155.

[75] 马红宇,王二平.凝聚力对教练员领导行为、运动员角色投入和运动员满意度的中介作用[J].体育科学,2006(03):64—69.

[76] 马新建,顾阳.塑造企业领导者的逆境胜任力[J].中国人力资源开发,2009,(06):50—53.

[77] 毛永,魏平,原维佳等.中国竞技体育优势项目教练员行为的研究

[J].山东体育学院学报,2005,(04):81—84.

[78] 孟献峰,姜忠于.教练员领导行为的"多元领导模式"研究[J].武汉体育学院学报,2004(05):168—171.

[79] 穆大伟.冰雪运动教练员的人际交往道德[J].冰雪运动,1999(04):87—89.

[80] 潘绥铭,姚星亮,黄盈盈.论定性调查的人数问题:是"代表性"还是"代表什么"的问题——"最大差异的信息饱和法"及其方法论意义[J].社会科学研究,2010(04):108—115.

[81] 齐红梅,朱宝峰,朱红.冬奥会竞技强国地域分布特征及对我国的启示[J].体育文化导刊,2013,(10):59—61+99.

[82] 郄永忠.优秀领导力的共同基因[J].企业管理,2006(08):15—17.

[83] 秦双兰,王玉良,齐宁.中国奥运优势项目文化背景探析[J].体育文化导刊,2008,(09):39—40+87.

[84] 邱森,史东林,刘伶燕,戈炳珠,邱招义.我国女子自由式滑雪空中技巧项目北京冬奥会的冲金形势与参赛策略研究[J].北京体育大学学报,2021,44(12):67—77.

[85] 邱招义,陶永纯,周瑾等.我国2022冬奥会战略选择及项目布局的研究[J].北京体育大学学报,2016,39(09):126—131.

[86] 任多伦.中国传统文化视野下的领导力研究[J].领导科学,2011(05):34—35.

[87] 桑全喜.高校民族传统体育项目教练员领导行为的研究[J].山东体育学院学报,2008(08):54—57.

[88] 邵凯,董传升.国家与地方共建国家队的模式研究——基于自由式滑雪空中技巧国家队共建语境的解释[J].体育科学,2021,41(04):49—59.

[89] 邵凯,刘艳伟.自由式滑雪空中技巧团队的成长:对话戈炳珠教授[J].体育科研,2020,41(01):44—48+74.

［90］沈跃进,何彦辉,邹本旭.我国甲级男排运动员对教练员领导行为满意度的调查研究［J］.北京体育大学学报,2006(07):996—998.

［91］石岩,田麦久.我国射击的优势项目地位与射箭项目奥运会金牌增长点问题［J］.体育与科学,2004,(02):54—58.

［92］石岩.质性研究和量化研究的差异——以体育学研究为例［J］.成都体育学院学报,2023,49(01):24—28＋37.

［93］舒为平.我国甲级男排运动员期望与感知教练员领导行为模式上的认知差异性研究［J］.成都体育学院学报,2005(06):90—94.

［94］孙汉超,金赤,郝强,戴红霞,戴健,王志强,周学军,严立,孙雷鸣.加强奥运"金牌大户"项目发展与实施"奥运争光计划"理论与实践的研究［J］.武汉体育学院学报,2004,(02):28—32.

［95］孙健,李双军,任日辉等.全国体育专业院校田径教练员领导行为的研究［J］.山东体育学院学报,2007(04):78—82.

［96］孙健,李双军,王立平等.对《运动领导行为量表(LSS)》信度、效度的检验——以体育院校田径教练为样本的研究［J］.北京体育大学学报,2007(07):964—966.

［97］陶于,李文辉.我国历届奥运奖牌获得项目分布的比率特征与奖牌优势性项目发展对策研究［J］.西安体育学院学报,2002,(02):70—73.

［98］田麦久,刘爱杰,易剑东.聚焦"跨项选材":我国运动员选拔培养路径的建设与反思［J］.体育学研究,2018,1(05):69—77.

［99］佟永典,侯永民.对自由式滑雪空中技巧落地稳定性的实验研究［J］.冰雪运动,1994(03):44—48＋53.

［100］妥艳娟,白长虹,王琳.旅游者幸福感:概念化及其量表开发［J］.南开管理评论,2020,23(06):166—178.

［101］王朝军.第20届都灵冬奥会中国代表团的比赛成绩述评［J］.山西师大体育学院学报,2006,(04):82—85.

[102] 王春国.校园足球优秀教练员大五人格与工作倦怠的关系:自我效能感的中介效应[J].广州体育学院学报,2021,41(05):53—57.

[103] 王贺一,郭亦农.全国第八届冬运会自由式滑雪空中技巧比赛着陆稳定性浅析[J].沈阳体育学院学报,1996(03):6—7+9.

[104] 王建军.北京和外省市部分高校教练员领导行为的调查——高校教练员管理素质的研究[J].山西师大体育学院学报,2001(01):5—8.

[105] 王健,李宗浩.我国竞技体育项目整体发展水平及其影响因素分析[J].天津体育学院学报,2003(04):8—11.

[106] 王励勤,张斌.乒羽教练员领导方式与运动员竞赛焦虑:成就动机定向的中介作用[J].上海体育学院学报,2017,41(03):75—78.

[107] 王孟成,戴晓阳,姚树桥.中国大五人格问卷的初步编制Ⅰ:理论框架与信度分析[J].中国临床心理学杂志,2010,18(05):545—548.

[108] 王孟成,戴晓阳,姚树桥.中国大五人格问卷的初步编制Ⅱ:效度分析[J].中国临床心理学杂志,2010,18(06):687—690.

[109] 王孟成,戴晓阳,姚树桥.中国大五人格问卷的初步编制Ⅲ:简式版的制定及信效度检验[J].中国临床心理学杂志,2011,19(04):454—457.

[110] 王石安.浅谈自由式滑雪运动中的空中技巧项目[J].冰雪运动,1991(02):34—36.

[111] 王松涛,王福秋,李杨,严晓娟.我国自由式滑雪空中技巧项目发展研究[J].体育文化导刊,2014(08):80—83.

[112] 王秀香,铁钰.世界田径运动强国优势项群分布特点与我国田径运动发展方向的研究[J].北京体育大学学报,2003(03):412—414.

[113] 王艺兰.我国教练员知识需求、结构与培养策略研究[J].体育与科学,2010,31(06):81—84+88.

[114] 王智,董蕊.追求卓越表现过程中的教练员-运动员关系:对我国个人项目教练员和运动员的访谈研究[J].中国体育科技,2018,54(05):94—

100＋107.

[115] 魏旭波,余良华,黄亚军.2008 年北京奥运会中国体育代表团主要任务与项目布局的思考[J].广州体育学院学报,2003,(02):17—19.

[116] 魏旭波,俞继英,陈红.我国竞技体育部分优势项目"金牌教练"成才规律的研究[J].中国体育科技,2005(04):79—84.

[117] 魏旭波.对我国竞技体育优势项目"金牌教练"创新过程的研究[J].武汉体育学院学报,2007,(11):81—85.

[118] 文晓立,陈春花.领导特质理论的第三次研究高峰[J].领导科学,2014(35):33—35.

[119] 吴毅,吴刚,马颂歌.扎根理论的起源、流派与应用方法述评——基于工作场所学习的案例分析[J].远程教育杂志,2016,35(03):32—41.

[120] 吴志海,姜辉.试析我国自由式滑雪空中技巧比赛的变化与发展[J].沈阳体育学院学报,2000(01):13—15.

[121] 夏国滨,董欣,朱红.冬奥会亚冬会和全国冬运会项目设置的特点及优化策略[J].体育文化导刊,2012,(11):45—49.

[122] 肖天.对实现我国冬奥会金牌零的突破的哲学思考[J].成都体育学院学报,2003,(06):1—6.

[123] 谢克海.5M 视角下的领导力理论[J].南开管理评论,2018,21(04):219—224.

[124] 熊焰.教练员临场指导能力及其培养[J].中国体育教练员,2015,23(03):8—11.

[125] 熊焰.教练员临场指导特征解析[J].中国体育教练员,2016,24(01):6—9＋13.

[126] 徐刚.新时期我国冬季运动项目的竞技发展研究[J].北京体育大学学报,2016,39(09):119—125＋131.

[127] 徐升华,周文霞.新形势下人力资源管理职责与角色研究[J].现代

管理科学,2018(11):100—102.

[128] 焉石,李尚滨,纠延红.韩国速滑教练员领导行为与运动员意志力关系[J].山东体育科技,2013,35(01):49—52.

[129] 焉石,朱志强,李尚滨.短道速滑教练员变革型领导行为与运动员角色投入——教练员信任的中介作用[J].广州体育学院学报,2017,37(01):28—33.

[130] 焉石,朱志强,李尚滨等.韩国短道速滑教练员变革型领导行为与教练员信任及运动员角色投入的关系[J].沈阳体育学院学报,2017,36(02):115—121.

[131] 焉石.韩国冰上项目教练员指导行为分析[J].体育文化导刊,2010(11):76—78+87.

[132] 焉石.基于结构方程模型的《教练员 VICTORY 领导行为量表》的信效度检验[J].广州体育学院学报,2014,34(06):45—49.

[133] 焉石.基于结构方程模型的中、韩短道速滑教练员领导行为对运动员意志品质影响的实证研究[J].冰雪运动,2015,37(06):1—10.

[134] 阎虹.教练员的职业修养[J].上海体育学院学报,1983(04):80—82.

[135] 杨尔绮,戈炳珠.'94自由式滑雪水池空中技巧中日友谊赛暨第三届全国比赛动作难度分析[J].冰雪运动,1994(04):27—30.

[136] 杨改生,周珂,史友宽等.现代竞技体育项目优势转移现象研究[J].体育科学,2009,29(09):24—35.

[137] 杨国庆,彭国强,刘红建,胡海旭,毕晓婷,刘叶郁.中国奥运冠军成长规律与时代启示[J].体育科学,2021,41(05):3—12.

[138] 杨国庆,彭国强.新时代中国竞技体育的战略使命与创新路径研究[J].体育科学,2018,38(09):3—14+46.

[139] 杨国庆.中国竞技体育的发展困囿与纾解方略[J].上海体育学院

学报,2022,46(01):1—9.

[140]杨莉萍,亓立东,张博.质性研究中的资料饱和及其判定[J].心理科学进展,2022,30(03):511—521.

[141]杨尚剑,孙有平,季浏.教练领导行为与凝聚力:信任的中介作用[J].上海体育学院学报,2014,38(02):69—73.

[142]尹军,赵军,何仲凯.教练员素质结构的研究现状与分析[J].北京体育大学学报,2001(03):397—399.

[143]尹军.对我国部分项目优秀教练员知识结构的研究[J].武汉体育学院学报,2000(01):41—44.

[144]由世梁.大学篮球教练员领导行为、团队冲突、团队凝聚力与满意度关系的研究[J].沈阳体育学院学报,2014,33(04):115—121.

[145]于少勇,卢晓春,侯鹏.球类集体项目教练员家长式领导行为与团队信任的关系[J].武汉体育学院学报,2018(08):73—77.

[146]于晓光,戈炳珠.温哥华冬奥会自由式滑雪空中技巧赛后的思考[J].沈阳体育学院学报,2010,29(02):11—14.

[147]于作军,苍海,李治.中国自由式滑雪空中技巧项目备战平昌冬奥会实力分析与策略[J].北京体育大学学报,2017,40(12):115—121+132.

[148]余荣芳,吴贻刚.体育运动领导理论的起源与发展——从特质理论到变革型领导理论的应用[J].山东体育学院学报,2018,34(06):22—27.

[149]湛慧.花样游泳教练员领导行为与运动员一般自我效能感:运动员性格的中介作用[J].成都体育学院学报,2016,42(01):96—102.

[150]张环宇,徐莹,杜雪,姜琪,杨宝倩.北京冬奥会对我国冬奥会项目发展的影响及展望[J].体育文化导刊,2022(06):29—35.

[151]张环宇,徐莹,杜雪等.北京冬奥会对我国冬奥会项目发展的影响及展望[J].体育文化导刊,2022,240(06):29—35.

[152]张力为,孙国晓.体育科学实证研究的逻辑流与证据链[J].体育科

学,2017,37(04):3—10＋28..

[153] 张力为,张凯.体育科学研究方法向何处去? 十个趋向与三个问题[J].体育与科学,2013,34(06):6—16.

[154] 张林,范元康.不同运动队群体对教练员管理行为期望值的研究[J].中国体育科技,1995(01):42—43.

[155] 张瑞娟,尹奎.人力资源管理对组织绩效的作用——基于计划的、实施的和员工感知的人力资源管理的视角[J].中国人力资源开发,2018,35(08):29—38.

[156] 张晓军,韩巍,席酉民,葛京,刘鹏,李磊.本土领导研究及其路径探讨[J].管理科学学报,2017,20(11):36—48.

[157] 张莹瑞,佐斌.社会认同理论及其发展[J].心理科学进展,2006,(03):475—480.

[158] 张忠秋.高水平竞技体育跨界选材需重视"心理关"[J].中国体育教练员,2018,26(02):14—15.

[159] 赵剑波,杨震宁,王以华.领导的知识基础:中国文化背景下的领导理论研究[J].科学学与科学技术管理,2009,30(01):175—180.

[160] 赵祁,李锋.团队领导与团队有效性:基于社会认同理论的多层次研究[J].心理科学进展,2016,24(11):1677—1689.

[161] 赵溢洋,刘一民,谢经良.教练员领导行为研究进展述评[J].天津体育学院学报,2004(02):31—33＋58.

[162] 郑伯埙.差序格局与华人组织行为[J].中国社会心理学评论,2006(02):1—52.

[163] 郑海航,崔佳颖.领导力的双要素与沟通[J].经济管理,2006(10):32—38.

[164] 郑金洲.行动研究:一种日益受到关注的研究方法[J].上海高教研究,1997(01):27—31.

［165］中国科学院"科技领导力研究"课题组,苗建明,霍国庆,李志红.领导感召力研究［J］.领导科学,2006(10):40—42.

［166］钟秉枢.新发展阶段我国体育教练员面临的挑战［J］.中国体育教练员,2022,30(01):4—6.

［167］钟秉枢.新时代竞技体育发展与中国强［J］.上海体育学院学报,2018,42(01):12—19.

［168］周成林,冯琰.教练员领导理论与应用研究进展［J］.中国体育教练员,2005(03):18—20.

［169］周成林,蒋志学,袭长城等.我国部分优势竞技运动项目教练员领导行为特征与评价研究［J］.体育科学,2005(10):12—17.

［170］朱东,徐炜泰,周子文.我国高校篮球高水平运动队教练员领导行为与团队效能关系研究［J］.成都体育学院学报,2017,43(05):108—114.

［171］朱志强,宋佳林,刘石等.我国冬奥会优势项目陆冰(雪)衔接训练的进展——原则、方法与未来展望［J］.北京体育大学学报,2012,35(04):7—10.

［172］邹本旭.我国甲级男排运动员期望领导行为模式上的认知差异性研究［J］.武汉体育学院学报,2006(09):37—41.

［173］陈祥慧,杨小明,张保华,胡锐.我国冰雪运动的历史演进及发展趋向［J］.体育学刊,2021,28(04):28—34.

［174］盛小平,曾翠.知识管理的理论基础［J］.中国图书馆学报,2010,36(05):14—22.

(五) 电子文献类

［1］光明日报.李瑞环李岚清接见凯旋的中国乒乓球代表团［OL/BB］https://www.gmw.cn.

［2］光明日报.李瑞环李岚清接见载誉归来的乒坛健儿［OL/BB］https://www.gmw.cn.

〔3〕国家体育总局.关于深化体育教练员职称制度改革的指导意见(征求意见稿)〔EB/OL〕. http://www. mohrss. gov. cn.

〔4〕习近平.党的十九大报告全文〔EB/OL〕. http://www. cnr. cn/news/2017/10/28-524003729. shtml.

〔5〕习近平.体育强国梦与中国梦息息相关,央广网〔EB/OL〕 http://news. cnr. cn/native/gd/20170828/t20170828_523921617. shtml.

〔6〕新华网.习近平在北京考察:抓好城市规划建设 筹办好冬奥会〔EB/OL〕. http://www. xinhuanet. com/politics/2017-02/24/c_129495572. htm.

〔7〕新华社,习近平在教育文化卫生体育领域专家代表座谈会上的讲话〔EB/OL〕 http://www. gov. cn/xinwen/2020-09/22/content_5546157. htm.

〔8〕央视新闻客户端.习近平:抓好城市规划建设 办好北京冬奥会〔EB/OL〕. https://news. qq. com/a/20170225/014900. htm.

〔9〕中国篮协.中国篮协 CBA/WCBA 教练员领导力训练营札〔EB/OL〕. https://voice. hupu. com/cba/2464492. html.

二、外文文献

(一)专著

〔1〕LINSTONE H A,TUROFF M,HELMER O. Advanced Book Program〔M〕. Addison-Wesley,2002.

〔2〕Allport G W. Personality:A Psychological Interpretation〔M〕. New York:Holt Publishing Company,1961:9—12.

〔3〕Blake R,Mouton J. The Management Grid. Houston〔M〕. TX:Gulf,1964,123—125.

〔4〕Blau P M. Exchange and power in social life〔M〕. Hoboken,NJ:Wiley,1964:96—102.

〔5〕Burns J M. Leadership〔M〕. New York:Harper & Row. 1978.

223—224.

[6] Carlyle T. On Heroes, Hero-Worship, and the Heroic in History [M]. London: Echo Library, 2007:49.

[7] Ekeh P P. Social exchange theory[M]. Cambridge, MA: Harard University Press, 1974:12—16.

[8] Elliot, J. Action Research for Education Change. [M]. Milton Keynes & Philadephia: Open University Press.

[9] Fisher R, Sharp A. Getting It Done: How to Lead When You're Not in Charge[M]. Massachusetts: Harper Business Press, 1997.

[10] Glaser B G, Strauss A L. The Discovery of Grounded Theory: Strategies for Qualitative Research [M]. New York: Aldine Publishing Company, 1967:61—62.

[11] Glaser B, Strauss A. The discovery of grounded theory: strategies for qualitative research[M]. Chicago: Aldine, 1967:8.

[12] Graen G B, Cashman J. A Role-making Model of Leadership in Formal Organizations: A Developmental Approach [M]. OH: Kent State University Press, 1975: 143—166.

[13] Graen G B, Scandura T A. Toward a psychology of dyadic organizating[M]. Greenwich, CT:JAI,1987:133—134.

[14] House R J. A 1976 Theory of Charismatic Leadership[M]. Carbondale: Southern Illinois University Press, 1977: 189—207.

[15] Maxwell J. The 360 Degree Leader: Developing Your Influence from Anywhere in the Organization[M]. Nashville: Thomas Nelson Press, 2006:126—128.

[16] Patton, M Quinn. Qualitative Evaluation Methods [M]. London: Sage, 1980:100—106.

[17] Srauss A, Corbin J. Basics of Qualitative Research: Grounded Theory Procedures and Techniques[M]. Newbury Park: Sage,1990.

[18] Srauss A. Qulitative Analysis for Social Scientists [M]. Cambridge, UK: Cambridge University Press, 1987:30.

[19] Stogdill J A. Handbook of Leadership: A survey of theory and research [M]. New York: Free Press. 1972.

[20] Stogdill RM, Coons A E. Leader Behavior: Its Description and Measurement[M]. Columbus: Bureau of Business Research,1951,57.

（二）期刊论文

[1] Antonakis J, Avolio B J, Sivasubramaniam N. Context and leadership: An examination of the nine-factor full-range leadership theory using the Multifactor Leadership Questionnaire [J]. Leadrship Quarterly, 2012,14(3): 261—295.

[2] Callow N, Smith M J, Hardy L, et al. Measurement of Transformational Leadership and its Relationship with Team Cohesion and Performance Level[J]. Journal of Applied Sport Psychology, 2009,21(4):395.

[3] Cattell R B. The description of personality: principles and findings in a factor analysis[J]. American Journal of Psychology,1945,58(1):69—90.

[4] Chelladurai P, Carron A V. Athletic maturity and preferred leadership[J]. Journal of Sports Psychology, 1983, 5(4): 371—380.

[5] Chelladurai P, Imamura H, Yamaguchi Y, et al. Sport Leadership in a Cross-National Setting: The Case of Japanese and Canadian University Athletes[J]. Journal of Sport & Exercise Psychology, 1988, 10 (4): 374—390.

[6] Chelladurai P, Saleh S D. Dimensions of Leader Behavior in Sports: Development of a Leadership Scale[J]. Journal of Sport Psychology,1980, 1

(2):34—46.

[7] Chelladurai P, Saleh S D. Preferred leadership in sports[J]. Canadian Journal of Applied Sport Sciences, 1978,3(2):85—92.

[8] Chelladurai P. Discrepancy Between Preferences and Perceptions of Leadership Behavior and Satisfaction of Athletes in Varying Sports[J]. Journal of Sport Psychology, 1984, 1(6):27—43.

[9] Cowley W H. The Traits of Face-to-Face Leaders[J]. The Journal of Abnormal and Social Psychology,1931,26(3):304—313.

[10] Fiedler F E. Leader Attitudes, Group Climate, and Group Creativity[J]. Journal of Abnormal and Social Psychology 1962, (65):308—318.

[11] French J, Raven B. The bases of social power[J]. Studies in social power, 1959:175—187.

[12] Gaborro J J, Kotter, J P. Managing Your Boss[J]. Harv Bus Rev, 1980, 58(1): 92—100.

[13] Gerstner C R, Day D V. Meta-analytic review of leader-member exchange theory: Correlates and construct issues[J]. Journal of Applied Pyschology,1997,82(6):827—844.

[14] Goldberg L R. An alternative description of personality: The big-five factor structure[J]. Journal of Personality and Social Psychology,1990, 59:1216—1229.

[15] Gorman M E. Types of knowledge and their roles in technology transfer[J]. Journal of Technology Transfer, 2002(27):219—231.

[16] Graen G B, Novak M A, Sommerkamp P. The effects of leader-member exchange and job design on satisfaction: Testing a dual attachment model[J]. Oranization Behavior & Human Performance, 1982, 30 (1): 109—131.

[17] Greenleaf R K. Servant Leadership[J]. Business Book Summaries, 1977, 41(1): 280—284.

[18] Hakanson L. The firm as an epistemic community: The knowledge-based viewed revisited[J]. Industrial and Corporate Change, 2010(19): 1801—1828.

[19] Hersey P, Blanchard K H. Life Cycle Theory of Leadership[J]. Training and Development Journal, 1969, (23): 26—34.

[20] Jowett S, Chaundy V. An Investigation into the Impact of Coach Leadership and Coach-Athlete Relationship on Group Cohesion[J]. Group Dynamics: Theory, Research, and Practice, 2004, 8(4): 302—311.

[21] Judge T A, Bono J E, Ilies R, Gerhardt M W. Personality and leadership: A qualitative and quantitative review[J]. Journal of Applied Psychology, 2002(87): 765—780.

[22] Lewin K, Lippitt R, White R K. Patterns of Aggressive Behavior in Experimentally Created "Social Climates" [J]. The Journal of Social Psychology, 1939(10): 271—299.

[23] Mageau G A; Vallerand R J. The coach-athlete relationship: a motivational model[J]. Journal of Sports Sciences, 2003, 21(11): 883—904.

[24] McCleland D C. Testing for competence rather than for intelligence [J]. American Psycologist, 1973(28)1—14.

[25] McCrace R R, Costa P T. Validation of the five-factor model of personality across instruments and observers[J]. Journal of Personality and Social Psychology, 1987, 52: 81—90.

[26] Noaka I. A dynamic theory of organizational knowledge creation[J]. Organization Science, 1994(5): 14—37.

[27] Oksenberg, L. Cannell, C. & Kalton, G. New strategies for pre-

testing survey questions. [J]Journal of official statistics，1991，7(3):349.

[28] Philip M，Podsakoff S，B MacKenzie，et al. Transformational leader behaviors and their effects on followers[J]. The Leadership Quarterly，1990，1(2):107—142.

[29] Riemer H A，Chelladurai P，Packianathan. Leadership and Satisfaction in Athletics[J]. Journal of Sport & Exercise Psychology. 1995，17 (3):276.

[30] Riemer H A，Chelladurai P. Leadership and Satisfaction in Athletics[J]. Journal of Sport & Exercise Psychology，1995，17(3):276.

[31] Rowold J，Transformational and Transactional Leadership in Martial Arts[J]. Journal of Applied Sport Psychology，2006，18(4):312—326.

[32] Smith R E，Smoll F L，Cumming SP. Effects of a motivational climate inntervention for coaches on young athletes' sport performance anxiety [J]. Journal of Sport & Exercise Psychology，2007，29(1):39—59.

[33] Stogdill R M. Personal Factors Associated with Leadership: A Survey of the Literature. [J]. The Journal of Psychology，1948，25(1):35—71.

[34] Zaccaro S J. Trait-based persectives of leadership [J]. American Psychologist，2007，62:6—16.

附　　录

附录 1　深度访谈提纲

1. 访谈前的准备工作

（1）访谈人介绍

您好，非常荣幸能有机会认识您！我是淮北师范大学体育学院教师，为了更好地完成课题研究《我国冬奥雪上优势项目教练员领导力模型构建与实证研究》，对相关问题进行访谈。

（2）访谈目的

您是我国冬奥雪上优势项目国家队教练员（运动员），本次访谈的目的是想通过您对研究主题相关内容的认识和理解，为发现和分析我国冬奥雪上优势项目教练员领导力提供更多信息支撑和实践依据。

（3）消除访谈对象的顾虑

保证访谈过程保密、确保录音过程保密。

2. 访谈问题

（1）您所从事的项目与其他冬季项目（雪上项目）相比有何特

316 我国雪上优势项目教练员领导力理论与实践研究

别之处？您带队取得过怎样的成绩？

（2）您是否一直从事当前项目的训练？您是在怎样的机缘下转到这个项目？

（3）您有没有运动员经历？您认为其他项目的运动经历对您目前训练有无促进作用？

（4）您在训练或比赛中主要负责哪些具体工作？您所做的工作与项目的规律有何联系？

（5）您怎么看待教练员具备过硬的思想品德和道德情操对个人执教活动的影响，它与教练员的最终成就有无联系？

（6）教练员一定需要具备鲜明的个性特征吗？这种个性特征是不是就意味着比较难以相处？

（7）您怎么看待教练员与运动员关系，实践中有何价值？

（8）您所在队伍的氛围如何，都有哪些团队活动？

（9）您在训练和比赛中遇到过哪些困难，您是怎样克服的？

（10）您是如何看待领导力在运动队中的作用？在您的执教活动中有没有刻意关注或打造？

（11）请您谈谈有无必要提升您所在队伍的教练员领导力？

（12）请您谈谈一支优势项目的教练员领导力有无可能推广到其他类似的项目中，如何迁移或推广？

访谈到此结束，感谢您的大力支持！

祝您工作顺心！

附录 2　观察记录表

观察时间：

观察地点：

观察人员：

观察事件：

跳台训练	体能训练	驻地日常生活	社会活动	心理咨询活动	康复理疗

表 3-1-1　第一轮一级指标评价表

一级指标	重要程度				
	非常不重要	不太重要	一般重要	比较重要	非常重要
A 感召力					
B 专长力					
C 行动力					
D 平衡力					

备注:对指标的修改建议

各一级指标说明:
A:感召力是教练员吸引运动员的能力,教练员通过自我完善而形成的独特魅力。教练员感召力具体体现在思想境界感召、人格魅力感召和职业情怀感召等三个方面,其中思想境界感召来源于远大理想信念的追求、个人愿景目标的设定和德行教育理念的践行,人格魅力感召来源于品质德行、意志毅力和敬业爱业,职业情怀感召来源于对项目的成就向往和对项目的依恋程度。

B:专长力是实现教练员自我成长和运动队竞技水平提高的内在驱动力。教练员发展力具体体现在技术知识学习、制胜规律把握、应对未来发展等三个方面的能力,其中技术知识学习的能力来源不断地知识学习以积极总结与反思,制胜规律把握能力来源于对项目基本规律的认识、对项目本质特性的把控、对项目制胜要点的把控和对跨界跨项选材的重视,应对未来发展的能力来源于对项目发展的整体认知以及应对项目发展的策略。

C:行动力是教练员做事情的积极努力程度,是一种改变惯性的能力。教练员行动力具体体现在教练员的言行表率、比赛训练中的指挥决策,以及带领队伍攻坚克难三个方面,其中教练员的言行表率来源于率先垂范、成为榜样和言行一致,比赛训练中的指挥决策来源于有效指挥制定与实施、及时指导与决策、对队员内在心理能力的提升,带领队伍攻坚克难分别体现在面对困难艰苦时和面对挫折失败时。

D:平衡力是实现运动队各种关系合理及高效处理的能力。教练员平衡力具体体现在教练员的角色担当、教练员与运动员关系处理、团队协作能力等三个方面的能力,其中教练员的角色担当来源于教练员的角色定位和角色行为,教练员与运动员关系处理来源于教练员的主导地位体现、运动员的主体地位实现、教练员与运动员共同成长,团队协作来源于团队的沟通与相处、配合与协作、团队文化的培养。

表 3-1-2 第一轮二级指标评价表

二级指标	重要程度				
	非常 不重要	不太 重要	一般 重要	比较 重要	非常 重要
A1 思想境界感召					
A2 人格魅力感召					
A3 职业情怀感召					
B1 技术知识学习能力					
B2 制胜规律把握能力					
B3 应对未来发展能力					
C1 指挥决策					
C2 攻坚克难					
C3 言行表率					
D1 教导关系					
D2 角色担当					
D3 团队协作					
备注:对指标的修改建议					

各二级指标说明:
A1:教练员执教的理想与目标,以及有关个人价值的体现。
A2:教练员在执教过程中展现的品质、德行、毅力和意志。
A3:教练员在执教过程中体会到的项目的成功与成就。
B1:教练员对待知识技能的学习、总结与反思。
B2:教练员对项目特点的认识以及对制胜规律的把控和应对。
B3:教练员对项目发展的认知和应对。
C1:执教过程中教练员所采取的组织训练方法和手段。
C2:执教过程中对不利条件的认识和采取的手段方法。
C3:执教过程中教练员的言行举动。
D1:教练员与运动员角色的互动。
D2:教练员在运动队中的角色调适。
D3:运动队团队合作、沟通及团队文化构建。

表 3 - 1 - 3 第一轮三级指标评价表

三级指标	重要程度				
	非常 不重要	不太 重要	一般 重要	比较 重要	非常 重要
A11 我认为教练员需要具备强大的祖国荣誉感					
A12 我认为教练员需要有着明确的奋斗目标和远大的理想信念					
A13 我认为教练员需要具备优良的意志品质和坚忍不拔的精神					
A14 我认为教练员需要展现出非凡的投入程度,甚至是迷恋					
A15 我认为教练员应展现出对优异比赛成绩的向往和取得好成绩后的自豪感					
A16 我认为教练员应展现出强烈的自信心					
B11 我认为教练员应具备较高的运动技能水平和丰富的专业知识					
B12 我认为教练员应善于主动学习、总结和反思					
B13 我认为教练员应熟知项目规律,把握项目制胜要素					
B14 我认为教练员应善于发掘和培养运动员					
B15 我认为教练员应保持创新发展的理念					
B16 我认为教练员应把握重点对手发展动态					
C11 我认为教练员应给队员有针对性地设计训练和比赛计划					

（续表）

三级指标	重要程度				
	非常 不重要	不太 重要	一般 重要	比较 重要	非常 重要
C12 我认为教练员应充分考虑教练组或队员的意见和想法					
C13 我认为教练员应根据情况，及时、临时调整训练和比赛计划					
C14 我认为教练员应善于调动和调整运动员的情绪					
C15 我认为教练员应率先垂范、言行一致					
C16 我认为教练员应不惧困难和挑战，敢于承担失败的责任					
D11 我认为教练员应有鲜明的个性特征					
D12 我认为教练员不应该对运动员标榜权威					
D13 我认为教练员应倾听运动员的心声，以运动员为先					
D14 我认为教练员应能够协调队内各种关系					
D15 我认为教练员应能够应对各种角色的要求和可能带来的冲突					
D16 我认为教练员应积极参加队内集体活动					

备注：对指标的修改建议

表 3-1-4 专家指标判定依据表

判断依据及强度	影响程度很大	影响程度中等	影响程度中等
凭借主观直觉判断			
依据国内外同行的了解			
依据理论研究分析			
依据实践经验总结			

表 3-1-5   专家熟悉程度表

非常不熟悉	不太熟悉	一般熟悉	比较熟悉	非常熟悉

3-2   第二轮专家咨询问卷

尊敬的各位专家：

您好！我是淮北师范大学体育学院教师，正在进行《我国冬奥雪上优势项目教练员领导力模型构建与实证研究》的研究，该研究涉及我国雪上优势项目教练员领导力的指标体系确定，需要您的帮助。通过第一轮的指标筛选，对部分代表性较低题项进行删减和调整，对部分内涵不明确或有交叉重叠的指标进行完善。删除题项 A15"教练员对取得优异成绩的向往和自豪感"，删除题项 C13"应充分考虑教练或队员的意见和想法"；调整了题项 D11、B16、C12 和 C15 的表述。希望您能再抽出一点宝贵的时间，对第二轮指标体系进行评判和筛选，您只需按照个人理解对相应的指标进行判定即可，也可对指标体系提出任何补充和修改建议。

您的再次建议对于构建该指标体系非常重要，恳切希望得到您的帮助和指导，由衷地表示感谢！

表 3-2-1　第二轮一级指标评价表

一级指标	重要程度				
	非常不重要	不太重要	一般重要	比较重要	非常重要
A 感召力					
B 专长力					
C 行动力					
D 平衡力					
备注:对指标的修改建议					

各一级指标说明:

A:感召力是教练员吸引运动员的能力,教练员通过自我完善而形成的独特魅力。教练员感召力体现在思想境界感召、人格魅力感召和职业情怀感召等三个方面,其中思想境界感召来源于远大理想信念的追求、个人愿景目标的设定和德行教育理念的践行,人格魅力感召来源于品质德行、意志毅力和敬业爱业,职业情怀感召来源于对项目的成就向往和对项目的依恋程度。

B:专长力是实现教练员自我成长和运动队竞技水平提高的内在驱动力。教练员发展力体现在技术知识学习、制胜规律把握、应对未来发展等三个方面的能力,其中技术知识学习的能力来源不断地知识学习以积极总结与反思,制胜规律把握能力来源于对项目基本规律的认识、对项目本质特性的把控、对项目制胜要点的把控和对跨界跨项选材的重视,应对未来发展的能力来源于对项目发展的整体认知以及应对项目发展的策略。

C:行动力是教练员做事情的积极努力程度,是一种改变惯性的能力。教练员行动力体现在教练员的言行表率、比赛训练中的指挥决策,以及带领队伍攻坚克难三个方面,其中教练员的言行表率来源于率先垂范、成为榜样和言行一致,比赛训练中的指挥决策来源于有效指挥制定与实施、及时指导与决策、对队员内在心理能力的提升,带领队伍攻坚克难分别体现在面对困难艰苦时和面对挫折失败时。

D:平衡力是实现运动队各种关系合理及高效处理的能力。教练员平衡力体现在教练员的角色担当、教练员与运动员关系处理、团队协作能力等三个方面的能力,其中教练员的角色担当来源于教练员的角色定位和角色行为,教练员与运动员关系处理来源于教练员的主导地位体现、运动员的主体地位实现、教练员与运动员共同成长,团队协作来源于团队的沟通与相处、配合与协作、团队文化的培养。

表3-2-2 第二轮二级指标评价表

二级指标	重要程度				
	非常 不重要	不太 重要	一般 重要	比较 重要	非常 重要
A1 思想境界感召					
A2 人格魅力感召					
A3 职业情怀感召					
B1 技术知识学习能力					
B2 制胜规律把握能力					
B3 创新发展能力					
C1 指挥决策					
C2 攻坚克难					
C3 言行表率					
D1 教导关系					
D2 角色担当					
D3 团队协作					
备注:对指标的修改建议					

各二级指标说明:
A1:教练员执教的理想与目标,以及有关个人价值的体现。
A2:教练员在执教过程中展现的品质、德行、毅力和意志。
A3:教练员在执教过程中体会到的项目的成功与成就。
B1:教练员对待知识技能的学习、总结与反思。
B2:教练员对项目特点的认识以及对制胜规律的把控和应对。
B3:教练员对项目创新发展的认知和应对。
C1:执教过程中教练员所采取的组织训练方法和手段。
C2:执教过程中对不利条件的认识和采取的手段方法。
C3:执教过程中教练员的言行举动。
D1:教练员与运动员角色的互动。
D2:教练员在运动队中的角色调适。
D3:运动队团队合作、沟通及团队文化构建。

表 3 - 2 - 3　第二轮三级指标评价表

三级指标	重要程度				
	非常 不重要	不太 重要	一般 重要	比较 重要	非常 重要
A11 我认为教练员需要具备强大的祖国荣誉感					
A12 我认为教练员需要有着明确的奋斗目标和远大的理想信念					
A13 我认为教练员需要具备优良的意志品质和坚忍不拔的精神					
A14 我认为教练员需要展现出非凡的投入程度,甚至于是迷恋					
A15 我认为教练员应展现出强烈的自信心					
A16 我认为教练员应有鲜明的个性特征					
B11 我认为教练员应积极主动地学习项目发展所需知识和技能					
B12 我认为教练员应主动总结和反思,寻找不足					
B13 我认为教练员应熟知项目规律,把握项目制胜要素					
B14 我认为教练员应善于发掘和培养运动员					
B15 我认为教练员应保持创新发展的理念					
B16 我认为教练员应关注国际发展动态以及重视对手情报工作					
C11 我认为教练员应给队员有针对性地设计训练和比赛计划					
C12 我认为教练员应能快速决策,及时调整训练和比赛方案					
C13 我认为教练员应善于调动和调整运动员的情绪					
C14 我认为教练员应能以身作则率先垂范					

（续表）

三级指标	重要程度				
	非常 不重要	不太 重要	一般 重要	比较 重要	非常 重要
C15 我认为教练员应不惧困难和挑战,敢于承担失败的责任					
D11 我认为教练员不应该对运动员标榜权威					
D12 我认为教练员应倾听运动员的心声,以运动员为先					
D13 我认为教练员应能够协调队内各种关系					
D14 我认为教练员应能够应对各种角色的要求和可能带来的冲突					
D15 我认为教练员应积极参加队内集体活动					

备注:对指标的修改建议

表3-2-4　专家指标判定依据表

判断依据及强度	影响程度很大	影响程度中等	影响程度较低
凭借主观直觉判断			
国内外同行的了解			
理论研究分析			
实践经验总结			

表3-2-5　专家熟悉程度表

非常不熟悉	不太熟悉	一般熟悉	比较熟悉	非常熟悉

附录4 我国冬奥雪上优势项目教练员领导力预调查问卷

4-1 教练员问卷

尊敬的教练员：

您好！

优秀教练员是实现竞技体育强国的基础，为运动员取得优异成绩作出了不可替代的作用。为深入了解我国冬奥雪上优势项目教练员领导力，寻找教练员领导力对运动队成长的规律，设计了此份问卷。敬请您抽出宝贵的时间，填答本问卷的内容。请按每一项指标的重要或者认可程度在相应栏内画"√"或者直接填写答案。

问卷不署名，且无对错之分，仅供研究使用。

您的支持对本研究的结果非常重要。谢谢您在百忙中的大力支持！

第一部分　基本数据

1. 您的性别是（　　　）

A 男性　　　　　　　　B 女性

2. 您的年龄位于哪个阶段（　　　）

A 20—29 岁　　　　B 30—39 岁　　　C 40—49 岁

D 50—59 岁　　　　E 60 岁以上

3. 您的学历为（　　　）

A 高中或中专及以下

B 大学　　　　　　C 硕士　　　　　D 博士及以上

4. 您是在教练组中的角色为（　　　）

A 主教练　　　　　B 助理教练　　　C 其他教练

5. 您的教练员等级为（　　　）

A 高级　　　　　　B 中级

C　初级　　　　　　D 其他

6. 您所在的运动队类型为（　　　）

A 国家集训队　　　B 省市队　　　　C 高校队

E 竞技体校队　　　G 其他

7. 您的运动队有（　　　）名教练,（　　　）名队员。

8. 您的执教(含其他项目)年限为（　　　）

A 5 年以下　　　　B 6—10 年

C 11—20 年　　　　D 21 年以上

9. 您执教目前项目的年限为（　　　）年

10. 您执教的运动员参加的最高级别比赛为（　　　）

A 世界三大赛　　　B 其他国际性比赛

C 全运会　　　　　D 国内单项锦标赛

E 其他

11. 您作为运动员时从事的运动项目为(　　)

A 自由式滑雪空中技巧

B 自由式滑雪雪上技巧

C 单板滑雪

D 高山滑雪

E 越野滑雪

F 体操

G 技巧

H 舞蹈

I 蹦床

J 其他

12. 您的运动等级为(　　)

A 国际健将　　　　B 国家健将　　　　C 国家一级

D 国家二级　　　　E 其他

13. 您作为运动员所在运动队类型为(　　)

A 国家集训队　　　B 省市队　　　　C 高校队

E 竞技体校队　　　G 其他

14. 您作为运动员参加的最高级别的比赛为(　　)

A 世界三大赛　　　B 其他国际性比赛

C 全运会　　　　　D 国内单项锦标赛

E 其他

第二部分　教练员领导力调查问卷

下列题项中,您在多大程度上认同所描述的事件,请运用下面5点评分进行评定,对评价值一栏中的相应数值进行勾选。

题号	题　　项	极其认同	有点认同	不认同	有点不认同	极其不认同
1	我认为教练员需要具备强大的祖国荣誉感	5	4	3	2	1
2	我认为教练员需要有着明确的奋斗目标和远大的理想信念	5	4	3	2	1
3	我认为教练员需要具备优良的意志品质和坚忍不拔的精神	5	4	3	2	1
4	我认为教练员需要展现出非凡的投入程度,甚至于是迷恋	5	4	3	2	1
5	我认为教练员应展现出强烈的自信心	5	4	3	2	1
6	我认为教练员应有鲜明的执教风格	5	4	3	2	1
7	我认为教练员应积极主动地学习项目发展所需知识和技能	5	4	3	2	1
8	我认为教练员应主动总结和反思,寻找不足	5	4	3	2	1
9	我认为教练员应熟知项目规律,把握项目制胜要素	5	4	3	2	1
10	我认为教练员应善于发掘和培养运动员	5	4	3	2	1
11	我认为教练员应保持创新发展的理念	5	4	3	2	1
12	我认为教练员应关注国际发展动态以及重视对手情报工作	5	4	3	2	1
13	我认为教练员应给队员有针对性地设计训练和比赛计划	5	4	3	2	1
14	我认为教练员应能快速决策,及时调整训练和比赛方案	5	4	3	2	1
15	我认为教练员应善于调动和调整运动员的情绪	5	4	3	2	1

（续表）

题号	题　　　项	极其认同	有点认同	不认同	有点不认同	极其不认同
16	我认为教练员应能以身作则率先垂范	5	4	3	2	1
17	我认为教练员应不惧困难和挑战,敢于承担失败的责任	5	4	3	2	1
18	我认为教练员不应该对运动员标榜权威	5	4	3	2	1
19	我认为教练员应倾听运动员的心声,以运动员为先	5	4	3	2	1
20	我认为教练员应能够协调队内各种关系	5	4	3	2	1
21	我认为教练员应能够应对各种角色的要求和可能带来的冲突	5	4	3	2	1
22	我认为教练员应积极参加队内集体活动	5	4	3	2	1

问卷到此结束,非常感谢您的支持与合作! 祝您身体健康、万事如意!

4-2　运动员问卷

尊敬的运动员:

您好!

教练员是实现竞技体育强国的基础,为运动员取得优异成绩做出了不可替代的作用。为深入了解我国冬奥雪上优势项目教练员领导力,寻找教练员领导力对运动队成长的规律,设计了此份问卷。敬请您抽出宝贵的时间,填答本问卷的内容。请按每一项指标的重要或者认可程度在相应栏内画"√"或者直接填写答案。

问卷不署名,且无对错之分,仅供研究使用。

您的支持对本研究的结果非常重要。谢谢您在百忙中的大力支持!

第一部分 基本数据问卷

1. 您的性别是(　　)

　　A 男性　　　　　　B 女性

2. 您的年龄位于哪个阶段(　　)

　　A 15 岁以下　　　B 16—20 岁　　　C 21—30 岁

　　E 31—40 岁　　　F 41 岁以上

3. 您的学历为(　　)

　　A 初中及以下　　　B 高中或中专　　　C 大学

　　D 硕士　　　　　　E 博士及以上

4. 您的运动等级为(　　)

　　A 国际健将　　　B 国家健将　　　C 国家一级

　　D 国家二级　　　E 其他

5. 您的参加专业训练年限为(　　)

　　A 5 年以下　　　B 6—10 年　　　C 11—15 年

　　D 16—20 年　　　E 21 年以上

6. 您的运动经历为参加过(　　)

　　A 世界三大赛　　　B 其他国际大赛　　C 全运会

　　D 国内单项锦标赛　　E 其他

7. 您获得过的比赛成绩为(　　)

　　A 奥运会冠军　　　B 奥运会前三名

C 世锦赛或世界杯冠军

D 世锦赛或世界杯前三名

E 全运会冠军

F 全运会前三名

G 全国性比赛冠军

E 其他全国性比赛前三名

8. 您是否是一直从事目前的项目（　　　）

A 是　　　　　　　B 否

9. 您从事目前项目的时间为（　　　）年

10. 您在此之前从事的项目为（　　　）

A 自由式滑雪雪上技巧

B 单板滑雪　　　　C 高山滑雪　　　D 越野滑雪

E 体操　　　　　　F 技巧　　　　　G 舞蹈

H 蹦床　　　　　　I 跳水　　　　　J 其他

第二部分　教练员领导力调查问卷

下列题项中,您在多大程度上认同所描述的事件,请运用下面5点评分进行评定,对评价值一栏中的相应数值进行勾选。

题号	题　项	极其认同	有点认同	不认同	有点不认同	极其不认同
1	我认为教练员需要具备强大的祖国荣誉感	5	4	3	2	1
2	我认为教练员需要有着明确的奋斗目标和远大的理想信念	5	4	3	2	1
3	我认为教练员需要具备优良的意志品质和坚忍不拔的精神	5	4	3	2	1

（续表）

题号	题　项	极其认同	有点认同	不认同	有点不认同	极其不认同
4	我认为教练员需要展现出非凡的投入程度，甚至于是迷恋	5	4	3	2	1
5	我认为教练员应展现出强烈的自信心	5	4	3	2	1
6	我认为教练员应有鲜明的执教风格	5	4	3	2	1
7	我认为教练员应积极主动地学习项目发展所需知识和技能	5	4	3	2	1
8	我认为教练员应主动总结和反思，寻找不足	5	4	3	2	1
9	我认为教练员应熟知项目规律，把握项目制胜要素	5	4	3	2	1
10	我认为教练员应善于发掘和培养运动员	5	4	3	2	1
11	我认为教练员应保持创新发展的理念	5	4	3	2	1
12	我认为教练员应关注国际发展动态以及重视对手情报工作	5	4	3	2	1
13	我认为教练员应给队员有针对性地设计训练和比赛计划	5	4	3	2	1
14	我认为教练员应能快速决策，及时调整训练和比赛方案	5	4	3	2	1
15	我认为教练员应善于调动和调整运动员的情绪	5	4	3	2	1
16	我认为教练员应能以身作则率先垂范	5	4	3	2	1
17	我认为教练员应不惧困难和挑战，敢于承担失败的责任	5	4	3	2	1
18	我认为教练员不应该对运动员标榜权威	5	4	3	2	1
19	我认为教练员应倾听运动员的心声，以运动员为先	5	4	3	2	1
20	我认为教练员应能够协调队内各种关系	5	4	3	2	1

（续表）

题号	题　　项	极其认同	有点认同	不认同	有点不认同	极其不认同
21	我认为教练员应能够应对各种角色的要求和可能带来的冲突	5	4	3	2	1
22	我认为教练员应积极参加队内集体活动	5	4	3	2	1

问卷到此结束,非常感谢您的支持与合作! 祝您身体健康、万事如意!

附录5 我国冬奥雪上优势项目教练员领导力正式调查问卷

5-1 教练员问卷

尊敬的教练员：

您好！

教练员是实现竞技体育强国的基础，为运动员取得优异成绩做出了不可替代的作用。为深入了解我国冬奥雪上优势项目教练员领导力，寻找教练员领导力对运动队成长的规律，设计了此份问卷，经专家咨询可作为相关调查工具使用。敬请您抽出宝贵的时间，填答本问卷的内容。请按每一项指标的重要或者认可程度在相应栏内画"√"或者直接填写答案。

问卷不署名，且无对错之分，仅供研究使用。

您的支持对本研究的结果非常重要。感谢您在百忙中的大力支持！

第一部分　基本数据

1. 您的性别是（　　）

　　A 男性　　　　　　　　B 女性

2. 您作为运动员时从事的运动项目为（　　）

　　A 自由式滑雪空中技巧

　　B 自由式滑雪雪上技巧

　　C 单板滑雪

　　D 高山滑雪

　　E 越野滑雪

　　F 体操

　　G 技巧

　　H 舞蹈

　　I 蹦床

　　J 其他

3. 您作为运动员所在运动队类型为（　　）

　　A 国家集训队　　　B 省市队　　　　　C 高校队

　　E 竞技体校队　　　G 其他

4. 您作为运动员参加的最高级别的比赛为（　　）

　　A 世界三大赛　　　B 其他国际性比赛

　　C 全运会　　　　　D 国内单项锦标赛

　　E 其他

5. 您是否一致从事当前项目（　　）

　　A 是　　　　　　　B 否

6. 您执教当前项目的年限为（　　）年

A 5 年以下　　　　B 6—10 年

C 11—20 年　　　　D 21 年以上

7. 您执教的运动员参加的最高级别比赛为（　　）

A 世界三大赛　　　　B 其他国际性比赛

C 全运会　　　　　　D 国内单项锦标赛

E 其他

第二部分　教练员领导力调查问卷

下列题项中,您在多大程度上认同所描述的事件,请运用下面 5 点评分进行评定,对评价值一栏中的相应数值进行勾选。

题号	题　项	极其认同	有点认同	不认同	有点不认同	极其不认同
1	我认为教练员需要具备强大的祖国荣誉感	5	4	3	2	1
2	我认为教练员需要有着明确的奋斗目标和远大的理想信念	5	4	3	2	1
3	我认为教练员需要具备优良的意志品质和坚忍不拔的精神	5	4	3	2	1
4	我认为教练员需要展现出非凡的投入程度,甚至于是迷恋	5	4	3	2	1
5	我认为教练员应展现出强烈的自信心	5	4	3	2	1
6	我认为教练员应有鲜明的执教风格	5	4	3	2	1
7	我认为教练员应积极主动地学习项目发展所需知识和技能	5	4	3	2	1
8	我认为教练员应主动总结和反思,寻找不足	5	4	3	2	1

(续表)

题号	题　项	极其认同	有点认同	不认同	有点不认同	极其不认同
9	我认为教练员应熟知项目规律,把握项目制胜要素	5	4	3	2	1
10	我认为教练员应善于发掘和培养运动员	5	4	3	2	1
11	我认为教练员应保持创新发展的理念	5	4	3	2	1
12	我认为教练员应关注国际发展动态以及重视对手情报工作	5	4	3	2	1
13	我认为教练员应给队员有针对性地设计训练和比赛计划	5	4	3	2	1
14	我认为教练员应能快速决策,及时调整训练和比赛方案	5	4	3	2	1
15	我认为教练员应善于调动和调整运动员的情绪	5	4	3	2	1
16	我认为教练员应能以身作则率先垂范	5	4	3	2	1
17	我认为教练员应不惧困难和挑战,敢于承担失败的责任	5	4	3	2	1
18	我认为教练员不应该对运动员标榜权威	5	4	3	2	1
19	我认为教练员应能够协调队内各种关系	5	4	3	2	1
20	我认为教练员应能够应对各种角色的要求和可能带来的冲突	5	4	3	2	1
21	我认为教练员应积极参加队内集体活动	5	4	3	2	1

问卷到此结束,非常感谢您的支持与合作!祝您身体健康、万事如意!

5-2　运动员问卷

尊敬的运动员:

　　您好!

　　教练员是实现竞技体育强国的基础,为运动员取得优异成绩做出了不可替代的作用。为深入了解我国冬奥雪上优势项目教练员领导力,寻找教练员领导力对运动队成长的规律,设计了此份问卷,经专家咨询可作为相关调查工具使用。请您抽出宝贵的时间,填答本问卷的内容。请按每一项指标的重要或者认可程度在相应栏内画"√"或者直接填写答案。

　　问卷不署名,且无对错之分,仅供研究使用。

　　您的支持对本研究的结果非常重要。谢谢您在百忙中的大力支持!

第一部分　基本数据问卷

1. 您的性别是(　　)

　　A 男性　　　　　　B 女性

2. 您从事的运动项目为(　　)

　　A 自由式滑雪空中技巧

　　B 自由式滑雪雪上技巧

　　C 单板滑雪　　　　D 高山滑雪　　　E 越野滑雪

　　F 体操　　　　　　G 技巧　　　　　H 舞蹈

I 蹦床　　　　　　J 其他

3. 您所在运动队类型为（　　　）

A 国家集训队　　　B 省市队　　　　C 高校队

E 竞技体校队　　　G 其他

4. 您参加的最高级别的比赛为（　　　）

A 世界三大赛　　　B 其他国际性比赛

C 全运会　　　　　D 国内单项锦标赛

E 其他

5. 您是否一致从事当前项目（　　　）

A 是　　　B 否

6. 您从事当前项目的年限为（　　　）年

A 5 年以下　　　　B 6—10 年

C 11—20 年　　　　D 21 年以上

第二部分　教练员领导力调查问卷

下列题项中,您在多大程度上认同所描述的事件,请运用下面 5 点评分进行评定,对评价值一栏中的相应数值进行勾选。

题号	题　　项	极其认同	有点认同	不认同	有点不认同	极其不认同
1	我认为教练员需要具备强大的祖国荣誉感	5	4	3	2	1
2	我认为教练员需要有着明确的奋斗目标和远大的理想信念	5	4	3	2	1
3	我认为教练员需要具备优良的意志品质和坚忍不拔的精神	5	4	3	2	1

（续表）

题号	题　　项	极其认同	有点认同	不认同	有点不认同	极其不认同
4	我认为教练员需要展现出非凡的投入程度，甚至于是迷恋	5	4	3	2	1
5	我认为教练员应展现出强烈的自信心	5	4	3	2	1
6	我认为教练员应有鲜明的执教风格	5	4	3	2	1
7	我认为教练员应积极主动地学习项目发展所需知识和技能	5	4	3	2	1
8	我认为教练员应主动总结和反思，寻找不足	5	4	3	2	1
9	我认为教练员应熟知项目规律，把握项目制胜要素	5	4	3	2	1
10	我认为教练员应善于发掘和培养运动员	5	4	3	2	1
11	我认为教练员应保持创新发展的理念	5	4	3	2	1
12	我认为教练员应关注国际发展动态以及重视对手情报工作	5	4	3	2	1
13	我认为教练员应给队员有针对性地设计训练和比赛计划	5	4	3	2	1
14	我认为教练员应能快速决策，及时调整训练和比赛方案	5	4	3	2	1
15	我认为教练员应善于调动和调整运动员的情绪	5	4	3	2	1
16	我认为教练员应能以身作则率先垂范	5	4	3	2	1
17	我认为教练员应不惧困难和挑战，敢于承担失败的责任	5	4	3	2	1
18	我认为教练员不应该对运动员标榜权威	5	4	3	2	1

（续表）

题号	题　　项	极其认同	有点认同	不认同	有点不认同	极其不认同
19	我认为教练员应能够协调队内各种关系	5	4	3	2	1
20	我认为教练员应能够应对各种角色的要求和可能带来的冲突	5	4	3	2	1
21	我认为教练员应积极参加队内集体活动	5	4	3	2	1

问卷到此结束,非常感谢您的支持与合作! 祝您身体健康、万事如意!

附录6 部分调研材料

6-1 样本教练员基本情况

一、陈洪彬(编码代号01)

(大部分媒体报道使用"陈洪斌",包括央视等媒体,根据其本人证实,其人事档案姓名应该为"陈洪彬")男,1950年出生,国家级教练员,国务院特殊津贴享受者,我国自由式滑雪空中技巧项目第一代教练员,曾先后荣获"中国技巧运动优秀教练员""我国自由式滑雪项目终身贡献奖",以及"沈阳市劳动模范"等荣誉称号。大学毕业后留任沈阳体育学院体操教研室,担任学院技巧队助理教练。1988年至1994年间,先后带队获得技巧项目的世界杯、亚洲锦标赛和全国运动会多个冠军。1993年世界杯后,技巧被确定不再成为全运会的比赛项目后,转入沈阳体育学院新开展的自由式滑雪空中技巧项目从事训练工作。在1995年第八届全国冬季运动会上,率队包揽了全部 4 枚空中技巧项目的金牌,击败了松花江、武警部队两支成立时间更早、实力更强的队伍。1996 年在中国举办的第三届亚洲冬季运动会上获得女子金、银、铜全部奖牌和男子金、银奖牌。在三个奥运周期内担任国家队主教练(1998 年长野、2002 年盐湖城和 2010 年温哥华),指导的队员先后包揽了第八届和第九届全国冬季全运会的自由式滑雪男、女项目的全部 6 枚金牌。先后培养出郭丹丹、徐囡囡、季晓鸥、欧晓涛、徐梦桃、贾忠洋等多名奥运冠军和世界冠军,还有日后的国家队主教练纪冬等人。指导的队员郭丹丹在 1997 年澳大利亚世界杯赛上取得中国雪上运动第一个世界冠军,打破了中国雪上运动在世界上没有金牌的历史;指导的队员徐囡囡在 1998 年日本长野冬奥会上获得了银牌,实现了中国雪上运动在冬奥会上奖牌零的突破;培养的队员徐梦桃在 2022 年北京冬奥会上获得金牌,实现了中国女子在该项目的奥运冠军。2017 年,陈洪彬教练又重新出山,担任我国自由式滑雪空中技巧跨界跨项组主教练,负责 8 男 8 女 16 名平均年龄不到 12 岁的队员台前定型训练。

二、杨尔绮(编码代号 02)

女,1946 年生,国家级教练员,享受国务院政府特殊津贴,被国家体育总局授予"全国优秀教练员"称号并荣获 2006 年国家体育运动荣誉奖章、辽宁省"三八"红旗手、沈阳市特等劳动模范、沈阳体育学院优秀教师及先进工作者。11 岁加入吉林市体工队高山滑雪运动队,19 岁获得运动健将称号,28 岁担任吉林市体工队高山滑雪队教练员,在 1976 年第三届全国冬运会上以教练员兼运

动员的身份获得两项冠军。1993 年,杨尔绮调入沈阳体育学院,
担任自由式滑雪、跳台滑雪及越野滑雪项目的滑雪基础教练员。
1995 年开始任沈阳体育学院自由式滑雪队教练员担任自由式滑
雪空中技巧二队主教练,亲自到全国各地选中 4 男 4 女共 8 名运
动员,韩晓鹏、李妮娜、郭××、邱森、周冉、王娇、刘丽丽等 7 人(有
1 人因伤病中途退出),其中李妮娜、郭××、韩晓鹏、邱森、王娇等
成为后来国家队的主力队员。1997 年 2 月,杨尔绮教练带领组队
仅一年半队伍到黑龙江亚布利滑雪场参加全国锦标赛,获得两块
金牌和一块银牌;1999 年成为国家队教练员,备战 2002 和 2006
年第 19、20 届冬奥会。杨教练所带的这 8 名队员中有 5 人成为国
际运动健将,另有运动健将 3 名;共获全国比赛金牌 32 枚,洲际比
赛及国际邀请赛金牌 5 枚,世界比赛奖牌 32 枚,其中金牌 11 枚、
银牌 13 枚、铜牌 8 枚;有 5 人共 14 人次先后参加了近 4 届冬奥
会,其中韩晓鹏获 1 枚金牌,李妮娜 2 枚银牌以及郭×× 1 枚铜
牌,韩晓鹏成为我国雪上项目的第一位奥运金牌获得者,同时也是
我国男子项目在冬奥会上的首金,实现了历史性的双突破。杨尔
绮教练 2006 年冬奥会后退休。

三、吴志海(编码代号 03)

男,1964 年生,国家级教练,沈阳体育学院冰雪方向教师,于
1996 年开始从事自由式滑雪空中技巧训练工作,为国家队输送了
多名优秀运动员,先后担任自由式滑雪空中技巧国家青年队和国
家集训队教练员,在其执教期间,徐梦桃、赵姗姗、张鑫、杨雨、贾宗
洋、刘忠庆等获得世界冠军,张蕾、徐建、张延贵、佟超、程金辉、李

科、岳海涛等获得全国冠军。如,李科、赵姗姗获得 2008 年第 11 全运会男女冠军,刘忠庆和徐梦桃获得 2012 年第 12 届全运会男女冠军;刘忠庆获 2010 温哥华冬奥会铜牌、贾宗洋获 2014 索契冬奥会铜牌、徐梦桃获 2014 索契冬奥会银牌、张鑫获 2018 平昌冬奥会银牌。

四、纪冬(编码代号 04)

男,1974 年生,国家级教练员,全国体育事业突出贡献奖,2017 年 CCTV 体坛风云人物年度最佳教练,2018、2019 年度体育运动荣誉奖章、2020 年度体育运动一级奖章教练员,2022 年北京冬奥会、冬残奥会突出贡献个人奖。以教练员身份连续参加 4 届冬奥会,所带运动员曾获得温哥华冬奥会 1 银 2 铜,索契冬奥会 1 银 1 铜,平昌冬奥会 2 枚银牌和北京冬奥会 2 金 1 银的优异成绩。作为运动员获 1995 年全国八运会自由式滑雪空中技巧冠军和 1999 年个人规定动作亚军,随后退役成为一名教练员。2011 年起任自由式滑雪空中技巧国家集训队教练组组长,带队获得 2014 索契冬奥会女子亚军(徐梦桃)、男子季军(贾宗洋),2018 平昌冬奥会女子亚军(张鑫)和季军(孔凡钰)、男子亚军(贾宗洋),2022 北京冬奥会男子冠军(齐广璞)、女子冠军(徐梦桃)和混合团体亚军(贾宗洋、齐广璞、徐梦桃)。

五、牛雪松(编码代号 05)

男,1971 年生,沈阳体育学院教师,北京体育大学运动训练学博士。2015 年获中华人民共和国体育运动荣誉奖章,2022 年全国最美体育教师,2020—2021 赛季先进个人,2021 年辽宁省五一劳动奖章。2008 年进入自由式滑雪空中技巧国家队担任体能及康复教练,备战 2010 年温哥华、2014 年索契、2018 年平昌以及 2022 年北京冬奥会,负责和指导备战冬奥会一线运动员的体能和康复训练。牛雪松教练负责运动员的身体康复和信心重塑,为李妮娜、徐梦桃、张鑫、贾宗洋、徐思纯、王爽、周航、刘汉琪等众多受伤运动员服务,保障了他们以最短的康复时间和最佳的康复效果重返赛场并取得了优异成绩。例如,李妮娜在右侧膝关节前交十字韧带(ACL)断裂以及内侧副韧带严重损伤手术后,15 周开始康复性体能训练,28 周开始水池专项技术训练,35 周开始雪上跳台专项技术训练,并在 40 周首次参加世界大赛便斩获世界杯冠军,随即在年度总决赛获得冠军;徐梦桃左侧膝关节前交十字韧带(ACL)断裂,在术后 14 周进行功能性训练,7 个月进行夏季专项技术训练,8 个月参加了水池世界杯,10 个月后在参加的第一站世界杯比赛就获得了冠军,并连续收获两个赛季世界杯总冠军;贾宗洋因意外导致小腿三处粉碎性骨折,治疗一个月后,在牛教练指导下开始持续 15 个月的康复后重返训练场,其间节假日不休,一周仅休息一天,2018 平昌冬奥会以 0.1 分之差获得银牌;张鑫在双侧膝关节软组织重度损伤后,经过牛教练长达 3 年持续的康复训练,最终获得 2018 平昌冬奥会银牌。

六、外教团队(编码代号 06)

2022 北京冬奥会备战周期,自由式滑雪空中技巧国家队聘请了以俄罗斯籍主教练迪米特里·卡乌诺夫为首的教练团队,成员包括美国籍技术教练丹尼斯·卡珀奇克和加拿大籍教练耶夫基尼·布诺诺夫斯基(是 top coach,通常站在助滑道顶端位置,负责运动员出发时机和位置判断),其中迪米特里 70 岁,此前在加拿大、美国和俄罗斯执教经历,指导过 2017 年自由式滑雪世锦赛女子空中技巧冠军卡尔德维尔。

七、徐囡囡(编码代号 07)

女,1979 年生于辽宁本溪,原自由式滑雪空中技巧国家队运动员。从小先后练过舞蹈、艺术体操和技巧,1993 年进入沈阳体育学院竞技体校练习自由式滑雪空中技巧,1996 年获得哈尔滨亚洲冬季运动会亚军,1998 年获长野冬季奥运会亚军,实现我国冬奥雪上项目奖牌零的突破,还参加了 2002 年和 2006 年冬奥会;2003 年在第十届全国冬季运动会夺得 3 个项目的冠军;2001、2003 和 2005 年分别获得世界杯芬兰站、澳大利亚站和长春站冠军;2006 年退役后经过短暂休息,成为沈阳体育学院自由式滑雪空中技巧项目教练。

八、郭心心(编码代号 08)

女,1983 年生于辽宁沈阳,自由滑雪空中技巧国家二队教练员,前自由式滑雪空中技巧国家队运动员。1995 年从辽宁省技巧队转入沈阳体育学院开始练习自由式滑雪空中技巧,参加三届冬奥会,在 2010 年温哥华冬奥会上获得铜牌。2005、2006 和 2009 年分别在世界杯沈阳站、美国鹿谷站和长春站获得冠军。2010 年退役后成为沈阳体育学院自由式滑雪空中技巧队教练。

九、韩晓鹏（编码代号 09）

男，1982 年生于江苏沛县，北京冬奥组委运动员委员会委员。前中国男子自由式滑雪空中技巧运动员，获得 2006 年都灵冬季奥运会男子空中技巧赛冠军，成为首位在冬奥会夺冠的中国男子运动员。自 6 岁起练习技巧，1995 年被杨尔绮选中前往沈阳练习自由式滑雪空中技巧，1999 年进入国家队。在 2007 年获世锦赛和亚洲冬季运动会男子空中技巧赛冠军。2010 年冬奥会后退役成为国家体育总局冬季项目管理人员。

十、李科（编码代号 10）

男，国家队教练员。1984 年出生于江苏沛县，1998 年被沈阳体育学院吴志海老师选中，2003 年入选国家队。2009 年 1 月第十一届全运会上，李科预赛第一；决赛中大胆启用难度，第一跳选择了难度系数 4.425 的 bFdFF 动作，拿到全场最高分 125.23 分的成绩；第二跳，李科更是选择了难度系数为 4.525 的 bdFFF 动作，拿到 124.66 分，最终以总分 249.89 战胜韩晓鹏夺得冠军。2008—2009 赛季的长春世界杯获得银牌。2014 年退役后留队担任教练员。

十一、李妮娜（编码代号 11）

女，1983 年出生于辽宁本溪，前自由式滑雪空中技巧国家队运动员，世界冠军，2022 年北京冬奥会形象大使，体育运动荣誉奖章、一级奖章获得者，中国青年五四奖章获得者，年度世界十佳运动员，北京冬奥组委运动员委员会委员。1991 年被选入沈阳体育学院练习技巧,1994 年专练自由式滑雪空中技巧。2002 年首次参加冬奥会获第 5 名,2004—05 赛季世界杯年度总冠军,2005 年自由式滑雪世锦赛冠军,是首位在世锦赛夺冠的中国女子运动员,并成为世界范围内唯一连续三次获得世锦赛冠军的运动员;2006 和 2010 年冬季奥运会女子空中技巧赛亚军;2007 年获得第六届亚洲冬季运动会女子空中技巧赛冠军,同年获得自由式滑雪世锦赛冠军;2009 年获得第 24 届世界大学生冬季运动会女子空中技巧赛个人和混合团体冠军;2013—14 赛季自由式滑雪世界杯空中技巧赛年度冠军,2014 年退役。

十二、徐梦桃(编码代号 12)

女,1990 年生于辽宁鞍山,沈阳体育学院冰雪教研室教师,兼附属竞技体校教练员,现任自由式滑雪空中技巧国家队运动员。国家体育运动荣誉奖章,北京冬奥会突出贡献个人奖,辽宁省五一劳动奖章、辽宁省青年五四奖章、辽宁省三八红旗手等荣誉称号,2018、2019 年度体育运动荣誉奖章、2020 年度体育运动一级奖章、感动中国 2022 年度获奖人。2022 北京冬奥会女子个人项目冠军和混合团体项目亚军,2014 年索契冬奥会女子个人项目亚军,还拥有多项世界第一:世锦赛奖牌数(5 个)、世界杯分站冠军数(27 个)、世界杯年度总冠军数(6 个)、难度动作、总积分、女子最高得分(116.9 分)等。

十三、贾宗洋(编码代号 13)

男,1991 年生于辽宁抚顺,自由式滑雪空中技巧国家队运动员,沈阳体育学院教练员。自由式滑雪空中技巧世界冠军,4 次参加冬奥会,2010 年温哥华冬季奥运会个人项目第 6 名、2014 年索契冬奥会个人项目铜牌、2018 年平昌冬奥会个人项目银牌,以及 2022 年北京冬奥会混合团体项目银牌。

十四、郭丹丹(编码代号 14)

女,1980 年生于辽宁鞍山,前自由式滑雪空中技巧国家队运动员。郭丹丹从小练体操,1996 年获亚运会冠军,1997 年成为我国第一位在雪上项目获得世界冠军的运动员,获得国际雪联"水晶球杯",1998 年长野冬奥会第 7 名。

十五、代爽飞(编码代号 15)

女,1985 年生于吉林省吉林市,自由式滑雪空中技巧国家队教练,前自由式滑雪空中技巧国家队运动员。从小练习体操,2003 年全国第十届冬会上获团队冠军,2008—09 赛季世界杯分站赛亚军。

十六、欧晓涛(编码代号 16)

男,1980 年生于辽宁抚顺,自由式滑雪空中技巧国家队教练,前自由式滑雪空中技巧国家队运动员。从小练习体操,在 2003 年全国第十届冬季运动会获自选小项冠军,2005 年世界杯捷克站夺冠成为我国雪上项目男子第一个世界冠军。2006 年退役留校担任教练员,指导的队员获得奥运会 1 金 4 银 4 铜,世锦赛 5 金、5 银和 1 铜,16 次世界杯总积分冠军。

6-2 访谈内容（示例）

（一）深度访谈记录一

访谈时间：2019 年 1 月 6 日下午 12 时—13 时

访谈地点：阿尔山海神温泉大酒店 411 房间

访谈对象：中国自由式滑雪空中技巧国家集训队主教练纪冬

笔者：请您介绍国家集训队的组织结构，以及教练员和运动员的组成情况？

纪冬：目前国家的集训队主要包括：领队、技术教练、体能教练、队医、康复师、科研人员以及气象观测人员等人员组成。其中领队由国家体育总局冬季管理中心国家工作人员担任，负责人为闫晓娟，长期跟队管理人员是赵辉，主要负责队伍的日常生活管理、后勤保障等方面的工作；技术教练共有 8 人，包括 2 名外籍教练，分别为纪冬（沈阳体育学院）、李科（沈阳体育学院）、戴爽飞（吉林省冬管中心）、欧晓涛（沈阳体育学院）、岳海涛（黑龙江雪上训练中心）、张震（黑龙江冬管中心），俄罗斯籍教练耶夫尼亚（top coach）和美籍俄罗斯裔教练 Dmitriy Kavunov；体能及康复教练是牛雪松团队（含 3 名硕士研究生，刘鹏、霍玉胜和瑜伽专项同学）；队医是曾磊；康复师有 3 人，属于政府购买服务，来自舒坦公司；科研教练为陈素峰等 2 人；气象是国家气象局人员；心理辅导是北京联合大学心理学团队。目前队伍共有 27 名集训运动员，其中有 4

名处于调整中,包括贾忠洋、齐广璞等人,因伤等原因在北京等地恢复调整。

笔者:在您平时执教方面怎么体现领导力?(运动员在比赛过程中的背景对手情况这个案例我们进行分析)

纪冬:执教成功之道,领导力教练员应该具备什么能力?

中国教练是作坊式的教练。我们中国在竞技体育这一块没有什么教练员等级证,只有一个职称,足球这个项目可能存在,其他的项目基本不存在教练员等级证。社会怎么看待教练员,之前人们评价竞技人头脑简单四肢发达。教练员的这个品质怎么体现,我个人的案例和国家的体制建设完全不同。

我的教练生涯中是这样的从一个运动员小时候开始,他们看的是教练员的权威。小孩一提教练员这三个字就会害怕。不同的教练承担的责任和育人的责任都不同。拔苗助长的现象的发生首先是体系、制度方面,然后才能结合什么体制什么制度。教练员没有任何专业的考核,这就导致年轻的教练员牺牲了好多运动员,教练员的成功只是建立在牺牲运动员的基础上,这是因为国家体制的问题。教练员基本知识不具备,比如青少年的运动员在训练过程中具备什么样的素质,接受什么样的体能训练。受伤怎么处理。教练员体系制度的不完善知识结构不具备。作坊式师徒制教练员演沿袭政策。导致年轻的运动员过早夭折。教练员没有级别的考试,对每一阶段的青少年的认识不足。儿童生理心理的特征。这些能力都不具备,教练员应该具备你想从事这项运动的基本知识。这是领导力的重要组成部分,这样才能让运动员相信你。你既起到了领导力和育人。最终目的是育人,然后再到夺标,只想夺标就失去了育人的目的,就会浪费孩子的青春和寿命。

我对我的第一批学生深感愧疚,牺牲了很多运动员。这也是国家的体制所导致。比如在一场比赛中教练员很想取得好的成绩,可是运动员的状态就是不好,对于这个问题你怎么处理,这时候首先要懂一些心理学的知识,始终保持自信,始终保持积极的语言和运动员保持有效的沟通,让他们相信你,相信自己。他们相信你是因为相信你能带领他们走向成功。信任是怎么来的是你带领他们走向成功获得的信任。作为一名教练员,要坚信自己能带领运动员走向成功。作为教练员有两个目标:第一个育人,首先让他们有正确的三观,爱国精神,拼搏精神,敢于争先的态度。在对运动员观察当中。运动员对自己的要求都很高,大多数人都沉浸在自己的表现当中。运动员的选材过程中得不到保障,从教练员自身来看本来选材过程中就存在着困难,再加上不科学的教学导致运动员人才的浪费,制止了这个项目的发展。走向市场是大势所趋,只有走向市场才能解决这些问题。

笔者:您在比赛过程中遇到困难问题是怎样解决的?

纪冬:在比赛过程中有两种情况是对手不了解,这种情况基本上是不存在,这项运动本来是需要不停地进行比赛获取比赛经验或者参赛资格,所有这种不了解的情况不存在。另一种就是对手的突然失败,导致我们运动员放松懒散,这种情况,教练员一般会采取方案进行解决。现场决策进行解决。

（二）深度访谈记录二

访谈形式:面对面访问

访谈时间:2020 年 1 月 15 日上午 10 时—11:30 时

访谈地点:吉林世贸莲花山滑雪场运动员中心 103 房间

访谈对象:中国自由式滑雪空中技巧国家集训队主教练纪冬

笔者:您是如何定义优秀教练员?

纪冬:目前国家体育总局有关于教练员评职称的规定,并不是选人、用人的标准,并不是界定优秀和普通的标准。自己从来没有按照评职称的思路进行教练活动。

自己当教练第一个想法就是一定要带领运动员参加奥运会,在多大年龄达到多大成就。自 1999 年退役后转为教练员,就确立了非常明确的目标,希望能够凸显自己,提高自己,体现自己的工作能力,没有特别考虑运动员。后来等自己成长后,开始反思起初的这种思维是不是损害了运动员的健康和成长。自己要有认识,教练是工作、职业还是目标或者爱好,如果仅当作工作来做很简单,但是当作事业来开展就不一样,从心里要去喜欢。不能说坚持不了,退却了。他们中间就有一些人坚持不下去了,转行了,因为这个项目太遭罪了,很辛苦,每年大概有 10 个月在外面训练和比赛。首先是很艰苦,大多数人就过不去。竞技体育是一个勇攀高峰的活动,也不是成功与否的概念,它涉及的是朝思暮想,茶不思饭不想的劲头和状态,你是做不好的。除非遇到了一批天才运动员。现在缺少了当初的那份劲头。自己从事的队伍肯定是需要天才运动员,但是能够通过后天努力来弥补的,需要从各方面进行潜移默化地锻炼,诸如技术、心理等。

教练员首要任务是将运动员放在第一位,永远是这样,始终在心中想着运动员,比如说今天吃得怎么样、睡得怎么样、伤病情况怎么样、心情怎么样、遇到什么困难、家里有没有发生什么事、有没有谈恋爱呀。永远想运动员之所想,按照他的想法去想,然后去帮助他,最终实现在训练中达到好的状态。可以认为教练员是一个大家长,比对自己的孩子还要关心才行。

由于是室外项目,不确定因素很多,先要做一个时间计划,一个动作计划,还得要有一个备案。要着重考虑天气情况和身体状态是否允许他完成今天的训练任务。如果具备这个条件,那么就会在准备活动或者训练时来调动他,完成今天的训练计划。但是如果是从实战出发角度的一堂训练课,就需要事先做好铺垫,询问队员有无困难,困难的标准是这样,目标标准有多高,困难标准就该定多高,不能出现小困难和大目标进行对比,那么就会输了、完了,其中涉及一种意志品质的问题。如果训练过程中没有能够达到想要的,那么就要降低期望值,降低训练目标。因为人是活的,因此训练计划也应该更加灵活。

教练员和运动员相处是根据年龄来的,年轻教练就容易和队员成为朋友,他们年龄相仿。年龄稍大一点的,像我这样的中年人,就会是亦师亦友的状态。老教练就完全是老师,必须得尊重,包括我本人都得尊重他们。高水平竞技运动队就会和业余运动队截然不同,这支队伍就不存在对队员打骂,队员也对教练员特别尊重,尤其是老教练,逐渐形成了一种团队文化。我们会和运动员进行沟通,很少有队员被迫接受的,因为是风险高的项目,不像跑步等项目,今天 30 分钟,明天 60 分钟,不跑也得跑。

对待社会和外界的批评,我是毫无反应,因为他们不懂。但如果是同行,或者资深的同行的批评,我会去反思,和最高水平进行比较,还欠缺哪些。肯定会去思考,不可能去动粗的。这应该就是照镜子正衣冠,怎么去创新,能不能继续维持你的动机水平,批评往往就是动力。

2010 年冬奥会我们应该是具备了团体夺冠优势,特别是女子项目,但是还是没有将冠军收入,后有记者询问我国和国外的差距究竟在哪些地方,我就说了,原因是多方面的,有选材方面的,有教练方面的,体现在对项目的特点把握上,还不够准确,缺乏超前的意识。教练方面主要还是与国际沟通交流能力还有待提高,中国的滑雪项目相对落后,对于室外的雪质、天气等了解程度还需要跟国外学习。大家可能看到了我们的队员有难度的不稳定,而稳定的又缺少难度,都在问为什么不能做到两者的很平衡呢,我就回答说,主要还是这个项目在中国的开展和普及做得不够。我们运动员的选材基本局限在东三省,而且这种选择还不是优先的,大部分运动员都是从体操、技巧、蹦床改过来的,或者是身上有些伤病,不适合再练体操了,所以这样过来的并不是非常优秀的苗子,局限性很大。

笔者:请您回忆几个印象深刻的训练或者比赛过程?

纪冬:有两次,一次是 2006 年的都灵冬奥会,倒不是说是具体的案例,可以认为是我自己的心路历程和变化吧。当时是助教,是中方的教练。自己带的队员才没有在奥运会有突出的表现,男孩为主,有一个女孩。我自己本心来讲就是要来帮助队伍,不计代价地帮助,为他们服务。这次的态度,一是让自己变得非常平和,二是非常积极。所有的事情在我力所能及的，或者是自认为必须要解决的。比如运动员的雪鞋坏了，我用了半宿时间修好，把器材准备好。运动员场地保障全都是我，雪鞋打蜡也都参与，一天会很、很疲惫，也很充实。那一次比赛，我们不具备冲击金牌的实力，我带的 4 名队员，3 名进入决赛，也都是他们首次进入奥运会的决赛。这是我个人心态变化分水岭吧，考虑私人利益少，没有私欲，无欲则刚，在那一整个备战周期都是如此。因为自己以后还年轻，就想着把所有的精力和力气都投入进去，对自己触动也挺大，对今后的工作也有意义。今后的工作你可能想，有私欲，想某个队员好，获得多少奖金，获得怎样的名声。我国众多的竞技项目都会出现为了争名夺利，导致损失很多优秀队员，内耗非常严重。所以我想的就是，若要从事竞技体育，就应该心无杂念，心无旁骛地去做事，这会给你回报的。如果老想着回报，这肯定做不好。

　第二次是 2007 年世锦赛，还是在意大利，是自己独立带队参加比赛。决赛赛前训练时，我的队员直接就摔休克了，直升机把队员拉走急救。但是我们队整个赛前训练都不太好，因为我们有一个新的助教，外语很好，但是口语和听力不好，所以受到了一些影响。备战情况不好，核心队员又被直升机拉走了，这是对我巨大的考验，心特别乱。现在主要回想如何乱的，又怎么平静下来的。也没有说是用什么具体的方法，但是就一直告诉自己，保持专注，一定要完成这次比赛。那次我们男女都并不是绝对的实力，但是都拿到了冠军，有运气的充分。就说明，在那个时刻，教练员的表现，教练员的语言讯息传达、肢体信息传达，如果你是特别消极，特别躁动，运动员都能感觉到，会传递给运动员，对运动员产生不利影响。

这两次对我都很触动，一是对成长的影响比较大，一次是关于心态的，如何对待事业，如何处理危机。这种自我沉淀的过程，很难、很难，这种局面说起来很容易，但是真当发生时，确实很难。你会担心运动员的伤情，还要关注着比赛，很难。也会考虑主力队员缺席对竞技成绩的影响，但是我们还是具备一定的实力，而就是因为具备这种能力，这种突发情况的打扰才会显得比较大，如果不具备这种能力，你也就无所谓了。要是那样，我把这个比赛让别人看着，我去医院了，权当练兵了。正是因为有这个能力，有这种实力能获得金牌时，不断地给制造困难，你才会更困难。类似于历经"九九八十一难"才能取得正经一样。

笔者：您怎么看待我国古代朴实的领导思想和现代管理学上领导力的范畴，怎么用到运动队的管理？

纪冬：我是觉得我国传统中肯定有许多好的经验和做法可以应用到运动训练的管理中，事实上，我们也可能不经意间就采取了相应的方式和方法，但是并没有一定要特别提出来。既然你问了，我就谈一下，比如说古代常讲的"德治"，我理解就是要以运动员为中心，以德治队；另外，激励和奖励，可以适时地用一些奖惩的规章制度，这必须要有，作为教练一定要会"打鸡血"，特别是在队员遇到困难，或者有一些心理障碍时，或者在比赛关键轮次时；审时度势也是必备条件，刚柔兼施，语言艺术。自己认为在自我要求，自我修养方面还不足，自我督促的能力。

你提到的思维、威信、决策、组织、洞察、平衡、掌控、协调、应变、亲和，这些都很重要，但我们不会刻意地去考虑，如果具备一两条,可能在其他方面也不弱,也会弥补不足。我认为作为教练员首先是成为好的人,才能成为好的教练员,培养好的运动员。是不是好教练,取决于运动员对你是否信任,你是否培养出优秀的人。另外,教练员应该是突出特点和特性,教练员绝对不是工厂车间流水线的操作工,优秀教练员一定要有自己的个性,个性一定要鲜明,圆滑的一定是没看到过,其他项目上优秀教练员,也一定是特立独行的,我也会看一些其他教练的执教,比如说欧洲的足球教练。

（三）深度访谈记录三

访谈形式:面对面访问

访谈时间:2020 年 4 月 12 日上午 10：00 时—11：00 时

访谈地点:电话访谈

访谈对象:前中国自由式滑雪空中技巧国家队教练吴志海

访问主题:您作为曾经的国家队教练员参加了多届奥运会的备战工作,对自由式滑雪空中技巧项目的训练和比赛非常熟悉,请您介绍几个(或一个)训练和比赛中最成功和最不成功的事件,从事件发生的背景、本人及参赛对手的情况、环境及个人情绪情况、技术动作的完成以及比赛结果等方面。

吴志海:事实上我们教练对于成功或失败并不会划分得那么细,也就是说我们不会刻意关注比赛的结果,因为对于教练员来说如果你把参加比赛的目标限定为非要拿金牌或其他的,就有可能忽视队伍的现实情况。当然也不是说比赛制定金牌目标就不对,只是要从队员实际情况来看。当然,从比赛的角度来说,还得结合项目的特点来说特别是比赛结果的偶然性。

比如说韩晓鹏拿了奥运冠军以后，他的主管教练员就退休了，我和纪冬带着他们国家一线队在国外，应该是 06 年奥运会后的第二年 07 年的世锦赛，参赛应该是在意大利的一个滑雪场。那次比赛各个国家都很重视，因为是属于奥运会之外最为重要的比赛，两年一次，韩晓鹏虽然是奥运冠军，但。进入决赛之后，以两跳决胜负，两跳之和决定总成绩。韩晓鹏第一跳发挥得并不好，应该是排在第四位，前面有三个比他表现好一点的运动员，因此韩晓鹏拿冠军的可能性就比较小了。当时情况是，只要这三个运动员最后一跳比韩晓鹏跳得好一点，韩晓鹏就拿不到冠军。韩晓鹏最后一跳的比赛，也完成得不错，也站住了。但是后面还有三个对手，在当时紧张、着急的情况下，期盼着看后面运动员的结果。后来这三个运动员，各有各的问题，动作都完成的出现的失误，韩晓鹏又拿到冠军了。这个比赛之所以印象深刻，是因为我感觉到韩晓鹏拿冠军的可能性已经不大了，但是最后就还是拿到了冠军。就是说这个项目有着一定的偶然性，运动员想要取得好成绩，首先得有高水平，有拿冠军的实力。纯靠突出的能力、突出的难度当然使得拿冠军的机会有，但是这种偶然性也大，你有最高的难度，但是成功率比较低。拿最高难度去比赛，只要有失误，比赛成绩就会下去了。所以说这个项目，达到一流水平很重要，更重要的是动作的成功率，成功率高取得好成绩的机会也大。所以从比赛的角度特别能体现这个项目的偶然性。

我们在每一跳中都会进行一定的指导。我们对于韩晓鹏这样的运动员，达到了这个水平，一般就不会根据比赛的性质设定目标，基本都是冠军。头一年拿到奥运会冠军，第二年参加世锦赛，目标肯定是冠军。但是预赛进入决赛之后，第一跳完成取得了第四名，这个时候感觉取得冠军就稍稍感到有点难度。这就要求第二跳完成得更完美一些。我们仍然是按照既定动作做的。我们之前有一些预案，第一跳领先时或者落后时，第二跳怎么跳，都有一些布置。依韩晓鹏当时的情况，第一条第四，如果要冲击冠军，增加难度，理论上是可行的，但是失误的可能性也特别大。我们就没有孤注一掷地提高难度，没有因为韩晓鹏世锦赛没有拿过冠军或前三就怎么样，我们还是依照赛前的布置，尽量完成好，拿到好成绩。

其实这个项目对比赛结果的把控是很难的，你想全力以赴地去拼，但是拼的结果可能会失败。你只能按照运动员的实力、具备的难度，根据当时比赛的情况、气候、运动员的状态，能够发挥运动员最好成绩就可以了。如果每一次都去拼这个冠军，因为偶然性大，失误率也会高，成绩也不会稳定。所以我们参加比赛，除了奥运会，因为在奥运会上只要运动员具备了这个实力，我们无论如何都会去拼，哪怕是失败。但是其他的一些比赛，我们的目标都是运动员发挥最高水平成绩，并不是以冠军作为目标。

6-3　执教心得体会（示例）

（一）陈洪彬教练个人执教心得体会

我的执教生涯回顾

回顾我的执教生涯是从大学毕业走上讲台开始的，24 岁成为学校最年轻的教研室主任，那时为了使体能训练课堂更加生动丰

富,我主动请缨担任技巧院队的助理教练,从而走上了技巧教练之
路;七运会结束为学校与国家发展的需要,94 年又转入当时刚刚
建队的自由式滑雪空中技巧项目,一干就是 23 年,回顾我的整个
执教生涯,都是在为国家培养全面发展的雪上运动竞技体育人才,
勇攀世界雪坛高峰而不懈奋斗。

1988—1994 年我担任学校技巧运动教练员,培养的队员代表
中国参加莫斯科锦标赛获得三块银牌,在保加利亚世界杯获得两
金一银,在第七届全运会中夺得全国冠军。但是在第七届全运会
后,技巧项目淡出全运会,又是非奥项目,学校对于竞技项目的开
展有了新的调整。

自由式滑雪空中技巧带队开端。1994 年 4 月为配合学校发
展奥运雪上项目的需要,我带着当时的技巧队员包括徐囡囡、郭
丹丹、欧晓涛、季晓鸥等转入自由式滑雪空中技巧项目,开始了
23 年的雪上运动教练历程。那时全国只有松花江、武警部队和
沈阳体育学院三个单位开展 7 这个项目,而且我校建队时间最晚
实力最弱。尽管在雪上运动没有基础,但是在技巧训练方面的丰
厚积累,我仍然鼓舞运动员士气,动员队员们投入全新项目的训
练,这个项目是要关注运动员天赋的,这是基础,在竞技评分的
10 分中,2 分起跳、3 分落地、而 5 分在空中姿态与动作,因此我
时刻关注运动员心理,让他们明确他们在空中感知觉的优异能
力,将对整体动作评分结果产生至关重要的作用,并将这个技术
理念贯穿训练始终,后来队员们的优异成绩证明了这个战略的正
确性。

自由式滑雪队伍初露锋芒得到重视。1996 午 2 月第三届亚

洲冬运会在我国黑龙江亚布力滑雪场举行,我带队包揽了女子冠亚季军和男子冠亚军,使得项目得到了国家的重视,时任国家主席的江泽民亲自到场地观看了我们的比赛。

1997 年在澳大利亚举行的世界杯赛,郭丹丹夺得了中国雪上项目的第一个世界杯冠军;1998 年长野冬奥会,徐囡囡取得银牌,实现了我国第冬奥会奖牌零的突破。至此,女子自由式滑雪项目成为我国的优势项目。随着运动员成绩的取得,教练员工作任务的增加,学校开始培养第二代教练员吴志海加入队伍,作为我的助理教练,协助培养了第三代运动员韩晓鹏、李妮娜、郭××和第四代的徐梦桃与贾宗洋。(正是在美国训练的 2 个月中,父亲身体不好,我十分惦念。在训练的简短间歇中我辗转返家,并第一次感到这么多年在外奔波从未给家人带什么礼物,那一次特地给父亲准备了蛋糕,到达沈阳桃仙机场时,是时任竞技体校校长的郭教授接机,在回家的途中,他才告诉我父亲已在我美国比赛时过世,巨大的沉痛袭来,我深切地感受到"子欲养而亲不待"的无力与遗憾,再没有机会让我给父亲亲手送上一块儿蛋糕,是我此生作为儿子最大的遗憾。)

青黄不接,进入瓶颈。2002 年盐湖城冬奥会,中国自由式滑雪队为了学习国际先进经验引入外教,但由于老队员的相继退役、在役队员的伤病等因素,使得项目步入低谷期,成绩不甚理想。

三代崛起,冬奥夺冠。2006 年都灵冬奥会,第三代的新一批队员崛起,韩晓鹏摘金,徐梦桃亦崭露头角。随后在北大湖的世界杯比赛,齐广璞(长春)摘银,贾宗洋夺冠。

　　青年教练引领四代队员，走上世界舞台。2010 年温哥华冬奥会，中国实力水平趋于稳定，女子方面李妮娜摘银、郭××铜牌、徐梦桃第六、贾宗洋预赛第一决赛 6，新生代运动员走向世界。在这届冬奥会之后，我当年培养起的小队员纪东也逐渐地转变角色引领新生代队员走上了新的征程。

　　2014 年索契冬奥会，我支持从小培养起的小队员纪东带队出征，获得徐梦桃摘银，贾宗洋摘铜，齐广璞第四的好成绩。今年我已经年近古稀，仍然在带领自由式滑雪跨项选材的青少年队伍，我在他们身上看到了中国自由式滑雪项目的明天与希望。因此，在每一次的训练中，我从不带手机，专心一致地投入到训练课中，把我 40 余年的选材与执教训练经验都奉献给这支朝气蓬勃的队伍。

　　在 23 年的竞技体育人才培养过程中，我所培养的队员从自由式滑雪建队初期的潘力全、郝永波，到第二代促使自由式滑雪项目得到国家重视的徐囡囡、郭丹丹、欧晓涛、纪东、季晓鸥；又进一步到第三代夺取冬奥会奖牌的韩晓鹏、李妮娜；乃至与今天享誉世界的徐梦桃、贾宗洋、齐广璞，他们或是仍然战斗在自由式滑雪的竞技一线，或是已经退役工作在我国雪上项目教学训练的重要岗位，也有下海从商成为知名国际品牌代理的业界商贾。我可以自豪地说，我培养的队员没有一个不出成绩，也没有一个无业游民，他们都成为了我国雪上运动训练传播事业的一分子，并乘着我国成功申办冬奥会的东风，为国家的冬奥体育事业贡献力量，这也是夸我最欣慰的事。

　　回顾这些年执教的心得，我认为主要是对教练员工作的热爱与责任感,训练的科学化方法,对运动员的真诚尊重,全面激发运动员的竞技潜能与可持续发展能力是我一直坚持的理念。

教学有法而无定法,我的日常训练在讲求针对性的同时更加关注队员的综合素质。自由式滑雪空中技巧注重空中的平衡感和空中控制能力,追求稳 t 难,准,美四位一体的结合。同时注重柔韧性的培养以及心理状态的培养。在非雪季的训练中,结合我们沈阳体育学院得天独厚的场馆器材条件,我带领队员们参加足篮排、体操、轮滑等多项运动,在玩中学在准备活动中综合训练技巧能力与体能素质,并把这些专项素质迁移到我们自由式这个项目中来。当然竞技比赛奖牌的有限性决定了不是每名运动员都能够摘金夺银,但是他们在现在这个阶段多学一些基础体育技能理论,全面地了解常规的运动项目的训练实践方法,我们的队员在未来走上职业教练员或者专业教师的岗位,可以有丰厚的储备来培养他们的学生,具备更加全面的体育技术理论知识,从而适应未来多变的就业环境。

同时,我十分关注运动员的身心健康,充分尊重我的队员,牢固树立她们的自信心与自尊心,激发她们积极进取的事业心,全面关注队员的身心健康。同时注重她们兴趣的培养,让孩子们从心理上喜欢上这个项目,培养兴趣,让她们真正地喜欢上这个项目,发自内心地爱上这个项目,这样就会把她们内心真正的需要挖掘出来。在日常的训练生活中,训练刻苦钻研,就餐节俭有序,待人温厚有礼,我保持这样一种常态,那么我的队员在跟我长期的训练当中也会形成如是谦逊勤恳的工作作风。

再过三个月即将举行 2018 年平昌冬奥会,我国的第四代运动员徐梦桃、齐广璞、贾宗洋都已具备夺牌的强劲实力,我期待着他们载誉而归,为国家的雪上竞技运动项目增光添彩。

二〇一七年十一月十二日

哈尔滨

（二）纪冬教练个人执教心得体会

在我工作后,我的所学和已经形成的行为和思想方式正确地引导我该如何去从事教练员这一项工作。当然这需要一定时间的经验积累和沉淀,从而构成自己的执教理念和执教方法。

首先,我在执教中,建立运动员健全的人格、互相尊重为前提,不损害运动员的自尊。俗话说,没有教不会的运动员,只有不会教的教练员。教练员首先是凭过硬的能力和信心面对各种各样的运动员,实施因人施教的教学方式。

其次是培养运动员思考问题和解决问题的能力。如在训练期间举办的各种活动,都是锻炼运动员思考和学习能力。而会思考的运动员在训练中则提高也会事半功倍。

三是高尚品质的培养:高尚品质的培养在训练中、学习中、生活中处处存在,只有加以正确引导与思想沟通,才能在没有碍闷的竞技场上做到"狭路相逢勇者胜"。在全面教育的模式下,最终是培养人的综合能力和拔萃的竞争力。

上述各项教育的基础是:我坚持和队运动员一起去面对生活中、竞技中的各种酸甜苦辣,一起学会热爱生活,感激生活。

国家自由式滑雪空中技巧队教练员:纪冬

二〇一七年十月三十日

图书在版编目(CIP)数据

我国雪上优势项目教练员领导力理论与实践研究/曹大伟著.
-上海:上海三联书店,2025.5.
-ISBN 978-7-5426-8894-1
Ⅰ.G863.025

中国国家版本馆 CIP 数据核字第 2025Q6D779 号

我国雪上优势项目教练员领导力理论与实践研究

著　　者　曹大伟

责任编辑　钱震华

装帧设计　陈益平

出版发行　上海三联书店
　　　　　中国上海市威海路 755 号

印　　刷　上海新文印刷厂有限公司

版　　次　2025 年 5 月第 1 版

印　　次　2025 年 5 月第 1 次印刷

开　　本　700×1000　1/16

字　　数　261 千字

印　　张　24.5

书　　号　ISBN 978-7-5426-8894-1/G·1766

定　　价　98.00 元